Para las mujeres más importantes en mi vida:
Mi esposa, Deborah, y nuestras hijas, Margaret,
Meredith, Gloria y Charlotte

Reconocimientos

Este libro jamás se habría hecho realidad sin el estímulo de tres queridas hermanas en Cristo: Joy Strang, Brenda Davis y Maureen Eha. Estas damas, que forman el personal editorial de la revista *SpiritLed Woman* (Mujeres guiadas por el Espíritu), me dasafiaron a escribir lo que habitaba en mi corazón a pesar de las críticas que inevitablemente vendrán de aquellos que piensan que se debe relegar a la mujer.

También quiero agradecerle a los múltiples eruditos, ministros y autores que profundizaron en el terreno teológico del asunto de las mujeres en el ministerio y me ayudaron a entender cómo interpretar los llamados pasajes bíblicos "difíciles" que tratan sobre este tema. Especialmente le deseo expresar mi gratitud a la Dra. Fuchsia Pickett, Ruth a. Tucker, Judy L. Brown, Catherine Clark Kroeger, Rebecca Merrill Groothuis y Gretchen Gaebelein Hull. Deseo mencionar también a la editora Peg de Alminana, sus estudios sobre los textos originales griegos le añadieron una importante dimensión a este manuscrito.

Finalmente añoro extenderle mi agradecimiento a las muchas "madres en la fe" que me han provisto de tan enriquecedores ejemplos y quienes me han enseñado que cada hombre necesita del conocimiento de las mujeres de Dios.

Esas mujeres incluyen mi madre, Jean Grady, así como June Leverette (quien me introdujo al ministerio del Espíritu Santo), Barbara James, Cindy Jacobs, Rose Weiner (quien en 1981 me retó a desarrollar mi ministerio de escribir), Alicia Smith y la fallecida Carol St. Clair.

10 mentiras

que la Iglesia le dice a las mujeres

Cómo se ha usado la Biblia para mantener a la mujer en esclavitud espiritual

J. LEE GRADY

Prólogo por Tessie Güell de DeVore

10 MENTIRAS QUE LA IGLESIA LE
DICE A LAS MUJERES por J. Lee Grady
Publicado por Casa Creación
Una división de Strang Communications Company
600 Rinehart Road
Lake Mary, Florida 32746
www.casacreacion.com

A menos que se indique lo contrario,
todos los textos bíblicos han sido tomados
de la Versión Reina-Valera de 1960.

ISBN: 0-88419-716-6

12345 VP 8765432

Impreso en los Estados Unidos de Norteamérica

Contenido

Prólogo
por Tessie Güell de DeVore

En sus manos tiene uno de los libros más relevantes e importantes del nuevo siglo. ¿Por qué me expreso así? Porque estoy convencida que para lograr los propósitos de Dios la Iglesia *necesita* cambiar su posición acerca de la mujer en el ministerio. En tiempos de guerra se necesita un ejército completo, no la mitad del mismo. Sin embargo, por años una gran parte del ejército de Cristo ha estado incapacitado y restringido en sus esfuerzos para cumplir con el destino de Dios. A través de los siglos el tema de la mujer en el ministerio ha sido la causa de mucha división, argumentos y heridas innecesarias. Es hora de recibir la sanidad de Dios, y creo que este libro es el comienzo de esa restauración.

Como mujer hispana conozco en carne propia los estereotipos a los que las mujeres son sometidas. Y aunque admito que no conozco personalmente todas las culturas del mundo, me atrevo a decir que la nuestra es una en la cual a la mujer cristiana todavía le queda mucho territorio por cubrir. Irónicamente, creo que las mujeres latinas son uno de los grupos de mujeres que más tiene para dar y aportar al Reino de

Dios. Somos un grupo apasionado que entrega la vida por lo que consideramos prioridad. Quizá por eso es que hemos sido atacadas por tantas mentiras. Ahora sí, seamos honestos. Soy la primera en admitir que desafortunadamente nuestras iglesias están llenas de "extremistas". Por un lado están las mujeres que viven bajo una falsa definición de la sumisión y permiten que sus esposos abusen de ellas físicamente o viran la cara para no admitir los años de adulterio cometidos por sus maridos. Al otro lado están las que se abren camino en sus propios esfuerzos y no saben esperar en el tiempo del Señor. Estas últimas las conozco muy bien — son las que llaman a cada rato para explicarme todas las razones por las cuales ellas deben aparecer en la portada de la revista *Vida Cristiana*, (¡o por lo menos debemos escribir algo sobre el increíble ministerio que Dios les ha dado!). Triste, pero cierto. Ambos extremos están erróneos y han causado un gran daño a la verdadera interpretación de lo que la Biblia nos dice sobre la mujer en el ministerio. Más importante aún, ambos extremos necesitan desesperadamente recibir un nuevo toque del Señor.

No fui una persona que creció dentro de la iglesia así que cuando conocí al Señor a los 21 años de edad nunca pasó por mi mente que ser una mujer hubiera sido un error por parte de Dios o una desventaja. Mucho menos pensé que ser una mujer significaría tener que echar a un lado muchos de los talentos y dones que, después de todo, Él me había dado. Al contrario, una y otra vez el Señor me recordó que estaba en sus planes que yo viviera y le sirviera "para esta hora". ¡Muchas de nuestras mujeres necesitan reconocer lo mismo! Con el tiempo me fui enfrentando a muchas de las ideas preconcebidas sobre la mujer dentro del ministerio, pero gracias a Dios, Él siempre ha sido fiel y me a bendecido a pesar de lo que digan o no las personas. Como esposa, madre, mujer de negocios y colaboradora en el ministerio, puedo dar testimonio que cuando Dios abre una puerta no hay nada ni nadie que pueda cerrarla. Debo admitir que no siempre me he sentido preparada para cumplir con las tareas que Él me ha pedido que haga, y han sido muchas la veces que he estado a punto de "tirar la toalla". Pero cuando el llamado es de Él, no hay forma de escaparse.

Gracias a Dios que ha levantado a un hombre como Lee Grady, quien nos trae no sólo pasión por la verdad, pero integridad, instrucción y sabiduría para tratar con un tema tan difícil y brindar claridad bíblica. He tenido el privilegio de trabajar con Lee por más de 7 años (el es editor de la revista *Charisma*, la "hermana mayor" de *Vida Cristiana*) y tanto él como su esposa, Deborah, son personas que mi esposo y yo tenemos el honor de llamar amigos. He aprendido mucho de Lee y creo que es el plan de Dios que sea un hombre el que levante su voz para escribir este libro.

En las páginas de *10 mentiras que la Iglesia le dice a las mujeres* usted comenzará a distinguir la diferencia entre las tradiciones impuestas por la religión y la luz de la verdad bíblica. Este libro será la base que Dios usará para impulsar a las mujeres a encontrar su lugar dentro del Reino de Dios. Es más, estoy convencida que Dios usará este libro para liberar a miles y miles de mujeres a tomar su puesto dentro del ejército del Señor y así cumplir con Su plan para la Iglesia del nuevo milenio. Espero que usted sea una de esas mujeres.

TESSIE GÜELL DE DEVORE
DIRECTORA
REVISTA *Vida Cristiana* Y LA EDITORIAL CASA CREACIÓN

Prólogo
por Joy Strang

En medio de la turbulencia que vivía Inglaterra a mediados del siglo XVII, comenzó un movimiento de avivamiento que liberó a la mujer para ministrar de una forma sin precedentes. George Fox, el fundador de los cuáqueros, creía que el Espíritu Santo moraba de igual forma en hombres y mujeres y que era este el que interpretaba la Biblia correctamente, por consiguiente, ambos géneros tenían la misma capacidad para hablar de Dios.

Como resultado, las primeras mujeres cuáqueras viajaron el mundo, muchas veces dejando a los hijos al cuidado de los esposos, familiares u otros cuáqueros, para llevar el Evangelio de Jesucristo. Sufrieron increíbles pruebas de persecución, y muchas veces fueron encarceladas y hasta martirizadas. Sin embargo, su influencia se sintió en forma poderosa tanto dentro de la iglesia como en la sociedad en general, y fueron líderes en la abolición de la esclavitud, la lucha por el derecho al voto de la mujer y la reforma en las prisiones.

Durante los siguientes trescientos años, Dios reiteró a través del surgimiento de otros movimientos de avivamiento que Él podía usar a las mujeres. El metodismo, el movimiento de Santidad, el Ejército de Salvación y la manifestación pentecostal, abrieron la puerta a la mujer para dar un paso más allá de su papel en la familia para impactar la iglesia y la sociedad.

¿Cómo fue esto posible?

La historia ha demostrado que cuando llega una ola de avivamiento, aquellos que siguen a Dios con todo su corazón frecuentemente llegan mucho más lejos de lo que creían posible. Cuando el Espíritu Santo se mueve de manera soberana entre el pueblo de Dios, las prácticas religiosas del pasado pierden su poder. La evidencia de su unción en algunos vasos escogidos quita las barreras tradicionales creadas por el sexo, la raza o la edad. Esto permite que Dios levante a poderosas mujeres como Catherine Booth, María Woodworth-Etter y Kathryn Kuhlman, quienes, en su determinación de obedecer a Dios, desafiaron las posturas que se tenían de la mujer en sus tiempos.

De la misma manera que estas mujeres tuvieron un propósito y un llamado que impactó a muchos para Dios, usted también fue creada con un propósito único que solo usted será capaz de cumplir. Quizás en el camino haya perdido la visión de ese propósito. Quizás haya adoptado la idea de que hay límites en relación a lo que puede hacer.

Al final, lo que crea es lo que le dirige. Si cree que el propósito de su vida es simplemente cumplir con algunos roles limitados, entonces los cumplirá y se detendrá ahí, sin saber qué más estaba disponible para usted. Esto me pasó a mí hasta que Dios me reveló la diferencia entre los roles que cumplía y el llamado que Él tenía en mi vida.

Como hija de ministro crecí sirviendo a Dios. Luego que me casé, mi esposo y yo nos involucramos en una enérgica iglesia donde servimos activamente en diferentes grupos: niños, jóvenes, solteros y música.

Eventualmente, Dios nos abrió la puerta para comenzar nuestro ministerio en las publicaciones cristianas, y como tenía un grado académico en comercio, asumí el papel de administrar las finanzas de la compañía. Por mi posición, comencé a caracterizarme a mí misma y a mi ministerio en una forma limitada. Decía: «Soy una mujer de negocios».

Cuando me llegaban oportunidades para el ministerio que no encajaban en ese molde, rápidamente buscaba a otra persona que sintiera más capaz para llenar el hueco. Creía que ya estaba cumpliendo con mi propósito en la vida. Después de todo, era esposa, madre y jefe de finanzas de un ministerio que estaba impactando a muchos para Dios. Me definía por mis roles.

A principio de la década de los noventa, estaba más hambrienta de Dios que nunca antes en mi vida. Lo buscaba todo el tiempo. Pronto me percaté que mi amor por Él era contagioso y que la misma hambre había nacido en aquellos que me rodeaban.

En ese contexto, Dios comenzó a hablarme sobre hacer cosas para Él — como convertirme en mentor de otras mujeres y servir de anfitriona para reuniones de oración en mi casa — que eran extrañas para mí. Ninguna cuadraba con el estrecho concepto que tenía de mí misma. Además de esto, *sabía* que mi esposo, quien no estaba en una búsqueda de Dios tan intensa como la mía, no iba a estar de acuerdo con las nuevas aventuras.

Mientras oraba un día, mis protestas hacia Dios por lo que me estaba pidiendo que hiciera fueron contestadas con una clara reprimenda. Me dijo: «Cuando te pares frente a mí, decir que tu esposo no estuvo de acuerdo *no será* una excusa. Serás responsable por lo que te pida que hagas».

Había escuchado muchas lecciones sobre el orden en el hogar, pero nunca había escuchado nada como esto. Al buscar en las Escrituras solo pude encontrar pasajes que lo apoyaban y no lo desaprobaban. Romanos 14.4 nos dice: «¿Quién eres tú para juzgar al siervo de otro? Que se mantenga en pie, o que caiga, es asunto de su propio señor» (NVI). Era una sierva de Dios y sería responsable ante Él. Me comprometí a hacer *todo* lo que me pidiera.

Pero mientras más buscaba a Dios, más grandes y menos cómodas se convertían sus tareas. Cuando me habló por primera vez de planificar una conferencia para mujeres, protesté de inmediato: «Esto tiene que ser un error. ¿Acaso no sabes quién soy? Soy una mujer de negocios, no una ministro de púlpito.

Luego entendí que mi enfoque estaba equivocado. Mientras mirara hacia mí —a mis fortalezas y debilidades— nunca podría realizar lo que Dios quería que hiciera. Él me estaba llamando a un nuevo plano, uno más allá de mi habilidad natural, que requeriría una total confianza en Él.

La transición no fue fácil.

Quizás para usted también será difícil. Algunos se levantarán para afirmar la visión personal que tiene de usted misma. Personas con una visión más pequeña querrán mantenerla «en su sitio». Aun amigos y familiares tratarán de reiterar sus limitaciones, algunas veces por temor. Los líderes de la iglesia que pensaba le darían su apoyo podrían considerarla muy radical al romper las reglas de los roles tradicionales. Algunos tratarán de detenerla animándole a creer las mentiras que Lee Grady discute en este libro.

Y las voces externas no son los únicos obstáculos que enfrentará para cumplir con el plan de Dios para su vida. El sonido interior de su propia duda podría ser aún más alto. Pero recuerde: Mientras más consciente esté de sí misma, menos lo estará de Dios. ¡No permita que su inseguridad destruya su fe! Sin ella, terminará por desobedecer; es imposible agradar a Dios sin fe (véase Hebreos 11.6).

Al obedecer a Dios y moverme más allá de mi zona de comodidad, el Espíritu Santo me dirigió paso a paso en el camino que finalmente ha ministrado a miles a través de conferencias y de la revista *SpiritLed Woman*. El Señor me ha dado tareas que en lo natural no entiendo, pero cuando confío en Él para llevarlas a cabo, me ha permitido cosechar abundantes frutos.

Me siento aun menos preparada para hacer las cosas que me está pidiendo, pero sé que puedo confiar que Él puede usar lo más sencillo y tonto para su gloria (véase 1 Corintios 1.27-78). Usted también puede confiar en Él. Si continúa diciéndole «sí» a pesar de los obstáculos, Él obrará su voluntad en su vida (véase Filipenses 2.13).

El libro de los Hechos nos dice que en los últimos días habrá un gran derramamiento del Espíritu de Dios que transcenderá sexos y edades: «Y en los postreros días, dice Dios, derramaré de mi Espíritu sobre toda carne, y vuestros hijos y vuestras hijas profetizarán; vuestros jóvenes verán visiones, y vuestros ancianos soñarán sueños» (2.17). Creo que estamos viviendo esto hoy. Dios está abriendo la puerta para que usted, como mujer, haga todo lo que le está llamando a hacer.

Sin embargo, tendrá que pagar un precio por obedecerle. Al salirse de la norma, quizás tenga que soportar pruebas, malos entendidos y críticas como resultado de hacer frente a las posturas erróneas sobre la mujer que se discuten en este libro. Estos enfoques, basados en interpretaciones inválidas de las Escrituras, pueden usarse para impedir que obedezca a Dios en su casa y en la iglesia.

Su primera línea de defensa será educarse a través

del conocimiento de la verdad, y entender que cuando Dios revela la verdad no es con el propósito de usarla como un bastón para golpear a quienes no estén de acuerdo sino para liberarle a *usted*. Cuando lea *10 mentiras que la Iglesia le dice a las mujeres* y vea que algunas de las cosas que le han dicho se basan en el análisis incorrecto de la Palabra de Dios, estará mejor preparada para abrazar la verdad de que «no hay varón ni mujer» en Cristo (Gálatas 3.28).

Al final, las recompensas valdrán el precio que debe pagar para seguir a Dios. Él se deleitará en su obediencia, tendrá la bendición de su presencia y el fruto eterno nacido de una vida dedicada completamente a Él.

—JOY STRANG
DIRECTORA
REVISTA *SpiritLed Woman*

Prefacio

En la Palabra de Dios está escrito que usted conocerá la verdad y la verdad le hará libre (véase Juan 8.31-34). La única forma en que veremos a Dios liberar a su pueblo de las «diez mentiras que la Iglesia le dice a las mujeres» es por el conocimiento de la verdad en la Palabra de Dios.

El Espíritu Santo me mostró cinco cosas de las que Dios liberará a la iglesia para poder recibir el avivamiento que estamos esperando. Estas son: tradiciones, prejuicios, costumbres, cultura y denominacionalismo. Cuando la iglesia se libere de estas ataduras, dijo el Espíritu Santo a mi corazón, llegará el avivamiento, y «ningún hombre, demonio, maldad o denominación podrá apresarlo jamás». Las diez mentiras discutidas de manera tan excelente en estas páginas han contribuido a crear estas ataduras y ha alejado a la iglesia de la unidad que traerá el gran avivamiento y la revelación de la gloria de Dios.

Cuando Dios creó la raza humana, le puso por nombre Adán; al hombre y la mujer unidos. Al tomar a la mujer de la costilla de Adán lo hizo para que caminara en armonía junto a Adán, no para ser inferior ni superior a él. Fue luego de la caída que Dios dijo que el hombre caído gobernaría sobre ella. Esta no fue la intención original de Dios aunque se ha convertido en «doctrina de iglesia». El hombre redimido caminaría otra vez junto a la mujer redimida en la forma que Dios había propuesto, «sometiéndose los unos a los otros», como enseñan las Escrituras.

Lee Grady ha hecho su tarea en este atinado y tan necesario tema. Creo que Dios lo ha levantado como un hombre con una revelación ungida de la Palabra de Dios, sin prejuicio, y como uno que escribirá la verdad absoluta tal como Dios la haya revelado. El resultado es una obra maestra que permitirá que la verdad rompa con todo tipo de prejuicio y ayude a limpiar la iglesia de todo lo que está impidiendo que «el conocimiento de la gloria de Dios» cubra la tierra de la misma forma que las aguas cubren el mar. Léalo en actitud de oración, con un corazón honesto y permita que el Espíritu Santo le haga libre.

DR. FUCHSIA PICKETT
AUTORA, PASTORA, EVANGELISTA
Y MAESTRA, MINISTERIOS SHEKINAH

«Ninguna iglesia que conozca al Espíritu Santo se opondrá al ministerio público de las mujeres. Sabemos de muchas mujeres que pueden predicar el Evangelio con una claridad, poder y eficacia que rara vez es igualada por los hombres. Hermanas, permitan que el Espíritu Santo les llene, llame y unja para predicar el glorioso Evangelio de nuestro Señor». [1]

—Seth Cook Rees, Presidente de la
Iglesia Pilgrim Holiness del 1897 al 1905.

«Y después de esto derramaré mi Espíritu sobre toda carne, y profetizarán vuestros hijos y vuestras hijas ... Y también sobre los siervos y sobre las siervas derramaré mi Espíritu en aquellos días».

—Joel 2.28,29

«La profecía {de Joel}, sin embargo, se ha cumplido solo parcialmente. Todavía debe cumplirse a cabalidad ... Solo un puñado de mujeres, comparado con "toda carne", ha profetizado. Esa profecía tiene que cumplirse por completo antes de ese "gran y notable día", y aquellos que estúpidamente impidan que las mujeres profeticen se están colocando, por así decirlo, en medio del cumplimiento de la Palabra de Dios. En lugar de "apresurar la venida del día de Dios" (2 Pedro 3.12), están obstaculizando la preparación para esa venida». [2]

—Katherine Bushnell, Evangelista y reformista norteamericana,
en su libro de 1923 *God's Word to Women* [Palabra de Dios para la mujer].

«Toda mi vida la he dedicado al avance de la mujer en la educación y oportunidades. Creo firmemente que Dios tiene para ellas una tarea que hacer como evangelistas, portadoras del mensaje de Cristo a los perdidos, en grupos de oración, hacia la iglesia en general y hacia el mundo en su sentido amplio, mayor que el que la mayoría de la gente ha soñado. ... Permítame, como hija fiel de la iglesia, suplicar a las mujeres jóvenes que sienten el llamado, como yo una vez lo sentí, a predicar sobre las inescrutables riquezas de Cristo». [3]

— Evangelista Frances Willard (1839-1898) Fundadora de Women's
Christian Temperance Union

Introducción

Cuatro horas al sur de Salt Lake City, Utah, el pastor protestante Steven Butt vive en una antigua capilla de los mormones a la que recientemente le dio el nombre de Iglesia Cristiana Patriacal Sea Libre. Desde este edificio de piedra en el pueblito de Circleville, este ministro de cuarenta y nueve años, barba gris y con tres esposas predica el extraño Evangelio de la poligamia.

Da igual el hecho de que estemos en el siglo XXI y que el matrimonio múltiple sea ilegal en los Estados Unidos. El Rdo. Butt reclama que como los patriarcas del Antiguo Testamento, Abraham, Isaac y Salomón, tuvieron muchas esposas, la práctica es aún aprobada por Dios. Este predicador con estilo propio puede citar capítulos y versículos para defender sus extraños enfoques sobre la superioridad masculina y la sujeción femenina y sus esposas, con edades de 51, 44 y 34 años —quienes le han dado en conjunto cinco hijos— parecen estar en sincero acuerdo con su poco ortodoxa interpretación. De hecho, afirman que disfrutan de su cómodo estilo de vida familiar, aunque una de la esposas admitió que no le sorprendería que su esposo llegara una tarde a la casa con una esposa más joven para añadir a la colección.

En enero del 2000, Butt dijo a Prensa Asociada: «Creemos que el matrimonio múltiple está permitido en la Biblia para suplir necesidades prácticas y reales, y esto debe ser reconocido por la iglesia cristiana. Obviamente la poligamia no puede ser inmoral si Dios la permitió a estas personas sobre las que mostró tanto favor». [4]

No me inventé esta peculiar historia. Más bien la menciono para probar que hay personas que pueden tergiversar las Escrituras para probar cualquier punto.

Podríamos ver la extraña iglesia del Rdo. Butt como un ejemplo aislado de un culto seudocristiano. Es cierto que es cúltico, pero la triste verdad es que hay muchos cristianos creyentes en la Biblia que han malinterpretado por ignoracia o empleado mal con toda intención las Escrituras para justificar una postura prejuiciada de la mujer que está tan equivocada como la doctrina del Rdo. Butt en Utah. Aún más triste, muchas mujeres cristianas de hoy día, al igual que las esposas del Rdo. Butt, defienden estas posturas, ya sea porque se sienten intimidadas por un sistema religioso dominado por hombres que reclaman que el favor de Dios descansa solo en ellos, o porque se han tragado la mentira de que son ciudadanas de segunda clase en el Reino de Cristo.

Es tiempo de que detengamos estas ideas insultantes, y dejemos de usar la Biblia para mantener a las mujeres presas de una agenda religiosa centrada en los hombres. Jesucristo vino a salvar, santificar y nos dio poder a todos —*hombres y mujeres*— para un ministerio dirigido por el Espíritu. En ningún lugar de su Palabra Él endosa la idea de que la mujer es inferior al hombre, o que los dones espirituales y los llamados del Espíritu Santo son conferidos únicamente a los hombres.

Introducción

No obstante, por siglos la iglesia le ha enseñado a mujeres devotas que deben apagar el fuego santo de Dios que arde dentro de ellas. Como resultado, la mitad de la fuerza laboral en la iglesia se ha marginado y desvalorizado. Y mientras las mujeres son descalificadas del juego y enviadas al banquillo, nosotros los hombres les decimos con arrogancia a nuestras hermanas en Cristo que este es el perfecto plan de Dios.

Como editor de la revista *Charisma* desde mediados de la década de los 1990, he observado estas actitudes chauvinistas en muchas iglesias pentecostales y carismáticas. Por lo que, en 1999, comencé a hacer encuestas a las lectoras de *SpiritLed Woman*, la revista para mujeres que publicamos. Me sorprendí cuando empecé a leer los testimonios que inundaban mi oficina. Cada historia reflejaba cuán profundamente arraigado está el prejuicio religioso en la iglesia contemporánea.

* Una mujer de nombre Rosalina, de Xenia, Ohio, nos contó que el pastor en su antigua iglesia le dijo que no podía dirigir ningún tipo de estudio bíblico a menos que un diácono varón estuviera presente. También me dijo: «Y tener cultos de oración sin un diácono o pastor en el salón estaba completamente fuera de discusión».

* María sirve como misionera junto a su esposo en una iglesia evangélica de habla inglesa en Sao Paulo, Brasil. Ella se topó con el rechazo poco después que su esposo, quien es el pastor de la iglesia, le pidió que hablara en el servicio del Día de las Madres que se acercaba. María nos contó: «Cuando una de las madres se enteró que hablaría, dijo que sus hijas no podían participar. Me sentí muy triste y tuve deseos de llorar, porque Dios me ha dado el don de palabra y ya

me había dado un mensaje para ese día».

Como el esposo de María no quería ofender a nadie, sacó a su esposa del programa. Hoy María siente la misma frustración de muchas mujeres porque saben que están llamadas a predicar pero no se les permite hacerlo. Añade: «En una ocasión hablé en la iglesia y se vendieron más casetes de ese mensaje que de cualquier otro anterior. Creo que es difícil para una mujer de Dios no sentirse oprimida cuando sus dones no son reconocidos ni ratificados».

* Valeria había sido miembro por mucho tiempo de una iglesia pentecostal en Nueva Jersey, y comenzó a sentir un fuerte llamado para dedicarse a tiempo completo al ministerio. Ella recuerda: «Mientras crecía en el Señor, muchas mujeres y algunos hombres comenzaron a preguntar si podía dirigir un estudio bíblico, por lo que fui donde mi pastor y le pregunté. La respuesta fue un rotundo "¡no!". Me dijo que como era mujer, sería muy vulnerable ante Satanás y sus tácticas si tomaba un papel de liderato».

* Betsaida y su esposo sintieron el llamado de comenzar un ministerio de jóvenes en su iglesia bautista sureña cerca de Nashville, Tennessee. La enseñanza era su don espiritual mientras que su esposo tenía dones musicales y de drama. Luego de dirigir con éxito la Escuela Bíblica de Verano, se acercaron al pastor con la inquietud de comenzar un ministerio de juventud regular los miércoles en la noche.

Betsaida explica: «De hecho, ni siquiera se me permitió asistir a la reunión para pedir permiso, pero los pastores y diáconos le dijeron a mi esposo que si hacíamos esto, él tendría que estar a cargo de la enseñanza. Cuando mi esposo protestó, diciendo que la enseñanza era mi don, le dijeron que debía enseñar de todas formas y que con el tiempo se acostumbraría a hacerlo».

Luego de este incidente, a Betsaida se le negó toda oportunidad de enseñar en la iglesia. En una ocasión le dijeron que no podía enseñar la Escuela Dominical para jóvenes porque había niños presente. Betsaida añade: «Varios de los diáconos advertían frecuentemente a los hombres jóvenes que no permitirieran que sus esposas fueran mis amigas ya que era una mala influencia». Betsaida y Samuel se fueron de la iglesia y se unieron a otra que le permitía usar sus dones espirituales.

* A Patricia, quien vive en Loxahatchee, Florida y había estudiado en un seminario, le dijeron que no podía continuar dirigiendo un pequeño grupo de oración para mujeres a menos que un anciano varón de su iglesia pentecostal estuviera presente. También le dijeron que no podía dirigir un estudio bíblico para mujeres a menos que su esposo asistiera a todas las sesiones.

* Susana es una ministro ordenada que ha dirigido por siete años un retiro interdenominacional para mujeres en Tennessee, pero se ha encontrado frecuentemente con el rechazo de personas que consideran ilegítimo su ministerio. En varias ocasiones los hombres han salido de la iglesia cuando ella se ha acercado al púlpito para predicar. «Luego de irse, le han dicho a su pastor que no tengo ninguna autoridad para predicar en la iglesia porque la Biblia dice que las mujeres debemos estar calladas», nos contó.

Como Susana celebró la comunión el último

día de sus conferencias para mujeres, los esposos de algunas de las participantes criticaron abiertamente las reuniones, diciendo que la Cena del Señor tenía que ser servida por ancianos varones. «También hice un estudio bíblico en mi casa por más o menos un año, y un pastor local llamó a varias de la personas que participaban para decirle que no había ningún pasaje en la Biblia sobre mujeres que enseñaban estudios bíblicos», añadió. «Dijo, además, que Dios no lo aprobaba y que si participaban estaban en rebelión contra Dios».

* Sandra era miembro de una iglesia bautista en el norte de Indiana. Me contó que en su iglesia se advertía a las mujeres que nunca debían enseñar a los hombres. Además nos comentó: «Un antiguo pastor me dijo que no podía hacer preguntas en la Escuela Dominical. Debía hacerle la pregunta a mi esposo y él me contestaría o haría la pregunta por mí».

En mi estudio sobre el prejuicio por sexo, he identificado diez mentiras que la iglesia le ha dicho a las mujeres durante toda su historia con el único motivo de «mantenerlas en su sitio». Las declaraciones que aparecen a continuación no suenan a mentiras para muchos cristianos porque están muy acostumbrados a malinterpretar la Biblia para mantener el enfoque de la superioridad masculina. Pero siguen siendo mentiras.

Antes de leer este libro, que examina cada una de estas diez mentiras en detalle, pruébese a usted mismo para determinar si ha sido adoctrinado en esta forma de prejuicio religioso. ¿Cree que estas declaraciones son ciertas o falsas?

1. Dios creó a la mujer como un ser inferior,

con el propósito de servir a su esposo teniendo hijos, proveyendo compañía y creando un ambiente de tranquilidad doméstica.

2. La mujer no puede enseñar ni predicar a los hombres en la iglesia.

3. Es más fácil engañar a la mujer que al hombre.

4. La mujer que muestra fuertes cualidades de liderazgo plantea un serio peligro para la iglesia.

5. El hombre necesita «cubrir» a la mujer en sus actividades ministeriales.

6. La mujer tiene que someterse obedientemente a su esposo en todas las situaciones.

7. La mujer no se sentirá realizada ni será espiritualmente eficaz sin un esposo e hijos.

8. La mujer no debe trabajar fuera de la casa.

9. La mujer no está preparada para asumir un papel de liderazgo en la iglesia.

10. La mujer debe ver a su esposo como el «sacerdote del hogar» y siempre esperar que él tome la iniciativa en los asuntos espirituales.

Cada una de las declaraciones anteriores es falsa. Sin embargo, por siglos la iglesia ha enseñado lo contrario porque ha estado bajo el poder de actitudes equivocadas de orgullo, control y dominio masculino. Mientras más pronto los hombres cristianos se arrepientan por albergar estas dañinas actitudes patriarcales —y mientras más pronto las mujeres cristianas dejen de promoverlas entre sí—más pronto el Espíritu Santo podrá tomar el lugar que le corresponde en el trono de la iglesia y de esta forma dar el poder a todos sus siervos para cumplir la Gran Comisión.

Algunas lectoras femeninas pueden estar pensando en este momento: «La iglesia nunca me ha mentido.

Nunca me han abusado, maltratado o me han negado la oportunidad como cristiana». Si esto es cierto, considérese afortunada. Pero aun cuando no se haya enfrentado a las formas más obvias del prejuicio por sexo, puede estar segura que esta persuasiva influencia le ha afectado, aun en sus estilos más sutiles. El chauvinismo religioso ha estado rondando desde la caída del hombre, y se mantiene como un sucio residuo en todas nuestras instituciones.

Al principio de cada capítulo leerá citas impactantes que vienen desde respectados padres de la iglesia como Orígenes y San Agustín hasta valientes reformistas como Martin Luther King y John Knox. Dios usó a estos hombres grandemente, pero todavía albergaban creencias sobre la inferioridad de la mujer. Debido a sus posiciones como líderes y portavoces de la iglesia, sus puntos de vista aún están presentes en nuestros días. Si vamos a adelantar la iglesia a una era de avivamiento espiritual genuino, tenemos que romper con estas ideas profanas y abrazar el enfoque de Cristo de las mujeres que agrada al Espíritu Santo.

La triste verdad es que la iglesia le ha mentido a la mujer sobre lo que vale ante los ojos de Dios. Algunas personas pueden sentir que el título de este libro es muy fuerte; de hecho, un teólogo que revisó el manuscrito antes de publicarse se quejó de que podía hacer lucir mal a la iglesia ante los ojos del mundo. Pero creo que la única manera de romper con los pecados de nuestro pasado es admitiéndolos. Debemos arrepentirnos del prejuicio por sexo. Tenemos que aceptar responsabilidad por la manera en que hemos representado mal a Dios y a su palabra ante todas las mujeres.

Distorsión de las Escrituras

La historia está plagada de ejemplos de gente que ha usado la Biblia para justificar su crueldad, injusticia y extraña conducta. Cualquiera puede tomar uno o dos versículos oscuros de la Biblia, analizarlos a través de lentes culturales o mezclarlos con la ictericia de la opinión personal, y luego construir una doctrina que es totalmente opuesta al mensaje general de ésta. Considere estos ejemplos de malinterpretación bíblica que han sido responsables de un increíble dolor en la historia de la humanidad:

* Los cruzados de los tiempos medievales usaron pasajes bíblicos sobre las guerras de Israel contra las naciones enemigas para defender la violencia contra los musulmanes. (La lectura errónea de algunos pasajes del Antiguo Testamento puede fácilmente justificar el genocidio). Durante las Cruzadas, los caballeros cristianos inspirados por un clero mal dirigido mataron a miles de musulmanes y judíos en el nombre de Cristo en un esfuerzo por retomar el control de Palestina de manos de los turcos.

* En Sudáfrica, líderes de la Iglesia Holandesa Reformada usaron pasajes de Génesis para enseñar que las personas negras eran realmente animales y no humanos. Luego, por décadas, pronunciaron sermones para respaldar un sistema de segregación racial que negaba los derechos humanos básicos de los negros en su país, enviando un claro mensaje de que los «hombres blancos de Dios» veían a los no blancos como seres inferiores.[5]

* En la Alemania de Hitler, algunos cristianos usaron la Biblia para defender los actos de violencia contra el pueblo judío afirmando que estos merecían castigo por ser los responsables de la crucifixión de Cristo. Hoy día, los miembros del

culto Movimiento de Identidad Cristiana —un grupo de odio racista que tiene una membresía estimada en 50,000 personas en los Estados Unidos— usa una interpretación tergiversada de Juan 8.44-47 para sugerir que los judíos son producto de la unión sexual entre Eva y Satanás.[6]

* Antes de la Guerra Civil Americana, algunos cristianos usaron las palabras del apóstol Pablo en Efesios 6.5 («Siervos, obedeced a vuestros amos...») y Colosenses 3.22 («Siervos, obedeced en todo a vuestros amos terrenales...») para apoyar la práctica de la esclavitud. Luego, durante los años de las leyes y órdenes judiciales de segregación de Jim Crow, los cristianos evangélicos usaron pasajes de Deuteronomio para enseñar que Dios no quería que personas de diversos grupos sociales se asociaran entre sí. Todavía hoy, algunos evangélicos norteamericanos creen que esos pasajes —que condenan el matrimonio con no creyentes— son realmente prohibiciones contra el matrimonio interracial.

* Algunos de los grandes reformistas del pasado, así como maestros modernos de la Biblia, enseñan que Dios ya no realiza sanidades ni otros tipos de milagros mencionados en el libro de los Hechos. Esta perspectiva, conocida como *cesacionismo* o *dispensacionalismo*, implica que el Espíritu Santo terminó con todas las señales y maravillas en la iglesia luego que se escribió el Nuevo Testamento.

Esta enseñanza, promovida ampliamente en el siglo XX en la notas de la popular Biblia Scoffield, se basa en la malinterpretación de un versículo en 1 Corintios 13.10: «mas cuando venga lo perfecto, entonces lo que es en parte se acabará». Muchos bautistas y otros fundamentalistas que han promovido el dispensacionalismo en el pasado se están dando cuenta hoy que este pasaje —que dice que los dones milagrosos del Espíritu se acabarán cuando venga «lo perfecto» (o lo que es perfecto)— se refiere a la segunda venida de Cristo y no a la canonización de las Escrituras.

* Muchas denominaciones cristianas han sacado de contexto pasajes confusos de la Biblia para crear códigos legalistas de vestimenta para sus miembros. Hasta el 1993, un grupo pentecostal de Tennessee enseñó que era pecaminoso para los cristianos usar anillos de matrimonio. El grupo basaba su prohibición en los escritos del apóstol Pablo en 1 Timoteo 2.9, que sencillamente instruyen a la mujer a vestir modestamente.

* En la actualidad, varios grupos religiosos pro homosexuales tuercen versículos bíblicos para enseñar que Dios condona el sexo homosexual. Uno de ellos, la Alianza Nacional Pentecostal de Homosexuales, utiliza una lectura defectuosa de 1 Samuel 20.17 para sugerir que el rey David y su amigo Jonatán eran amantes.[7] Aquellos que interpretan la Biblia de esta manera desechan los mandatos bíblicos que de plano condenan la conducta homosexual.

Estos ejemplos de interpretación tergiversada de las Escrituras pueden parecer drásticos. Sin embargo, por siglos los líderes de la iglesia han distorsionado la Biblia de formas similares para negarle a las mujeres el derecho a predicar, enseñar, orar en público, ser ordenadas o servir como presidenta de comités de misiones. La Biblia ha sido usada para alentar a las mujeres a no aspirar a otra carrera que no sea ama de casa, y para enseñar que la maternidad es el único llamado ordenado por Dios para la mujer. Efesios 5.22 («Las casadas estén sujetas a sus propios maridos, como al Señor») se ha usado para exigir a las esposas cristianas a tolerar el abuso físico o sexual de sus esposos a fin de glorificar a Dios con una femineidad sumisa.

¡Esto es abuso espiritual! Considere, por ejemplo, que durante el siglo XIX algunos hombres cristianos usaron Efesios 5.22 para justificar la práctica de golpear a sus esposas.[8] A fines de este mismo siglo, cuando el movimiento para el derecho al voto de la mujer estaba ganando popularidad en los EE.UU., muchos líderes eclesiásticos bien intencionados usaron 1 Timoteo 2.12 («Porque no permito a la mujer enseñar, ni ejercer dominio sobre el hombre») para oponerse a dar el derecho al sufragio femenino.[9]

La corriente principal del pensamiento cristiano moderno nunca apoyaría el abuso doméstico o sugeriría que las mujeres perdieran sus derechos políticos para ajustarse a un sistema de gobierno patriarcal. No obstante, todavía usamos la Biblia para minimizar los derechos de la mujer y para evitar que tengan una influencia espiritual significativa.

No es de extrañar que tantas mujeres cristianas luchen con una pobre autoestima, depresión, desórdenes alimentarios o conductas compulsivas. No es de extrañar que los hogares cristianos en los Estados Unidos se clasifiquen entre los más altos en incidencia de abuso doméstico, seguidos solo por los hogares de alcohólicos.

La iglesia le ha dicho a las mujeres que sus dones y llamados espirituales son inferiores a los del hombre, y ha encubierto este evidente prejuicio por sexo en una elevada terminología religiosa para hacerla parecer aceptable aun para las mujeres. Sin embargo, el impacto en las mujeres es real: las hace sentir degradadas, prescindibles y sin valor.

Introducción

Se le ha dicho a mujeres cristianas con corazones de servicio a Dios que sus dones especiales no tienen salida, ni en la iglesia ni en las primeras filas ministeriales. Cuando el Espíritu de Dios se mueve sobre ellas para predicar se les ordena mantener sus bocas cerradas. Cuando el Espíritu Santo les da un codazo para usar sus dones de liderazgo o su unción administrativa o sus habilidades para enseñar, se les envía al salón de atrás de la iglesia a preparar los postres para los momentos de *koinonia* del domingo en la noche. Cuando dan un paso de fe para hacer la diferencia para el Reino de Dios a través de sus carreras, se les reprende por tomar «el papel del hombre». Es tiempo de que la iglesia elimine estas orgullosas actitudes patriarcales. Debemos arrepentirnos y sacar a las mujeres de la sombra y traerlas al plano de autoridad que Dios ha ordenado para todos los que siguen al Salvador.

La radical perspectiva de Jesús hacia la mujer

Para encontrar una real perspectiva bíblica hacia las mujeres y su lugar en el Reino de Dios, el mejor lugar para empezar es examinando cómo Jesús las trató. Jesús se esforzó al máximo para retar los prejuicios culturales contra la mujer que estaban tan arraigados en la Israel del Nuevo Testamento.

Debemos entender que en el primitivo mundo que Jesús vivió, las mujeres se consideraban un poco más que propiedad. También eran vistas como malas, ignorantes y repulsivamente inmorales. Esto era lo que enseñaban los líderes religiosos judíos, quienes no permitían a la mujer entrar en ciertas partes del templo y que además las separaban de los hombres en las sinagogas.

El Rabino Eliezer, quien vivió en Palestina en el siglo primero, resumió la tradición judeorabínica al escribir: «Antes deberían ser quemadas las palabras del Torá antes de confiar en una mujer...Cualquiera que enseñe a su hija es como aquel que le enseña obscenidad».[10] Jesús ben Sirach, otro líder rabínico, resumió la posición judía ante la mujer al decir: «Aquel que adquiere una esposa obtiene su mejor posesión».[11]

En el tiempo de Jesús, se consideraba a las mujeres como una fuente de maldad pues representaban la tentación sexual y el pecado original de Eva, su antecesora. Y como eran valoradas solo por su servil rol como esposas y madres, no se permitía que fueran instruidas por los rabinos. Básicamente, las mujeres eran sirvientes inferiores y su lugar era en el campo, en el pozo o en la cocina. Si en algún momento salían de la casa, se esperaba que llevaran un velo. No se les permitía hablar con los hombres en público (excepto con sus esposos), ni testificar en una corte de justicia ya que una testigo mujer no era considerada digna de confianza.

Fue en este contexto que vino el Mesías, predicando un mensaje de acceso sin restricciones al amor del Padre. Como la mujer del siglo ventiuno goza de los derechos humanos básicos, muchas veces damos por sentado el aspecto revolucionario de los esfuerzos de Jesús para elevar a la mujer dentro de una sociedad que la degradaba. Lo que nos parece una acción normal —por ejemplo, la íntima conversación de Jesús con la samaritana en el pozo— fue realmente un acto dramático en una cultura en la que era inapropiado para un hombre aun hablar con una mujer en público.

Jesús recibió a las mujeres entre sus discípulos, e hizo enojar a algunos rabinos al romper esta restricción con cubierta de hierro de la cultura. Con tantos ejemplos en los Evangelios de la interacción personal de Jesús con las mujeres, se hace obvio que estaba enfatizando una verdad importante. Examine estos ejemplos:

*María se sentó a Sus pies. En Lucas 10.38-42, Jesús

elogió a María por escuchar atentamente Sus enseñanzas, y reprendió ligeramente su hermana Marta luego de que esta le pidiera que enviara a María de vuelta a la cocina. El aspecto radical de este pasaje, que frecuentemente no vemos hoy, es que las mujeres no se consideraban dignas de aprender nada en el Israel de ese tiempo; los rabinos de los días de Jesús no permitían que se enseñara a la mujer o que estas se sentaran a sus pies como estudiantes de la ley.

Las tiernas palabras de Jesús a María, en las que la elogiaba por escoger «la buena parte» (v.42), era una clara señal de que había venido a llamar a la mujer, no solo a los hombres, a ser Sus discípulos. Las mujeres también tenían un lugar a Sus pies. Y si ellas fueron invitadas a aprender de Él, ¿por qué razón no podían también ser comisionadas a enseñar a otros sobre Él?

*La «mujer pecadora» que ungió los pies de Jesús

El relato de la «mujer inmoral» que ungió a Jesús con perfume (véase Lucas 7.36-50) revela claramente que Jesús estaba dispuesto a romper con el espíritu patriarcal de sus días. Mientras los fariseos lo criticaban por permitir que esta pecadora sin nombre lo tocara, Jesús elogió sus acciones y ministró misericordia al declarar perdonados sus pecados.

No sabemos si la mujer era una prostituta, una vagabunda de la calle u otro tipo de paria social. Pero debemos recordar que los hombres judíos del tiempo de Jesús consideraban a todas las mujeres impuras y pecaminosas solo porque eran hijas de Eva. Culpaban a las mujeres por todo el pecado del mundo.

La aceptación Jesús hacia ella revela que vino a quitar este doloroso estigma de todas las mujeres. Como un segundo Adán, revocó la maldición que había llegado en el Jardín del Edén. Y al perdonar públicamente a esta mujer pecadora en presencia de los hombres que la despreciaban, demostró que había venido a remover para siempre la culpa y la vergüenza que había sobre todas las mujeres.

*La mujer samaritana que conoció a Jesús en el pozo.** El solo hecho de que Jesús haya sostenido una conversación con esta mujer extranjera en Juan 4.7-30 es evidencia de su misión radical.

Es interesante que ese encuentro en el pozo con la samaritana sea el único intento de Jesús de esparcir su Evangelio más allá del pueblo judío. El Salvador nos modeló su ministerio evangelístico al hablar con la mujer, y la respuesta de esta (véanse los versículos 28-29) fue convertirse en evangelista. ¿No fue esta una clara señal de que Jesús vino a enviar a la mujer, al igual que al hombre, a los campos de cosecha del ministerio?

De hecho, Jesús se sentía muy cómodo alrededor de las mujeres, y sabemos que le permitió a muchas ser parte de su séquito y que vivió a expensas de la ayuda económica de éstas (véase Lucas 8.1-3).

*La mujer que fue sorprendida en adulterio.** Como ningún otro pasaje en el Nuevo Testamento, esta historia de Juan 8.1-11 ilustra el odio y el prejuicio que existía hacia la mujer en el tiempo de Jesús. Los que acusaban a la mujer querían apedrearla a ella sola, sin ejercer la misma justicia sobre su compañero. Pero la defensa compasiva de Jesús y Sus palabras hacia ella: «Ni yo te condeno», ofrecen una de las escenas bíblicas más hermosas del amor incondicional del Salvador.

Y ese amor iba dirigido a una mujer que había sido condenada injustamente por unos hombres santurrones. Como un hábil abogado, Jesús calló a los acusadores y escuchó el testimonio de la mujer; un testimonio despreciado en las cortes de Israel sencillamente porque era fémina. Jesús derribó los parámetros de justicia y mostró a un grupo de religiosos hipócritas cómo su opresión hacia la mujer causaba dolor al corazón del Padre.

Todos estos relatos bíblicos, entre muchos otros, hacen claro que Jesús vino a redimir a la mujer de su condición pecaminosa y llevarla a experimentar Su presencia como verdaderas seguidoras del Mesías. El Evangelio que predicamos hoy debe tener este mismo efecto en las mujeres que lo escuchan.

Lo que este libro *no* está diciendo

El Señor quiere liberar a la mujer de las mentiras producidas por el prejuicio por sexo. ¿Será posible que en el transcurso de nuestras vidas, estos anticuados prejuicios religiosos se conviertan en un nuevo día de cooperación y compañerismo dónde hombres y mujeres trabajen juntos para ver un avivamiento espiritual global? Ese es un sueño que anhelo ver realizado, en parte porque deseo que mis cuatro hijas crezcan en una iglesia que le brinde igual oportunidad en el ministerio.

Debido a que alguna gente religiosa siente tanta pasión por los asuntos de los sexos en la iglesia —en especial el tema de la ordenación de la mujer— aquellos que reclaman igualdad de derechos para la mujer son casi siempre fuertemente criticados. Los argumentos que presento en este libro se prestan para debate; no reclamo conocer todas las respuestas. Pero quiero hacer claro que mientras hago un llamado para que se brinde todas las oportunidades ministeriales a la mujer, y para que haya total igualdad para esta en el hogar y el lugar de trabajo, lo hago dentro del marco de la verdad del Nuevo Testamento. En el ánimo de eliminar argumentos innecesarios, por favor entienda lo que *no* estoy diciendo:

1. No estoy negando las diferencias particulares entre el hombre y la mujer.

La palabra *igualdad* se usa con frecuencia en este libro para describir la relación entre los sexos. Esto es así porque la Biblia enseña que los hombres y las mujeres son iguales en términos de su valor para Dios, su parte en la herencia espiritual y su papel compartido para gobernar la creación.

Esto no significa que los hombres y las mujeres no tengan un diseño único. Dios creó al varón y a la hembra con distinciones físicas y emocionales inherentes, y la declaración del Nuevo Testamento de que «no hay varón ni mujer» (Gálatas 3.28) no es un endoso bíblico del andrógino. Las palabras de Pablo en Gálatas son el asentimiento fundamental de que aunque los hombres deben ser masculinos, y las mujeres deben ser femeninas, el sexo de una persona no le limita de disfrutar los beneficios de la salvación o de la poderosa gracia del Espíritu Santo.

2. No estoy llamando a los cristianos a respaldar el movimiento feminista secular.

¿Por qué cuando alguien reta con denuedo el prejuicio por sexo en la iglesia de hoy, se le rotula automáticamente a él o ella como feminista radical? Recordemos que Jesús fue el máximo feminista de sus días pues estuvo dispuesto a identificarse con la difícil situación de las mujeres oprimidas. Él las elevó como ningún otro líder religioso lo había hecho en la historia.

Pero el llamado de Cristo por la igualdad de sexos no tiene semejanza con la retórica de las feministas modernas seculares, quienes a menudo mezclan su mensaje de igualdad de derechos con una actitud de coraje hacia los hombres y una demanda egoísta por los derechos de aborto. Jesús nos enseñó que no podemos vencer el odio con más odio, y esto aplica especialmente cuando vemos la necesidad de sanidad entre hombres y mujeres.

Sin embargo, debemos tener cuidado de no caer en la trampa de encasillar a hombres y a mujeres dentro de «roles» estereotipados que no son bíblicos. Hoy día, algunos teólogos conservadores enseñan que los hombres tienen el llamado de Dios a ser el «sostén primario de la familia» mientras que las mujeres tienen el llamado a ser amas de casa. Esta es una idea no bíblica que se basa en el prejuicio cultural. Otros teólogos realmente creen que Dios creó al hombre para ser «intelectual» mientras que la mujer está destinada a ser «intuitiva». ¡Esto no está en la Biblia! Sí, los hombres y las mujeres tienen diferencias, pero con frecuencia las «diferencias» citadas por los líderes conservadores de la iglesia son imaginarias.

Mucho del feminismo secular trata de mujeres que odian a los hombres. El feminismo cristiano, si es que puede llamarse así, trata de hombres y mujeres aceptando una igualdad ordenada por Dios y aprendiendo a trabajar en compañerismo mutuo con la ayuda del Espíritu Santo. No aprueba la venganza ni da el derecho a la mujer de volverse intolerante, orgullosa o abusiva con el propósito de corregir las injusticias del pasado.

3. No estoy alentando a las mujeres cristianas a rebelarse contra el liderato masculino.

La predisposición por sexo está atrincherada en la iglesia, y algunas mujeres cristianas que lean este libro se pueden enojar al darse cuenta cómo las actitudes chauvinistas se han usado para manipularlas hacia una posición de impotencia. Le ruego a cada lectora: Está bien enojarse, pero no permita que el enojo de lugar a la amargura o a la malicia. Canalice su coraje en formas positivas que traigan cambio, reconciliación y un debate constructivo. No reaccione con venganza hacia su esposo, pastor o instituciones dominadas por hombres. La verdadera liberación espiritual no se trata de derrocar a los hombres o poner a la mujer en un lugar de superioridad. Se trata de liberar al pueblo de Dios para obedecer al Espíritu Santo, que trabaja a través de vasos masculinos y femeninos. En lugar de esto, pídale al Espíritu Santo que sane sus heridas, luego ore pidiendo la dirección de Dios mientras busca liberar a otros.

A los hombres que leen este libro: Les ruego que no estén a la defensiva. Tenemos mucho por lo que pedir disculpas. Nuestros antepasados usaron la Palabra de Dios para someter a las mujeres al abuso. Aunque no estoy culpando el chauvinismo masculino por todos los problemas del mundo, mostremos una hombría verdadera al aceptar la responsabilidad por nuestros pecados hacia la mujer.

4. No estoy promoviendo un movimiento político para colocar a la mujer en el liderato de la iglesia.

Podemos mirar a las principales iglesias protestantes en los Estados Unidos y ver que la política feminista ha fallado miserablemente. Los más importantes teólogos han discernido correctamente que la Biblia no endosa el prejuicio por sexo, pero entonces sus iglesias dependen de un impotente programa de acción afirmativa, hecho por hombres, para colocar a más mujeres en posiciones de liderato en la iglesia. Se olvidan que Dios se preocupa más por la unción espiritual que por cuántos hombres o mujeres son ordenados.

Tener a más mujeres líderes no va a ayudar a la iglesia si esas mujeres no arden con el Espíritu Santo. Tener a más mujeres predicadoras no va a ayudar si esas predicadoras no proclaman un Evangelio de rectitud. Lo que necesitamos en este momento son mujeres que sientan pasión por Cristo, que anhelen Su presencia, que amen a los perdidos y cuyos corazones ardan por Su santidad. Estas son las mujeres que merecen los púlpitos.

Preguntas para discusión

1. Luego de leer la lista de «diez mentiras» en la

página 24-25, discuta las declaraciones que le inquietan. ¿Está de acuerdo con algunas de ellas? Explique por qué.

2. En muchas ocasiones la gente saca fuera de contexto uno o dos versículos de la Biblia y los tergiversa para elaborar una falsa doctrina. Cite un ejemplo de esto y explique cómo se usó incorrectamente el pasaje bíblico.

3. Explique por qué las acciones de Jesús hacia la mujer durante su ministerio terrenal fueron tan revolucionarias para ese periodo de tiempo. ¿Con cuál de las cuatro mujeres de la Biblia descritas en este capítulo (María, la hermana de Marta; la «mujer pecadora»; la mujer en el pozo; o la mujer adúltera) usted se identifica más?

4. ¿Por qué fue tan revolucionario el hecho de que María —la hermana de Marta— se atreviera a sentarse a los pies de Jesús y lo escuchara? ¿Cuál piensa usted fue la reacción de los hombres judíos de la casa ante estas acciones? ¿Por qué piensa que Marta quería que su hermana le ayudara en la cocina?

5. En este libro se discutirá el asunto de las mujeres a tiempo completo en el ministerio. Discuta cómo se siente en relación a esto.

«*La mujer es más imperfecta que el hombre. La principal razón es que es más fría. Si, entre los animales, los más calientes son más activos, lo que sigue es que los más fríos son imperfectos*».[1]

—GALEN, UN MÉDICO «EXPERTO» DEL SIGLO III D.C.

«*Qué diferencia hace si es en la esposa o la madre, de todas maneras es de Eva, la tentadora, de quien debemos estar alerta en cualquier mujer… No veo para qué la mujer puede servir al hombre, si se excluye la función de tener hijos*».

—SAN AGUSTÍN DE HIPPO (354-430) [2]

«*La mujer es su máxima perfección fue hecha para servir y obedecer al hombre*».

—JOHN KNOX, TOMADO DE *The First Blast of the Trumpet Against the Monstrous Regiment of Women* [EL PRIMER TOQUE DE LA TROMPETA CONTRA EL MONSTRUOSO REGIMIENTO DE LA MUJER], 1558[3]

«*La mujer es deficiente e ilegítima; mientras que el poder activo en la semilla del hombre dirige la producción de una apariencia perfecta en el sexo masculino, la producción de la mujer resulta de un defecto en la fuerza activa*».

—TOMÁS DE AQUINO EN SU OBRA ACADÉMICA CREATIVA, *Suma Teológica* [4]

«*Es un hecho fisiológico comprobado que la capacidad real del cerebro promedio del hombre es considerablemente mayor que el de la mujer*».

—M. BURROWS, EN SU ARTÍCULO DE 1869, *Female Education* [EDUCACIÓN FEMENINA], EN EL QUE ARGUMENTABA EN CONTRA DE QUE LA MUJER ASISTIERA A LA UNIVERSIDAD.[5]

Mentira #1

Dios creó a la mujer como un ser inferior, con el propósito de servir a su esposo teniendo hijos, proveyendo compañía y creando un ambiente de tranquilidad doméstica.

L as oficinas de misiones en Inglaterra le dijeron a Gladys Aylward que nunca podría ser una ministro eficaz en China. Durante la década de 1930, era poco común que se enviaran mujeres inglesas a predicar en tierras extranjeras; las mujeres solo podían ir como misioneras si eran maestras de escuelas o enfermeras. Gladys no era ni maestra ni enfermera, pero no podía resistir el llamado de Dios. Por lo que ahorró suficiente dinero para comprar un boleto de tren de una sola dirección hacia China, y fue allí con poco dinero y sin conocimiento del idioma.

Su historia, que llegó al clímax con sus valientes esfuerzos para salvar a una docena de chinos huérfanos de soldados invasores durante la ocupación japonesa, fue el tema del clásico de cine de 1964, *The Inn of the Sixth Happiness* [La posada de la sexta felicidad], protagonizada por Ingrid Bergman. Sin embargo, a pesar del impacto de Gladys Aylward en China, y a pesar de las vidas que protegió de la muerte, esta humilde solterona consideró su trabajo como de segunda categoría.

Una vez admitió públicamente: «Yo no era la primera alternativa de Dios para lo que hice en China. Había alguien más...No sé quien era la primera alternativa de Dios. Debió haber sido un hombre, un hombre maravilloso. Un hombre bien educado. No sé que pasó. Quizás murió. Tal vez no estuvo dispuesto... y Dios miró hacia abajo... y vio a Gladys Aylward».[6]

La humildad de Aylward es ciertamente admirable. No obstante es triste que creyera que el sexo la relegaba a una categoría inferior, como si las mujeres fueran la tarifa de descuento de Dios cuando Su mejor y primera alternativa no responde. Esta era también la opinión de Kathryn Kuhlman, una de las más prominentes evangelistas de sanidad del siglo veinte. Ella también creía que Dios le encargó predicar solo porque Su primera alternativa, un hombre, no respondió al llamado.

Si bien grandes multitudes atestaban los auditorios municipales por todos los Estados Unidos para escuchar a Kuhlman hablar, y muchos asistían regularmente a su estudio bíblico de lunes en la noche en la Primera Iglesia Presbiteriana de Pittsburgh, ella con frecuencia se disculpaba por el hecho de ser mujer. Le aseguraba a las audiencias que sabía cual era su «lugar» como mujer, y le rogaba a la gente que no pensaran en ella como una mujer predicadora a pesar de que oficiaba bodas y funerales (esto sin mencionar muchas sanidades documentadas) y que algunos seguidores le llamaban «pastora».

Kuhlman hizo una extraña admisión al decir: «Hubiera dado cualquier cosa por haber sido solo una buena ama de casa, una buena cocinera. Y me hubiera gustado tener una familia grande. Hubiera sido agradable tener a mi alrededor un hombre de jefe».[7]

¿Seleccionó Dios en el último minuto a Kathryn Kuhlman y a Gladys Aylward para el ministerio solo porque un hombre le dijo no al Espíritu Santo? Si no, ¿por qué estos vasos escogidos se vieron a sí mismas como ministros de segunda categoría? Fue debido a una mentira.

Es una mentira que le dice a las mujeres que no son lo suficientemente buenas y que nunca estarán a la altura del valor y las habilidades del hombre. Es una mentira que le dice a las mujeres que no fueron creadas al mismo nivel del hombre. Es una mentira que dice que Dios creó primero al hombre y luego a la mujer como una idea tardía. Todas estas mentiras se han promovido durante siglos por personas religiosas.

Es obvio por las palabras de San Agustín (354-430 d.C) y de John Knox (1505-1572) —dos distinguidos padres de la fe cristiana citados al principio del capítulo— que el prejuicio por sexo no es un problema nuevo en la iglesia. Esto es orgullo es su forma más insidiosa, un orgullo religioso que ha sido bautizado e institucionalizado por hombres que reclaman representar a Dios sin darse cuenta que sus actitudes contristan al Espíritu Santo.

La teología chauvinista del hombre

Aunque Jesús modeló un nuevo y revolucionario paradigma de autoridad al afirmar a las mujeres como coherederas de la gracia de Dios, la Iglesia a través de los siglos no ha adoptado Su perspectiva de igualdad de los sexos excepto durante raros periodos de avivamiento espiritual. De hecho, las actitudes cristianas hacia la mujer se han parecido con más frecuencia al trato degradante que se le da a esta en las culturas hindús y musulmanas que lo que Jesús llamó a sus discípulos a demostrar.

Los relatos de los Evangelios describen los actos

radicales de Jesús para liberar a la mujer; acciones que representan una nueva perspectiva que nunca ha sido duplicada por ninguna otra religión en la tierra. Pero trágicamente, como en los primeros días de la iglesia del Nuevo Testamento, la actitudes patriarcales se mantienen en control, en parte porque los líderes encuentran más fácil vivir en sus tradicionales rutinas que permitir que sus mentes sean renovadas por el Espíritu Santo, que nos dice que «en Cristo, no hay varón ni mujer» (Gálatas 3.28).

La tradición judeopatriarcal, que se arraiga profundamente en la sinagogas de Asia Menor en el siglo primero, infectó a la iglesia en su infancia y continuó la tradición de separar al hombre y la mujer durante la adoración, manteniendo a los hombres educados lejos de las mujeres ignorantes. Al desarrollarse las estructuras eclesiásticas, encontramos en los escritos de los padres de la iglesia más reciente un evidente y horrible prejuicio contra la mujer, por no decir un absoluto odio.

Tertuliano, un respetado padre de la Iglesia que vivió durante el segundo siglo en Cartago, una ciudad al norte de África; culpó a la mujer por todos los problemas del mundo, y sus opiniones fueron modeladas por los primeros seguidores del cristianismo. Él escribió: «Ustedes [mujeres] son la puerta del diablo; son las responsables de romper el sello de aquel árbol [prohibido]; ustedes son las primeras desertoras de la ley divina; son las que acosaron a quien el diablo no estuvo suficientemente alerta para atacar. Ustedes destruyeron de forma fácil la imagen de Dios: el hombre. A causa de su merecimiento [castigo] que es la muerte, aun el Hijo de Dios tuvo que morir».[8]

En épocas subsiguientes respetados padres de la iglesia, incluyendo a lo más reverenciados como Martín Lutero y Juan Calvino, también vieron con desprecio a la mujer. No solo la consideraron como inadecuada para el servicio espiritual, sino que la vieron solo por su rol doméstico en la vida. La teología que fabricaron decía que las mujeres fueron puestas en la tierra simplemente para servir en el hogar, tener sexo con sus maridos y tener hijos.

Martín Lutero, quien no estaba preocupado por sonar *políticamente correcto* en sus observaciones, fue insultante cuando enseñó sobre el rol de la mujer. Él creía que si la mujer moría durante el alumbramiento, no era una gran pérdida puesto que la mujer no tenía otra función en la vida que ¡tener bebés! Escribió: «Si la mujer se cansa y muere en el parto, no hay ningún daño en esto; déjenlas morir siempre y cuando paran; ellas están hechas para eso». Dudo mucho que cualquier pastor o maestro de Biblia tenga el descaro de insultar de este modo a la mujer cristiana de hoy día. Sin embargo, todavía se repiten insultos similares en forma regular.[9]

Durante el siglo XIX, cuando se hizo más frecuente la educación a la mujer —antes de esto se consideraba impropio que la mujer aprendiera otra cosa que no fueran destrezas domésticas— el clero cristiano, que se oponía a la tendencia, enseñó desde los púlpitos que Dios había destinado a la mujer para ser ignorante y como resultado, enseñarles era contrario a la orden divina. Algunos llegaron a teorizar que las mujeres tenían menos células en el cerebro.[10]

Uno de esos sermones, pronunciado en Londres en el 1853 por el pastor inglés Dr. David Thomas, enfureció a la cofundadora del Ejército de Salvación, Catherine Booth. Esta le escribió al Dr. Thomas una carta con fuertes palabras, reprendiéndolo por su chauvinismo y prediciendo que algún día las mujeres iban a echar por tierra esa teoría cuando se le dieran iguales oportunidades de educación.

Booth escribió: «Apenas es el amanecer en lo que se

refiere a la educación de la mujer, y por lo tanto cualquier veredicto sobre la mujer como un ser intelectual sería prematuro e insatisfactorio... Un día más brillante está naciendo y antes de que pase mucho tiempo, la mujer asumirá su verdadera posición, y crecerá a la altura completa de su estatura intelectual. Entonces el apreciado dogma de "tener una célula menos en su cerebro" explotará y morirá ante el encanto de su mente desarrollada y cultivada».[11]

Hoy, después de ciento cincuenta años de la declaración profética de Catherine Booth, sus palabras suenan ciertas. En la actualidad, las mujeres se destacan en todos las disciplinas del aprendizaje y han incursionado en todas las profesiones. Sin embargo, la iglesia todavía arrastra sus pies atascada en la tradición religiosa. Los fantasmas del chauvinismo masculino institucionalizado todavía persiguen a nuestras iglesias, nuestros colegio bíblicos y nuestros seminarios; y los David Thomas de nuestros días todavía dicen a las mujeres que son menos capaces, menos espirituales, menos calificadas y menos ungidas por Dios para servir.

La idea subyacente de que la mujer fue creada por Dios para servir al hombre como subordinada es responsable de otra serie de mentiras familiares que se enseñan desde los púlpitos y en clases de Escuela Dominical, y aun en estudio bíblicos para mujeres impartidos por otras mujeres. Quizás estas declaraciones le suenen familiares:

* La mujer está más preparada para cocinar, limpiar y cuidar a los hijos porque tienen una inclinación dada por Dios hacia las tareas domésticas.

* Debido a que la mujer fue creada para servir a su marido, una esposa devota no debe aspirar a otra carrera o poner sus ambiciones profesionales por encima de las de su esposo.

* Debido a que Eva fue «dada» a Adán como compañera sexual, es responsabilidad de la esposa satisfacer los deseos sexuales del cónyuge aun cuando no esté de acuerdo con sus exigencias.

Estas declaraciones no tiene ninguna base bíblica. Y no existe ningún estudio científico que pruebe que la mujer está genéticamente creada para limpiar mejor los pisos, planchar la ropa o cambiar pañales. Como padre de cuatro niñas, puedo testificar que mis hijas no vinieron a este mundo con un entendimiento innato de ¡cómo limpiar sus cuartos o hacer sus camas!

Es cierto que las mujeres poseen un instinto para criar y de protección que las hace buenas madres. Pero es una predisposición cultural, y no un principio científico o espiritual, decir que la mujer fue «hecha» para la cocina o para lavar ropa. Esta es la forma más común del chauvinismo masculino, una carga puesta sobre la mujer por hombres egoístas que necesitan que alguien lave sus platos.

En un hogar cristiano dónde el esposo y la esposa se relacionan como iguales y «se prefieren el uno al otro en honra» (Romanos 12.10), siempre encuentran una manera justa de compartir las responsabilidades. Es perfectamente aceptable que un esposo cocine la cena; algunos de los cocineros más famosos son hombres. Millones de mujeres hacen «tareas de hombres» como sacar la basura, cortar el césped o hacer reparaciones en la casa. Estudios recientes sobre el cuidado de los niños revelan que aunque la naturaleza exige que sea la mamá la que dé el pecho al infante, los lazos familiares son más saludables cuando los papás también participan en el cuidado de los pequeños.

Debido a preferencias personales y limitaciones físicas, hay algunas tareas domésticas que las mujeres favorecen. De hecho, muchas mujeres disfrutan del gratificante papel de quedarse en la casa para ser madres. Pero, ¿es esta la inclinación dada por Dios para todas las mujeres casadas? ¿Es el rol de ama de casa y mamá a tiempo completo su única alternativa?

Insultamos a la mujer cuando espiritualizamos la condescendencia de sugerir que Dios creó a Eva para darle a Adán una sirvienta, una cocinera y una lavandera. Independientemente de cómo una pareja cristiana decida proveer para sus necesidades económicas, o cómo dividen las responsabilidades de la crianza o las tareas domésticas, el asunto importante es que escuchen el consejo del Espíritu Santo y busquen Su voluntad para su situación.

La esencia de esta pobre percepción de la mujer tiene sus raíces en el concepto erróneo de que la primera mujer, Eva, fue creada por Dios como una criatura inferior, con una fuerza física deficiente, con menos astucia mental y dones espirituales limitados, y debido a su debilidad debía vivir subordinada a Adán. Es la idea de que como Eva fue engañada por la serpiente, debía recibir castigo eterno por su desobediencia viviendo a la sombra del hombre, su contraparte superior.

Debemos leer Génesis 1-3 sin los lentes del prejuicio cultural. Cuando estudiamos la Biblia, debemos *leer* en lugar de *atribuir*. Descubriremos que la Escrituras no enseñan que la mujer no ha sido relegada a una segunda categoría o que fueron destinadas a vivir en un estado de dominio. Estas ideas no están implícitas en el relato bíblico, pero, ¿por qué esta visión de la mujer es todavía tan penetrante entre los cristianos de hoy?

¿Era Eva inferior?

La posición más insultante tomada por la comunidad cristiana es que la primera mujer en el Jardín del Edén fue creada como una criatura inferior que fue puesta al lado de Adán como subordinada. Esta perspectiva se enseña aun en iglesias pentecostales y carismáticas que reclaman motivar a la mujer para el ministerio.

Con frecuencia leemos de manera incorrecta el relato de la creación de Eva en Génesis 2.18-25, en el cual Adán recibe una «ayuda idónea». La palabra hebrea usada en este pasaje se traduce algunas veces como «compañía» en versiones más modernas de la Biblia.[12] Es una palabra que indica intimidad y asociación. Sin embargo, a través de los siglos, «ayuda idónea» se ha usado incorrectamente para implicar que Eva era algún tipo de apéndice doméstico.

El hecho de se presentara a Eva como *ayuda* para Adán no la hace inferior. Por el contrario, Dios ya había dicho: «No es bueno que el hombre esté solo» (v.18), reconociendo que Adán estaba en una condición inferior sin una compañera. En el matrimonio ideal, la esposa es ayuda para el marido, y él también es la «ayuda idónea» de ella. La necesidad compartida, y el sentido profundo de dependencia mutua, es lo que hace del matrimonio algo gratificante.

Luego de la creación de Eva, Dios no le dijo: «Eres la ayudante de Adán; te ordeno servirle bien». Ella no fue creada para servidumbre; sino para ser colaboradora de Adán y para que pudieran gobernar juntos sobre la creación como se les ordenó en Génesis 1.28: «Fructificad y multiplicaos; llenad la tierra, y sojuzgadla, y señoread en los peces del mar, en las aves de los cielos, y en todas las bestias que se mueven sobre la tierra».

El mandato de *gobernar* no fue dirigido solamente a Adán. A Eva también se le asignó autoridad divina. Pero hoy día muchos cristianos tienden a creer que Dios ya no ofrece a las hijas de Eva un lugar de influencia espiritual. ¿Le extraña entonces que la iglesia luche por impactar la sociedad, cuando le hemos impedido a la mitad de los cristianos en el mundo su legítimo lugar de liderazgo?

En el relato de la creación de Eva, leemos que después que Adán despierta de su cirugía divina y se percata que su esposa fue sacada de su costado, dice: «Ella es ahora hueso de mis huesos y carne de mi carne». Esto fue una asombrosa revelación para el hombre. Él reconoce que Eva era su igual, su perfecta y ansiada compañera. Luego el pasaje establece: «Por tanto, dejará el hombre a su padre y a su madre, y se unirá a su mujer, y serán una sola carne» (v. 24).

En toda la Biblia el concepto de *unión* es uno de los más importantes en lo que se refiere al matrimonio. La singularidad del santo matrimonio es que un hombre y una mujer pueden unirse en una armonía física y espiritual que reemplaza cualquier otra relación humana. El matrimonio no trata de quien está en control, o quien sirve a quien. Es sobre *ser uno*. Pero una pareja casada no puede disfrutar de este profundo nivel de unidad si el hombre ve a la mujer como una persona inferior.

Adán fue hecho a la imagen de Dios. El hecho de que Eva haya sido sacada de su costado indica que ella también fue creada de la misma esencia divina. En algunas culturas paganas del mundo antiguo, la gente creía que los dioses hacían al hombre de una materia divina, y a la mujer de una materia animal. Pero este no es el caso en la historia bíblica. Ambos, hombre y mujer, son hijos de Dios.

Algunos teólogos han enseñado que como Adán fue creado primero, y Eva después, esto prueba que el hombre es superior a la mujer. Pero esta es una interpretación sexista que no tiene sentido, a menos que también creamos que Adán era inferior al resto de la creación, la que Dios hizo antes de formar a Adán del ¡polvo de la tierra! Eva, de hecho, fue presentada a Adán no como un ser inferior, sino como la corona de la creación de Dios para traer al hombre de un estado incompleto a uno de satisfacción. Ella no era su superior, pero complementaba al hombre con tal perfección que podía estar a su lado como igual.

Los teológos también han debatido que las palabras «ayuda idónea», también traducidas como «ayuda adecuada», coloca a la mujer en una posición de subordinación en relación al hombre. No obstante, el especialista Rick R. Marrs de la Universidad Pepperdine resalta que las palabras «ayuda idónea» en hebreo *son usadas con frecuencia para Dios*. Cuando el Todopoderoso se describe como «nuestro Ayudador», ¡no asumimos que es inferior a nosotros! Tampoco debemos llegar a esta conclusión cuando se usa el término para describir a la compañera de Adán o a sus hijas.

A Eva se le llama *ezer*, la palabra hebrea para «ayuda», en Génesis 2:18. Esta es la misma palabra que se usa para describir a Dios como ayuda divina en Deuteronomio 33.7,26,29; Salmo 33.20; 70.5; 115.9-11 y 146.5. Debido a que la misma palabra se usa para describir a Dios, no puede implicarse que Eva era inferior a Adán.

Necesitamos aclarar que la subordinación de Eva hacia el hombre no ocurrió en su creación; fue una consecuencia del pecado. El plan original de Dios no fue que las mujeres fueran oprimidas, maltratadas, violadas, estereotipadas, intimidadas, avergonzadas, golpeadas por sus esposos o que se les negaran oportunidades. El destino original de Dios para la mujer —un destino que fue asegurado por Cristo en el Calvario— fue que gobernara la tierra a través de la justicia de Cristo.

Antes de la tragedia de la caída de Adán y Eva, los vemos en el Jardín como compañeros de paraíso. Dios les había dado el mismo nivel de autoridad sobre la creación, y vivían en una intimidad con Dios y entre ellos sin ninguna mancha de pecado. Ambos disfrutaban del mismo acceso a la presencia de Dios, y Eva se podía comunicar con el Señor de la misma manera que Adán.

Su igualdad alentó la perfección del amor entre ellos. La inusual descripción de la relación de la primera pareja en Génesis 2.25: «Y estaban ambos desnudos, y no se avergonzaban», denota que en su matrimonio no había culpa escondida, amargura o heridas ocultas de las que tienen el poder de destruir las relaciones humanas.

Pero, ¿qué ocurrió con la perfecta unión de Adán y Eva luego de caer en la tentación? Dios envió castigos al hombre, la mujer y la serpiente. Para la mujer, se pronunció la maldición con sentido de finalidad: «Y tu marido se enseñoreará de ti» (3.16).

En algunos casos la iglesia ha enseñado que la maldición de Eva fue la última voluntad de Dios para esta: De ahora en adelante, debido al engaño de Eva, la mujer será gobernada por el hombre como una forma de castigo. Pero esta no era la intención de Dios para la mujer ... ¡es simplemente la consecuencia de la desobediencia a parte de la redención!

Sí, alrededor de todo el mundo la mujer es oprimida por el hombre como resultado de la caída. Observe cualquier cultura pecaminosa y encontrará la degradación de la mujer en forma de explotación sexual, abuso doméstico y la falta de derechos humanos y políticos. Pero Dios no quiere que las cosas permanezcan así. ¡Él nos dio un Salvador que sufrió la maldición por nosotros!

Considere el juicio que Dios puso sobre Adán. Le dijo: «Con el sudor de tu rostro comerás el pan hasta que vuelvas a la tierra» (3.19). Estas solemnes palabras se refieren a la maldición de pobreza; la trágica depravación económica que gobierna cada cultura pagana. Sin embargo, no usamos este versículo para enseñar que la pobreza miserable es la voluntad de

Dios para el hombre, y tampoco creemos que debido a Génesis 3.17-19, todos los hombres deben dedicarse a la agricultura.

La maldición de pobreza sobre el hombre, así como la maldición de opresión sobre la mujer, fueron revertidas porque la obra terminada del Salvador en la cruz liberó la gracia en el mundo. El plan de Dios de traer a todas las criaturas caídas de regreso al compañerismo con Él a través de Jesucristo incluye la estrategia de restaurar tanto *al hombre como a la mujer* al lugar de dominio que disfrutó la primera pareja antes de que Eva escuchara los seductores susurros de Satanás. Por medio de la cruz, la mujer superó la maldición que había caído sobre Eva, y pueden otra vez comer del árbol de la vida.

Es en el árbol de la vida, el lugar de restauración de nuestra relación e íntima comunión con nuestro Padre celestial, dónde encontramos el máximo llamado de la mujer. Sin embargo, hemos tratado de definir el destino de la mujer por el acto de desobediencia que ocurrió en el árbol de la ciencia del bien y del mal. Dios ofreció a la mujer redención a través de Cristo y liberación de la maldición del pecado, pero nuestra tendencia es a continuar culpándola por el engaño de Eva. Dios creó originalmente a la mujer para tener compañerismo con él, sin embargo, con frecuencia tratamos de definir su valor por lo que puede hacer por su esposo.

La mentira dice que las mujeres fueron hechas para servir a los hombres como compañeras inferiores. La verdad, como se revela en las Escrituras, es que la mujer fue creada por Dios igual al hombre y ambos son coherederos de Su gracia. La mentira dice que la mujer encuentra su máximo propósito sirviendo al hombre. La verdad dice que el más alto destino de la mujer solo puede ser descubierto al ellas convertirse en discípulas de Jesucristo.

Preguntas para discusión:

1. ¿Puede pensar en un ejemplo reciente de chauvinismo masculino que haya visto en su iglesia o en la comunidad cristiana en general?

2. Dios describió a Eva como la «ayuda idónea» de Adán. Explique lo que piensa que esto significa, de acuerdo al hecho de que la misma palabra hebrea para «ayudador» se usa para describir a Dios?

3. Explique por qué es ilógico concluir que Eva era inferior a Adán solo porque fue creada después de él.

4. Se supone que el matrimonio es una unión en la que un hombre y una mujer aprenden a vivir en armonía como uno solo. Si usted esta casado(a), ¿siente que usted y su cónyuge se tratan entre sí como iguales? Si no, ¿por qué no?

5. Parte de la maldición por el pecado de Eva era que su esposo «gobernaría sobre ella». Explique por qué este no es el máximo destino de la mujer cristiana.

«Dios mantuvo el orden de cada sexo al dividir el negocio de la vida en dos partes, y asignó al hombre los aspectos más necesarios y beneficiosos, y los inferiores y menos importantes a la mujer».[1]

—JOHN CHRYSOSTOM (347-407 D.C.), PADRE DE LA IGLESIA PRIMITIVA EN *The Kind of Women Who Ought to be Taken as Wives* [EL TIPO DE MUJER QUE DEBE TOMAR POR ESPOSA]

«El intelecto de la mujer es normalmente más débil y su curiosidad mayor que la del hombre... Las mujeres no deben gobernar el estado o hacer guerra o entrar al sagrado ministerio. De esta manera pueden eximirse de algunas de las ramas más difíciles del conocimiento que tratan con la política, el arte militar, la jurisprudencia, la filosofía y la teología... Sus cuerpos, así como sus mentes, son menos fuertes y robustas que las de los hombres».[2]

—FRANCOIS DE SALIGNAC DE LA MOTHE-FENELON EN *The Education for Females* [EDUCACIÓN PARA LAS MUJERES], PUBLICADO A FINES DEL SIGLO XVII

«La mujer no tiene ningún llamado a la urna electoral, pero tiene una esfera propia, de increíble responsabilidad e importancia. Fue divinamente señalada como la guardiana del hogar... Debería percatarse mejor de su posición...es la más santa, de más responsabilidad y majestuosa asignada a los mortales; y descartar toda ambición por algo más alto, porque no hay nada tan alto para los mortales».[3]

—LÍDER FUNDAMENTALISTA JOHN MILTON WILLIAMS, EN *Women's Suffrage* [EL SUFRAGIO DE LA MUJER] (1893), EL CUAL USÓ LA BIBLIA PARA OPONERSE AL MOVIMIENTO DE DAR A LA MUJER EL DERECHO A VOTAR.

«No creemos que haya lugar en la iglesia para las mujeres ancianas. Cuando el apóstol Pablo dijo que la mujer no debía «enseñar, ni ejercer dominio sobre el hombre» (1 Timoteo 2.12), no siguió esto con un argumento cultural. En lugar de esto fue al principio de la creación para mostrar que la mujer no está supuesta a dominar al hombre. Las razones que dio es que la mujer fue creada después del hombre, y que fue engañada cuando actuó independiente de su liderazgo».[4]

—JOHN MACARTHUR, PASTOR Y AUTOR DE CALIFORNIA EN UNA DE-CLARACIÓN EN SU SITIO EN LA RED «GRACE TO YOU»

Mentira #2

La mujer no está preparada para asumir un papel de liderazgo en la iglesia.

Han pasado demasiados años para que nos acordemos que los líderes cristianos a finales del siglo XIX y principios del siglo XX se opusieron agresivamente al esfuerzo de garantizarle a la mujer el derecho a votar en los Estados Unidos. En el 1920, los obispos católicos romanos en Massachusetts decidieron que las mujeres debían ser consideradas «caídas» si entraban en la arena política. Otras denominaciones pasaron decretos despreciando el movimiento del sufragio, prediciendo que si las mujeres comenzaban a votar descuidarían sus tareas domésticas e impulsarían la caída de la civilización.

Algunos predicadores se montaron en la camioneta «antimujer» e iniciaron un esfuerzo para «remasculinizar» la iglesia, por miedo a que de alguna manera las mujeres la dominaran. Uno de ellos, Horacio Bushnell, un congregacionalista, predijo que si la mujer comenzaba a votar, su cerebro se hincharía y eventualmente perdería su femineidad, y sus valores.[5]

El evangelista Billy Sunday (1863-1935) era uno de los que en su tiempo estaba preocupado porque la iglesia estuviera en peligro de afeminarse. En su populares sermones criticaba con frecuencia lo que llamaba «un cristianismo plástico, débil, afeminado y tres veces carente (sic).» [6] Quizás este miedo de que la iglesia se afeminara es la raíz de la oposición moderna a las oportunidades ministeriales para la mujer. Pero en gran parte, aquellos que todavía hoy se oponen a la ordenación de la mujer siguen usando los mismos argumentos culturales y malinterpretaciones de los pasajes bíblicos que usaron los antiguos patriarcas medievales de la iglesia. La viejas mentiras no mueren fácilmente.

Esto fue bien obvio en junio del 2000, cuando la Convención Bautista del Sur (CBS), la denominación más grande de los EE. UU., aprobó una política que establece lo siguiente: «Aunque tanto los hombres como las mujeres tienen dones para servir en la iglesia, el oficio del pastor se limita a los hombres, como se califica en las Escrituras». Un líder bautista que se opuso a la medida, Robert Parham del Centro Bautista para la Ética en Nashville, Tennessee, le dijo a un reportero de Orlando, Florida, que la CBS con sus quince millones de miembros «habían alzado el puente levadizo hacia el siglo XXI y encerrado a sus miembros en un castillo cultural del siglo XIX». [7]

¿Por qué será que la iglesia parece estar siempre cincuenta o cien años atrasada cuando se trata de hacer un progreso social? ¿Por qué tenemos que arrastrar los pies tan torpemente cuando el Espíritu Santo nos está suplicando que soltemos las tradiciones religiosas que entorpecen su obra? En los cincuentas y los sesentas, cuando la sociedad norteamericana llegaba a un acuerdo con el horror del discrimen racial, la iglesia evangélica blanca debió haber seguido los pasos pidiendo justicia por nuestros hermanos afroamericanos. Pero en lugar de esto, muchas iglesias blancas se opusieron a la desegregación y hasta usaron la Biblia para pelearlo.

Lo mismo aplica hoy al asunto de la mujer en el ministerio. Vivimos en una cultura donde las mujeres calificadas sirven como gobernadoras, senadoras, alcaldesas, rectoras en las universidades, presidentas de corporaciones, embajadoras y hasta comandantes militares. La mujer ha alcanzado un lugar de reconocimiento en campos como la exploración espacial, la medicina, los negocios y en el atletismo. No obstante, la mayoría de las iglesias evangélicas se cierran a la opción de una mujer en el rol de pastor principal. Como resultado el mundo ve a la iglesia como ignorante, insensible e irrelevante. Tristemente, merecemos la etiqueta.

¿Creyó Jesús que la mujer podía dirigir?

Este fuerte prejuicio de la iglesia contra la mujer en el liderato es muy particular cuando examinamos las actitudes de Jesús hacia las mujeres que lo siguieron. Como ya lo mencionamos, Jesús afirmó la igualdad de la mujer en medio de una cultura que le negaba sus derechos humanos básicos. Las llamó a ser sus discípulas en un momento que los líderes religiosos enseñaban que era vergonzoso aún instruir a la mujer.

En Lucas 8.1-3 leemos que las mujeres que siguieron a Jesús eran una parte vital del equipo ministerial que viajaba con Él. El pasaje dice:

> Aconteció después, que Jesús iba por todas las ciudades y aldeas, predicando y anunciando el Evangelio del Reino de Dios, y los doce con él, *y algunas mujeres* que habían sido sanadas de espíritus malos y de enfermedades: María, que se llamaba Magdalena, de la que habían salido siete demonios, Juana,

mujer de Chuza intendente de Herodes, y Susana, y otras muchas que le servían de sus bienes (énfasis añadido).

Esas mujeres no eran meramente rezagadas que se quedaban en la parte de atrás del séquito de Jesús y miraban a la distancia mientras cocinaban la comida para los hombres. Eran discípulas de Jesús en el sentido más completo y tenemos razones para creer que les encargó ministrar en su nombre.

Cuando Jesús envió al Espíritu Santo sobre la iglesia, como se relata en el libro de Hechos, muchas de estas mismas mujeres estaban en el aposento alto y recibieron autoridad en el día de Pentecostés. Aquellos que eran discípulos de Cristo habían sido autorizados a ir por toda la tierra como testigos, pero se les había pedido que esperaran a que el Espíritu Santo viniera sobre ellos para darle la autoridad para cumplir esta comisión (véase Hechos 1.4-5). Cuando el Espíritu Santo vino para cumplir esta promesa de autoridad para el ministerio, tanto hombres como mujeres —incluyendo a la madre de Jesús— lo recibieron. Pedro señaló esto, quien luego repitió el verso de la profecía de Joel: «y profetizarán vuestros hijos y *vuestras hijas*» (Joel 2.28-32, énfasis añadido).

Si Cirsto únicamente comisionó a los hombres para ministrar el Evangelio, ¿por qué envió el poder para esa misión tanto sobre hombres como mujeres?

Las mujeres en el aposento alto no fueron las únicas que Jesús comisionó. En el relato de su visita a la mujer samaritana en el pozo (Juan 4.7-42), leemos que luego de revelarle su verdadera identidad y pronunciar el perdón por su tormentoso pasado, la mujer comenzó a contarles a otros sobre él. Quizás aquí vemos uno de los cuadros más claros en la Biblia de Cristo como alguien que ordena a las mujeres.

Luego de su encuentro con el Salvador, el relato

bíblico nos dice: «Y muchos de los samaritanos de aquella ciudad creyeron en él por la palabra de la mujer» (v. 39). ¿Por qué el Mesías enviaría a esta mujer a su aldea a contarle a otros sobre su poder si se oponía al concepto de la mujer en el ministerio?

Todavía más intrigante: esta es la primera ocasión registrada en la que Cristo comisionó a alguien a evangelizar más allá de los estrechos confines de la comunidad judía ortodoxa. Para demostrar proféticamente que al final el Evangelio se extendería «en Samaria, y hasta lo último de la tierra» (Hechos 1.8), envió ¡a una evangelista a predicar!

Debemos recordar el contexto cultural de este pasaje. En la Palestina del tiempo de Cristo, y de hecho en todo el mundo romano, no se consideraba a la mujer como un testigo de confianza. Se les enseñaba a los hombres que no se debía confiar en el testimonio de una mujer porque estas se consideraban ignorantes y fáciles de engañar. Sin embargo, ¿a quién escogió Jesús para revelarle *primero* su resurrección? Y ¿a quién comisionó *primero* para decirles a otros que había triunfado sobre la tumba? ¿No fueron acaso sus valientes mujeres discípulas las que estuvieron dispuestas a identificarse con su muerte mientras que sus seguidores varones se escondían de los perseguidores?

Debido a los prejuicios culturales, los discípulos no le creyeron a las mujeres cuando estas le dieron el asombroso informe de la tumba abierta. Sin embargo, Jesús se le apareció a los doce y confirmó el testimonio de las mujeres, y al hacerlo, intencionalmente refutó la idea de que la mujer no podía dar un testimonio confiable. De hecho, confirmó el ministerio de la mujer y retó a sus seguidores varones de mente estrecha a hacer lo mismo.

Luego de su resurrección, Jesús le dijo a María Magdalena: «Ve a mis hermanos, y diles: Subo a mi

Padre y a vuestro Padre, a mi Dios y a vuestro Dios» (Juan 20.17). ¿Acaso la estaba ratificando como una testigo del Evangelio? ¿Acaso Cristo mismo no la confirmó para *ir* y *hablar* por Él? Entonces, ¿por qué le negamos a la mujer la oportunidad de llevar el mismo mensaje?

De igual manera, Jesús confirmó a su discípula María de Betania al esta romper un vaso de alabastro de un perfume costoso y echarlo sobre su cabeza (véase Mateo 26.6-13). Aunque no está claro porqué María hizo este costoso sacrificio, parece que su adoraración fue una respuesta sincera a la revelación de Jesucristo como el Cordero del mundo quien llevaría sobre sí los pecados del mundo.

Debido a que María había seguido a Jesús de cerca, se había sentado a sus pies como estudiante, había escuchado sus enseñanzas y creía que era el Mesías, se dio cuenta que Él era el Hijo de Dios que había sido enviado a la tierra para pagar el máximo precio por la redención de la humanidad. Porque entendió esto, Jesús anunció a todos los que estaban presentes: «Porque al derramar este perfume sobre mi cuerpo, lo ha hecho a fin de prepararme para la sepultura» (v.13).

Podemos decir que María de Betania es la contraparte femenina del apóstol Pedro, quien fue elogiado por Jesús cuando recibió una revelación divina similar y anunció: «Tú eres el Cristo, el Hijo del Dios viviente» (Mateo 16.16). Luego de que Jesús elogió a María por entender su divina misión, le dijo: «De cierto os digo que dondequiera que se predique este Evangelio, en todo el mundo, también se contará lo que ésta ha hecho, para memoria de ella» (Mateo 26.13).

En esencia lo que Jesús le estaba diciendo a María era: «¡Al fin alguien realmente entiende! ¡Uno de mis discípulos capta el concepto que he estado tratando de explicar! Ya me estaba comenzando a preguntar si alguien se daría cuenta. Pero María lo entiende. Ungió mi cuerpo para el entierro porque sabe que voy a morir por todos ustedes como el Salvador que Dios prometió. ¡Los ojos de María han sido abiertos!»

En la cultura patriarcal palestina ningún rabino hubiera honrado a una mujer de esta manera. En aquel tiempo, la mayoría de los líderes religiosos solo le hablaban a los hombres y de seguro no confirmaban a las mujeres como adoradoras o estudiantes del Torá. No obstante, aquí Jesús le hace a una mujer el más alto elogio porque entendió su propósito profético y redentor antes que la mayoría de sus otros seguidores. Qué irónico que en un ambiente donde no se consideraba a la mujer digna de aprender —y menos si era teología— fuera ella la primera en captar el concepto del misterio de la redención. Solo esto es suficiente evidencia de que Cristo tuvo la intención de que la mujer aprendiera a sus pies para así tener las herramientas para convertirse en ministros.

El Evangelio que da poder a la mujer

En los círculos cristianos conservadores se espera que la mujer viva contenta en el segundo plano, para enfocarse en las tareas domésticas, debido a que este es el humilde «lugar» en la vida que Dios ordenó para ella. Es un lugar de servicio invisible y de influencia divina pero callada en sus hijos y el hogar, o quizás en el salón de cuna de la iglesia, la Escuela Dominical o un estudio bíblico de mujeres.

Por supuesto que se les dice que es un honor vivir a la sombra de sus esposos y de otras autoridades masculinas, y que es una desgracia asumir un lugar de autoridad espiritual importante. Pero necesitamos preguntar: ¿De dónde tomamos esta idea cuando no es la perspectiva de Jesucristo ni se ve en el resto de las Escrituras?

De hecho, la Biblia está llena de relatos de mujeres

que fueron puestas por Dios en posiciones de autoridad. Debemos considerar la forma en que Dios las usó antes de tratar de sacar de contexto un aislado pasaje y construir una doctrina que restrinja las oportunidades ministeriales de la mujer. Examinenos las siguientes mujeres bíblicas y el nivel de autoridad que les fue dado:

*María. No cabe duda que en el antiguo Israel se consideraba una líder a la hermana de Moisés. Esto se confirma en Miqueas 6.4: «Porque yo te hice subir de la tierra de Egipto, y de la casa de servidumbre te redimí; y envié delante de ti a Moisés, a Aarón y a *María*». Ella representaba la autoridad de Dios para el pueblo en la misma manera que Moisés. Hablaba por Dios. Por esto se le describe como profetisa en Éxodo 15.20-21.

Además, es la primera persona en el Antiguo Testamento que vemos dirigiendo la adoración congregacional. Y aunque parezca mentira, muchas iglesias hoy día no permiten que una mujer sea la directora de adoración aunque María fue la precursora de este vital ministerio.

*Débora. Entre los jueces de Israel, Débora fue la única que tuvo la respetada posición de profeta además de Samuel. En Jueces 4.4 se la hace referencia a ella como profetisa, y su atención a la estrategia y propósito de Dios resultó en una impresionante victoria militar que le aseguró a Israel una paz de cuarenta años (5.31). Estaba casada pero su esposo, Lapidot, no compartía su posición de autoridad espiritual y sabemos muy poco de él. Débora ejercía como gobernadora civil y era tan respetada por su unción y perspectiva espiritual que Barac, el comandante militar de Israel, se negó a ir sin ella a la batalla.

Débora, quien también se conoce como «madre en Israel» (5.7), presenta un intrigante problema para los líderes conservadores de hoy día que quieren promover la visión de que la mujer no puede ejercer en posiciones importantes de autoridad espiritual. Débora no encaja en sus estrechos moldes doctrinales y es por eso que nunca oímos sermones sobre ella. Es un caso excepcional, pero no podemos ignorar el hecho que el relato bíblico confirma su liderato divino así como su intensa pasión por ver derrotados a los enemigos de Dios. Hoy día necesitamos más mujeres como ella; mujeres ungidas con una sabiduría sobrenatural y suficientemente valientes para entrar al campo enemigo con fe.

*Hulda. Después de cincuenta años de paganismo y adulterio espiritual en Israel, el rey Josías asumió el trono y redescubrió el libro de la ley que estaba escondido en el templo. Cuando lo leyeron en voz alta, inmediatamente se arrepintió y se volvió al Señor, y mandó a buscar con el sumo sacerdote a un fiel seguidor de Dios que pudiera hablar por él. ¿A quién se volvieron? A Hulda (2 Reyes 22.14), una profetisa que obviamente había permanecido fiel al Señor durante uno de los periodos más oscuros de la historia de Israel.

No sabemos mucho de ella, excepto que vivía en Jerusalén con su esposo, Salum y que su mensaje profético para Josías se hizo realidad. El hecho de que Hilcías, el sumo sacerdote de Israel, y sus asociados la hayan buscado para hacer su petición al Señor evidencia que había ganado la reputación de oír mensaje de Dios. Es raro que un grupo de líderes espirituales que operaban bajo el antiguo pacto en Israel buscaran consejo en una mujer ungida por Dios cuando algunos líderes cristianos de hoy —en la época del nuevo pacto— hubieran considerado a Hulda «fuera de orden» por asumir una posición de influencia en la iglesia.

*Ester. Aunque no ocupó una posición de autoridad eclesiástica, la vida de Ester prueba que Dios puede y usa a la mujer en puestos de influencia estratégicos para adelantar sus propósitos. De hecho, Él escogió a esta joven mujer judía y la colocó en una posición de intercesora y libertadora, igual a Moisés, y sus oraciones y valientes acciones literalmente salvaron a su pueblo del genocidio.

Y al igual que Moisés, Ester era una persona tímida. Se vio tentada a retirarse de su peligrosa encomienda, pero su primo Mardoqueo le dijo que no fuera cobarde. Sus palabras fueron: «*Porque si callas* absolutamente en este tiempo, respiro y liberación vendrá de alguna otra parte para los judíos; mas tú y la casa de tu padre pereceréis. ¿Y quién sabe si para esta hora has llegado al reino?» (Ester 4.14, énfasis añadido)

Hoy día hay en la iglesia muchas mujeres que han sido llamadas a actuar con valentía, y al igual que Esther, luchan con el miedo. Tienen el llamado de predicar y sus palabras tienen el poder de traer la salvación y la liberación de muchos. Pero, ¿cuántos hombres en nuestras iglesias están dispuestos a ser como Mardoqueo, y retan a estas mujeres a hablar? ¡Parece que preferimos que se queden calladas!

*Febe. Pablo recomendó a esta mujer a la Iglesia de Roma y les pidió que «la recibieran en el Señor» cuando llegó a Cencreas a trabajar con ellos. Aunque se hace referencia a ella como *diakonon*, la palabra griega para diácono, en algunas versiones de la Biblia se traduce como *sierva*. Pero es más acertado colocarla en la categoría de diaconisa, con hombres como Esteban y Felipe, ya que la misma palabra griega se usa para describirlos a ellos.

Al Pablo recomendar a Febe a la iglesia romana es una forma de otorgarle autoridad apostólica, y obviamente esperaba que los primeros cristianos siguieran sus instrucciones cuando ella llegara. Lo más probable no iba a Roma a organizar los almuerzos de la Escuela

Dominical. Fue enviada por Pablo para llevar a cabo planes específicos, muy posiblemente relacionados con el evangelismo y plantar iglesias. Recordemos que los diáconos en el Nuevo Testamento eran con frecuencia ministros poderosos que hacían milagros cuando predicaban (examine el ejemplo de Felipe en Hechos 8.5-6). Es muy posible que el ministerio de Febe tuviera este mismo calibre.

Priscila. Junto a su esposo, Aquila, esta mujer fue una reconocida trabajadora de la primera iglesia y fue la influencia de esta pareja la que ayudó a iniciar el ministerio apostólico de Apolos (véase Hechos 18.26). También sería seguro decir que operaban como apóstoles, ya que Pablo se refiere a ellos en Romanos 16.3 como «mis colaboradores en Cristo Jesús». También se nos dice que tenían una iglesia «en su casa» (Romanos 16.5) y que esta valiente pareja «expuso su vida» por salvar la de Pablo (v.4).

Muchos expertos señalan que sin duda alguna Pablo siempre usaba primero el nombre de Priscila al referirse a la pareja porque sus dones de enseñanza eran más fuertes y reconocidos en la primera iglesia. ¡Si solo hoy tuviéramos hombres que fueran lo suficientemente seguros en sus dones para permitir que sus esposas sobresalieran más que ellos al predicar, enseñar y otros aspectos del ministerio público!

De hecho, habrán situaciones en las que una mujer es llamada al ministerio público o una posición de autoridad espiritual y el esposo no. No hay ninguna regla en la Biblia que diga que las mujeres líderes tienen que estar casadas o que sus esposos deben ser una especie de sombrilla para cubrirlas si ejercen este rol.

Las hijas de Felipe. En Hechos 21.9 se nos dice que Felipe el evangelista tenía cuatro hijas que eran «profetisas». No sabemos nada de ellas, pero podemos asumir que su influencia era lo suficientemente importante como para ser mencionadas en el relato bíblico. Es obvio que hablaban en público y que sus palabras tenía el mismo nivel de autoridad que las de Agabo, un profeta descrito en el mismo pasaje. En esencia, las hijas de Felipe eran predicadoras que gozaban de un alto respeto por sus ideas espirituales y sus abundantes dones.

El término «profetisa» que se usa aquí viene de la misma raíz usada en Hechos 15.32 para describir a dos *profetas*, Judas y Silas. Por lo tanto, es obvio que los *profetas* y las *profetisas* tienen la misma función y unción; y que las profetisas no están en una categoría más baja solo por su género.

Los traductores de la Biblia se han dado a conocer por hacer trucos con las palabras que tratan con asuntos de género. En algunos casos, por ejemplo, han traducido la palabra «diaconisa» como «esposas de diáconos», cuando no hay ninguna razón para pensar estas mujeres estuvieran en algún tipo de clase subordinada. Pero si examinamos las palabra *diakonos*, no hay ningún caso convincente que indique que Dios creó dos categorías de personas: *diáconos* y *diaconisas*, como si la mujer perteneciera en una categoría secundaria. Lo mismo aplica a los profetas. El género es irrelevante.

Loida y Eunice. El apóstol Pablo elogia a estas dos mujeres, la madre y abuela de Timoteo, por darle forma al ministerio de este joven a través de su instrucción y ejemplo. Aunque es un pasaje confuso, es uno crucial porque en la actualidad muchas iglesias usan las cartas de Pablo a Timoteo para justificar políticas descaminadas que limitan el alcance del ministerio de la mujer. Es irónico que la gente tergiverse las palabras de Pablo en 1 Timoteo 2.12 («Porque no permito a la mujer enseñar...») para prohibir a las mujeres que enseñen a los hombres cuando en 2 Timoteo 1.5 ¡elogia a

Loida y Eunice por enseñarle su fe!

*Junia, el apóstol. La referencia de Pablo a esta mujer en Romanos 16.7 a creado tremenda controversia en años recientes. Como se hace referencia a ella como apóstol, los expertos en la Biblia y los traductores han asumido que no puede ser una mujer debido a que estas no podían ejercer en el rol apostólico. Por esta razón el nombre se traduce con frecuencia «Junias» o se considera una forma abreviada del nombre «Junianus».

Los intentos por cambiar el género de Junia no comenzaron hasta el siglo XIII, luego de que el nombre fuera poco común entre los europeos. Cualquiera en el primer siglo hubiera reconocido con facilidad el nombre Junia como un nombre latín común para una mujer. Y sobre si era apóstol, el teólogo Craig Keener hace el siguiente señalamiento: «Quienes favorecen la opinión de que Junia no era una mujer apóstol lo hacen por la suposición anterior de que las mujeres no podían ser apóstoles, no porque haya alguna evidencia en el texto».[8]

Hay algunos ejemplos adicionales de mujeres que tuvieron posiciones de autoridad espiritual en la iglesia del Nuevo Testamento. Cloé (véase 1 Corintios 1.11) obviamente dirigió una iglesia que Pablo estaba supervisando y Ninfas (véase Colosenses 4.15) tenía una iglesia «en su casa». Podemos asumir que estas mujeres tenían posiciones pastorales. (Los estudiosos conservadores, por supuesto, creen que simplemente «recibían» a las iglesias en sus casas y... quizás les preparaban comida después del culto.)

Pablo también hace referencia a dos mujeres, Evodia y Síntique, como mujeres que «combatieron juntamente conmigo en el Evangelio» (Filipenses 4.3). Como Jesús, el apóstol Pablo tenía en las primeras filas discípulas a las que había entrenado, comisionado a predicar y a evangelizar. ¿Dónde están las mujeres que «comparten la batalla» del ministerio apostólico de hoy? Qué trágico que la iglesia del siglo XXI no le haya dado el poder a un ejército completo de mujeres con la autoridad necesaria para tomar ciudades y naciones para Cristo.

Muchos teólogos conservadores argumentan que si Jesús realmente hubiera creído en autorizar a la mujer para el liderazgo, hubiera escogido a una o dos para servir entre los doce discípulos. Se asume que como todos eran varones, entonces esto prueba que solo los hombres pueden ocupar las posiciones de autoridad más altas en la iglesia.

Pero otra vez, tenemos que considerar la cultura de los días de Jesús. A la mujer no se le permitía ocupar ninguna posición de autoridad en el primer siglo palestino. Jesús retó el prejuicio por sexo al reconocerlas públicamente, confirmando sus ideas espirituales y comisionándolas a ser sus testigos. Pero muchos expertos consideran que escoger a una mujer para servir entre los doce discípulos hubiese sido tan radical que hubiera puesto sus vidas en peligro inmediatamente.

¿Quién dijo que la mujer no podía dirigir?

Jackie Rodríguez era una ama de casa de la Florida y madre de un niño pequeño cuando comenzó a aceptar invitaciones para predicar en las iglesia de su ciudad. A su esposo, Nuno, un pastor en Orlando, lo desconcertó la decisión de su esposa de asumir un rol de tanta envergadura. Pero Jackie nunca pidió que la llamaran a predicar. Las iglesias la llamaban y le suplicaban que ministrara.

«No pedí hacer esto», le dijo a Nuno en una ocasión que cuestionó sus razones. «Ni una vez he tomado el teléfono y llamado a nadie pidiéndole que me inviten. Dios está abriendo esas puertas».

No fue un camino fácil para Jackie. En la cultura hispana, donde el machismo predomina, se espera que la mujer se mantenga en un rol puramente doméstico. Y Jackie descubrió pronto que el machismo es también una influencia poderosa en las iglesias hispanas. Cuando los pastores la escuchaban hablar, se sorprendían. Hablaba con autoridad pero no podían reconciliar su evidente unción con las tradiciones culturales que controlaban sus mentes. Para ellos, Jackie estaba violando una ley no escrita de la cultura hispana.

«¿Quién usted se cree que es?, le preguntaban los pastores. «Sus palabras son muy fuertes. ¡Usted es una mujer!», le gritaban. Algunas mujeres hispanas también se oponían, pero Jackie resistió y al final se ganó el respeto de los demás.

Al mirar a los primeros años de su ministerio, Jackie se da cuenta que tuvo que luchar contra una fortaleza de prejuicios. Ahora dice: «Las mujeres hispanas hemos estado en esclavitud. Los pastores hispanos nos dicen que debemos callarnos. Nos dicen que nos presentemos en la iglesia y que entonces nos callemos».

Ya Jackie no pelea esta guerra todos los días. Ella y su esposo son hoy pastores asociados en Iglesia del Pueblo, un congregación hispana carismática con mil doscientos miembros en Mission, Texas, en la frontera este de México. Jackie no solo predica en la iglesia si no que también transmite por radio el programa, «Ondas de Avivamiento», que alcanza a miles en las ciudades mexicanas de Reynosa y Matamoros. Un programa televisivo que presenta sus más impactantes predicaciones también se transmite a toda la región. Y la gente está respondiendo a su mensaje.

Hay algunos líderes en la iglesia de hoy que dirían que lo que Jackie hace es ilegítimo. Que debería bajarse del podio y eliminarse sus programas de radio y televisión porque piensan que su sexo la descalifica para llevar el mensaje del Evangelio. ¿Cómo llegaron a una conclusión tan distorsionada?

El profeta Joel predijo que un día el Espíritu Santo sería derramado sobre la iglesia, y que como resultado «vuestros hijos e *hijas* profetizarán» (véase Joel 2.28). Este pasaje indica claramente que cuando comenzara la era neotestamentaria, tanto hombres como mujeres recibirían el poder y la comisión de llevar el mensaje del Evangelio al mundo. El Espíritu Santo de Dios no se quedaría solamente en individuos aislados como era el caso bajo el antiguo pacto. En la era pentecostal, *todos* los creyentes, sin importar sexo, raza o estatus social, tendrían un total acceso a las gracias del Espíritu y llevarían la Palabra de Dios.

Si la predicación se limitara a los hombres, Joel no hubiera mencionado a las *hijas* en la profecía. En lugar de esto hubiera dicho: «En los últimos días, derramaré de mi Espíritu y sus hijos profetizarán mientras que sus hijas servirán calladamente en un segundo plano y orarán por los hombres».

Esto no es lo que dice la Biblia. ¡Establece con claridad que la mujer predicará! Que dirigirá. Que estará en las líneas delanteras del ministerio. Como Débora, llevarán la iglesia al territorio enemigo y verán cómo Dios da la victoria. Como Ester, no se quedarán calladas. Como Febe, colaborarán con los apóstoles para establecer iglesias y llegar a regiones sin evangelizar.

Si esta es la orden clara de Joel 2.29, ¿por qué las iglesias se enorgullecen en adherirse fielmente a una traducción literal de la Biblia que lo rechaza? No hay fundamento bíblico para la creencia popular de que predicar y profetizar son únicamente dones masculinos. Ambos sexos tienen el llamado a ministrar en el poder del Espíritu Santo y contristamos a ese Espíritu cuando le restringimos su completo fluir prohibiendo a la mujer que predique la Palabra de Dios o que use sus talento para el servicio de Él. Responderemos ante Dios por limitar el fluir de su Espíritu a través de mujeres que han sido llamadas para hablar en su nombre.

A través de los años he escuchado innumerables argumentos para restringir a la mujer de predicar y dirigir en las iglesias. Cuando en los años ochenta estuve involucrado en un ministerio universitario carismático, los principales directores se reunieron para decidir qué oradores se invitarían para la conferencia de estudiantes universitarios cristianos. Todos los oradores seleccionados fueron hombres. Cuando alguien sugirió que invitáramos a Joy Dawson, una conocida maestra de la Biblia afiliada al grupo *Youth with a Mission* (Juventud con una misión), el presidente del ministerio dijo que no era apropiado que Joy predicara.

«Estaría bien si *comparte* la Palabra. Pero no puede predicar. Las mujeres *comparten*», nos dijo el líder. La idea era que si la mujer era colocada en un lugar de ministerio público o se le pedía que hablara, tenía que hacerlo en una forma humilde (o tímida) para demostrar de alguna manera que no estaba siendo enérgica en la presencia de los hombres. ¡Qué ridículo! ¿Tendrán miedo los hombres de que las mujeres prediquen mejor?

No hay ninguna base bíblica para la idea de que la mujer no puede levantar su voz contra el prejuicio, retar al pecado en la iglesia o llamar a los pecadores al arrepentimiento. La Biblia no exige en ninguna parte que cuándo la mujer predica, profetiza, dirige la adoración, ofrece seminarios, planta iglesias, comienza centro de rehabilitación de drogas, ministra en las cárceles o predica sermones debe hacerlo con menos pasión que el hombre. Entonces, ¿por qué tantos cristianos, aun en el siglo XXI, todavía creen que la mujer que predica con denuedo la Palabra de Dios es «masculina» o «está fuera de orden»? En más de una ocasión he escuchado a ministros sugerir sarcásticamente que si una mujer predica con un estilo autoritario debe ser lesbiana, porque, según ellos, «quieren hacer el trabajo de los hombres».

Debemos entender que la Biblia no aprisiona a la mujer en el molde estereotipado de una persona inútil y callada. En el libro de los Proverbios, se presenta la sabiduría divina como una mujer sin miedo que se para en medio de la ciudad y «grita» con alta voz (véase Proverbios 8.1-11). Ella declara: «Oh hombres, a vosotros clamo; dirijo mi voz a los hijos de los hombres» (v.4). No solo predica con autoridad, si no que hay hombres en la audiencia. Esta alegórica mujer no está dirigiendo un estudio bíblico en su casa. Está evangelizando a los hombres en la plaza central de una ciudad importante. Sin embargo, ¿cuántos líderes de las principales denominaciones en los Estados Unidos le dirían que se callara y se sentara?

Catherine Booth, cofundadora del Ejército de Salvación, era criticada constantemente por el clero masculino de su tiempo porque tenía un ministerio público y aportaba un fuerte liderazgo a su organización evangelística. Sus detractores usaban con frecuencia el argumento de que era «contra la naturaleza» que la mujer predicara porque Dios la creó débil, delicada y sumisa. En su más famoso tratado, *Female Ministry: Woman's Right to Preach the Gospel* [Ministerio femenino: El derecho de la mujer a predicar el Evangelio], la Sra. Booth señaló que las objecciones para que las mujeres en el púlpito se debían puramente a los prejuicios culturales y las tradiciones.

En la rígida cultura victoriana que retó Catherine Booth se veía a la mujer como una delicada figura decorativa. Se honraban como un hermoso pero callado ejemplo moral, y se animaban que influenciaran los valores de su nación siempre y cuando lo hicieran de la manera correcta; quizás ministrando a los enfermos en los hospitales o siendo anfitrionas de tardes de té para recaudar fondos para caridades. No obstante, Booth argumentaba enérgicamente que las mujeres debían y podían entrenarse para predicar y dirigir. Insistía que no eran meras decoraciones ni influencias calladas.

Escribió: «No podemos descubrir nada fuera de la naturaleza o indecente en una mujer cristiana, apropiadamente vestida, que aparezca en una plataforma o en el púlpito. Por naturaleza parece apropiada para honrar con su presencia cualquiera de los dos. Dios le ha dado a la mujer una clase y actitud elegante, modales encantadores, hablar persuasivo, y, sobre todo, una naturaleza emocional muy afinada, lo que nos parecen unas cualificaciones naturales notables para hablar en público». [9]

Es trágico que elocuentes predicadoras como Catherine Booth tuvieran que defender sus destrezas y unción frente al clero del siglo XIX. Es todavía más trágico que predicadoras igualmente ungidas tengan que continuar defendiéndose hoy. ¿Cuándo pararemos de sofocar al Espíritu Santo negándole a nuestras hermanas su derecho a profetizar? Mantenerlas calladas es sacar de frecuencia la voz del Espíritu. Rechazar su liderazgo es rechazar al Señor.

Preguntas para discusión

1. ¿Por qué es tan importante que en la mañana de resurección, el Cristo resucitado se haya revelado primero a las mujeres que le seguían?

2. Lea la historia de Débora en Jueces 4-5. ¿Por qué cree que los cristianos con mentes tradicionales no predican sobre esta profetisa del Antiguo Testamento?

3. Según los escritos del apóstol Pablo, aparente-

mente las mujeres del Nuevo Testamento servían como diaconisas, pastoras y aun apóstoles. Si alguien reta estas Escrituras y reclama que la mujer nunca tuvo autoridad en la primera iglesia, ¿cómo respondería?

4. ¿Por qué piensa que Jesús no escogió a ninguna mujer para estar entre los doce discípulos?

5. En Joel 2.29 dice que la «hijas» de Dios «profetizarán» en los últimos días. ¿Qué significa esto?

6. Los cristianos han enseñado por años que no es «femenino» que una mujer hable en público. ¿Cómo respondería a este argumento?

«Por respeto a la congregación, no se le debe permitir a una mujer leer la ley. Es una vergüenza para la mujer que su voz se escuche entre los hombres. La voz de una mujer tiene una desnudez obscena».

—DEL TALMUD JUDÍO [1]

«Los hombres no deben sentarse y escuchar a una mujer...aun si dice cosas admirables, o hasta santas, lo que no tiene mayor consecuencia, ya que vienen de la boca de una mujer».

—ORÍGENES (185-254 D.C), PADRE DE LA IGLESIA PRIMITIVA, [2] EN
Fragmentos de 1 Corintios.

«Es contrario a las Escrituras y a la prudencia que una mujer predique o exhorte en público; y nos dirigimos a los superintendentes para que nieguen el «Pase de Sociedad» a toda mujer en las conexiones metodistas que predique o exhorte en cualquier congregación pública».

—DE UNA RESOLUCIÓN APROBADA ENTRE LOS METODISTAS IRLANDESES EN
1802, [3] SOLO DIEZ AÑOS DESPUÉS DE LA MUERTE DE JOHN WESLEY.

«En ninguna parte, el poder de sanidad divina fue dado para ser administrado por una mujer. La mujer tiene sus legítimas tareas, pero ponerla en el púlpito no está en las Escrituras».

—RDO. DALLAS BILLINGTON DEL TEMPLO BAUTISTA AKRON, [4] EN SU ATAQUE
DEL 1952 A LA EVANGELISTA KATHRYN KUHLMAN.

«El patrón de creación del hombre como cabeza requiere que la mujer no asuma una posición formal en la enseñanza pública autorizada de la iglesia, esto es, oficio del pastor».

—DECLARACIÓN DEL 1985 DE LA IGLESIA LUTERANA- SÍNODO DE MISSOURI [5]

Mentira #3
La mujer no puede enseñar ni predicar a los hombres en la iglesia.

Anne Graham Lotz se le ha llamado la mejor predicadora entre los cinco hijos del evangelista Billy Graham. Esta es una razón por la que miles de mujeres comenzaron a llenar estadios con veinticinco mil asientos para asistir a su serie de reuniones de avivamiento del año 2000 llamadas «Just Give Me Jesus» [Solo dame a Jesús]. Los diferentes públicos escucharon a una articulada expositora de la Biblia, cuyo acento de Carolina del Norte, cadencioso hablar y amplios gestos eran misteriosamente similares a los de su papá. No obstante, esta predicadora usa vestido y entiende los dolores de parto. Anne también sorprendió el pasado mes de mayo a muchos televidentes al explicar con claridad el plan cristiano de salvación en el programa «Larry King Live»[1], luego de que King le preguntara: ¿Cómo puedes estar tan segura de que irás al cielo?»

De repente, muchos norteamericamos se hacían la obvia pregunta: ¿Será Billy Graham reemplazado por su *hija*?

Lotz es sin duda una oradora muy convincente y

quienes la han oído enseñar la Biblia dicen que debe ser la persona escogida por Dios para asumir el manto de su padre. Sin embargo, muchos evangélicos en los Estados Unidos —incluyendo sus compañeros los bautistas del sur— todavía no han endosado su ungido ministerio. De hecho, cuando se paró para dirigirse a un grupo de pastores conservadores en una conferencia en el 1998, muchos de ellos literalmente le dieron la espalda y voltearon sus sillas. No importa honrar a su famoso padre. Estos ministros conservadores no pueden someterse a una predicadora ¡dándole la cara![6]

Lotz no es la única mujer cristiana que ha sido víctima de humillación pública porque se ha atrevido a pararse en un púlpito a llevar la palabra del Señor. Estamos familiarizados con su historia porque es la hija de una celebridad, pero hay cientos de miles de mujeres que tienen relatos de rechazo similares.

Han habido casos en los que mujeres han sido reprendidas solo por acercarse físicamente al púlpito. Hace unos años, mi amiga Brenda Davis, editora de la revista *SpiritLed Woman*, fue invitada a cantar en la boda de un amigo en Nueva York. Aunque ella y sus amigos eran miembros de la misma iglesia, la pareja decidió casarse en una iglesia bautista más tradicional donde sus padres eran miembros hacía mucho tiempo.

El día de la boda, Brenda caminó hacia su lugar en la plataforma —a tres pies del atril— y comenzó cantar mientras el pianista tocaba detrás de ella y el séquito nupcial ocupaba su lugar cerca del frente del santuario. De repente, sin ninguna advertencia, seis hombres en trajes oscuros se levantaron de sus asientos en las primeras tres filas y corrieron hacia Brenda.

«¡No! ¡No! ¡No!» —dijo uno de los viejos diáconos con brusquedad, interrumpiendo la segunda línea de la canción. «¡Nosotros no permitimos a las mujeres en el púlpito! ¡Ninguna mujer puede estar en el púlpito!

¡Usted no puede pararse aquí!» Los otros hombres, obviamente agitados, movían frenéticamente sus manos mientras ahuyentaban a Brenda fuera del podio hacia un lugar al lado del santuario.

Brenda me dijo: «Al principio pensé que el edifico se estaba quemando. Luego pensé que estaban caminando hacia alguien detrás de mí». Detuvo la canción con torpeza en medio de una oración, y el pianista dejó de tocar abruptamente. Una vez que Brenda fue movida a otro lugar y los diáconos se sentaron, la música del piano comenzó. Pero a Brenda se le hizo muy difícil sonreír a la audiencia, especialmente cuando se dio cuenta que el novio y la novia estaban molestos por la conducta de los diáconos.

Estos hombres actuaron con muchísima rudeza, pero estoy seguro que justificaron su conducta citando la Biblia, y reclamando que Dios prohibe a las mujeres tener cualquier posición de influencia en la iglesia, particularmente si esa posición les permite enseñar o predicar. En muchas iglesias consevadoras de los Estados Unidos, este argumento siempre se basa en el pasaje bíblico de 1 Timoteo 2.12. Reclaman que esta orden dada por el apóstol Pablo es universal y debe aplicarse a todas las mujeres, todo el tiempos y en su sentido más literal. Pero la lógica de este argumento es seriamente defectuosa, y la típica malinterpretación de este versículo ha colocado a la mujer en esclavitud espiritual por siglos.

¿Qué quiso decir Pablo realmente?

Antes de indagar más profundamente en el contexto cultural específico para las instrucciones del apóstol Pablo, necesitamos examinar cuidadosamente 1 Timoteo 2.12. Y mientras lo hacemos, debemos aplicar la regla más importante de la hermenéutica bíblica: Tenemos que interpretar este versículo no solo por lo que dice o por lo que pensamos que dice, sino que debemos tomar en consideración lo que el resto de la Biblia dice en relación al tema expuesto en el pasaje.

Las personas que usan indebidamente 1 Timoteo 2.12 para negar oportunidades a la mujer con frecuencia se sienten orgullosos de llamarse literalistas bíblicos. Dicen presumidamente: «La Biblia lo dice, yo lo creo y esto lo resuelve». Pero en realidad tomar la Biblia «literalmente» puede a veces llevar a serios errores.

Por ejemplo, ¿qué si tomamos 1 Timoteo 5.23 como una orden literal y universal para la iglesia? En este pasaje, Pablo le dice a Timoteo: «Ya no bebas agua, sino usa de un poco de vino por causa de tu estómago y de tus frecuentes enfermedades». ¿Se aplica a todos los ministros del Evangelio? ¿Da libertad a los ministros para ingerir bebida alcohólica? Mis amigos episcopales dirían que sí, pero muchos evangélicos conservadores insisten que beber vino o cualquier otra bebida alcohólica es pecaminoso. Obviamente ellos no aceptan en este caso una interpretación «literal» del consejo de Pablo a Timoteo.

Esto se debe a que 1 Timoteo 5.23 no fue escrito para ser aplicado como una declaración doctrinal a todas las iglesias a través de las épocas. No es para usarse como regla de medicina ni de moral. Es un mensaje personal de Pablo a su hijo en la fe, y nos permite dar una ojeada a la relación especial que tenía con él.

Y qué de 1 Corintios 11.5, que dice: «Pero toda mujer que ora o profetiza con la cabeza descubierta, afrenta su cabeza». Hay miembros de algunas denominaciones cristianas conservadoras, particularmente los menonitas, que toman este versículo en forma literal y requieren que las mujeres usen un pañuelo en la cabeza mientras están en la iglesia. Pero la mayoría de los cristianos hoy día aceptan que el enfoque de este pasaje responde a un asunto cultural específico del primer siglo de Corinto, y que no es una orden universal.

Muchas partes de las Escrituras, por supuesto, tienen aplicación universal. Pero en las epístolas de Pablo, sus instrucciones tienen el propósito de impartir corrección a situaciones específicas que surgieron en la primera iglesia. Primera de Corintios 8, por ejemplo, trata el asunto si los cristianos deben comer carne que ha sido sacrificada a los ídolos paganos. Como en la sociedad moderna nosotros no encontramos estas circunstancias, debemos tener cuidado cómo aplicamos la palabras de Pablo cuando tratamos temas contemporáneos.

Miremos con cuidado las palabras de Pablo a Timoteo y hagamos algunas preguntas importantes sobre cuán literalmente debemos tomar sus instrucciones. A continuación, Primera de Timoteo 2.12 en diferenes versiones:

> «Porque no permito a la mujer enseñar, ni ejercer dominio sobre el hombre, sino estar en silencio». (RV1960)

> «Y no permito que la mujer enseñe en público ni domine al hombre. Quiero que permanezca callada». (Dios Habla Hoy)

> «No permito que la mujer enseñe al hombre y ejerza autoridad sobre él; debe mantenerse ecuánime». (NVI)

Usemos un poco de sentido común mientras tratamos de entender lo que se dijo en este pasaje.

¿Está Pablo prohibiendo que la mujer enseñe en **cualquier** *escenario?* ¿Son las palabras « no permito a la mujer enseñar» un manto de prohibición? ¿Significa

esto que la mujer no puede enseñar a otra mujer? ¿Significa esto que la mujer no puede enseñar a los niños en la escuela? Si interpretamos la Biblia apropiadamente, mirando la totalidad de las Escrituras, debemos decir que Pablo no está haciendo un decreto universal en relación a esto.

Después de todo, le dice a las ancianas que enseñen a las mujeres jóvenes en Tito 2.4. A través de todo el Antiguo Testamento Dios le exige a las madres y los padres a enseñar a sus hijos. Y la «mujer virtuosa» de Proverbios 31 se describe como que tiene «la ley de clemencia en su lengua» (v.26). Y la Gran Comisión de Jesús —que fue dada a todos sus discípulos, hombres y mujeres— nos ordena a enseñar su Evangelio por todo el mundo (véase Mateo 28.19-20).

¿Está Pablo simplemente prohibiendo que la mujer enseñe al hombre? Si es así, ¿significa esto que es aceptable para la mujer enseñar a los niños en la escuela? Si es así, ¿a qué edad los niños se convierten en hombres y en qué momento no se permite que la mujer les enseñe más? ¿Al terminar la secundaria? ¿Significa esto que las profesoras no pueden enseñar cursos universitarios porque hay varones adultos en la clase?

Otra vez, tenemos que examinar otros pasajes bíblicos donde vemos ejemplos de mujeres enseñando a hombres. En Hechos 18.24-26 leemos que Priscila y su esposo Aquila, ofrecieron enseñanza bíblica y corrección a Apolos. En Segunda de Timoteo 1.4 Pablo le elogia a Loida y Eunice por enseñar las Escrituras al joven Timoteo. Si la Biblia prohibió este tipo de enseñanza, ¿por qué la instrucción de estas mujeres se presenta en una forma favorable?

¿Está Pablo simplemente prohibiendo que la mujer enseñe o predique en el servicio de la iglesia? ¿Su demanda de «silencio» significa que es incorrecto que la

mujer testifique en la iglesia, ore en público, lea la Biblia o dé anuncios? Parecería raro que hubiera cualquier limitación de expresión para la mujer, ya que se nos dice que tanto hombres como mujeres «profetizarán» en el tiempo del Nuevo Testamento (véase Joel 2.28). Y en el libro de los Hechos tenemos ejemplos de profetisas, como las hijas de Felipe (véase Hechos 21.9). Además, cuando en Primera de Corintios 12-14 Pablo da instrucciones para el uso de la profecía en la iglesia, no limita el don a los hombres. De hecho, dice: «Porque podéis profetizar todos uno por uno» (14.31).

¿Quiere Pablo decir que se le permite a la mujer hablar en la iglesia excepto cuando hablan «autoritariamente»? ¿Significa esto que la mujer no debe ejercer ningún cargo político o estar en posiciones administrativas sobre empleados varones en el mundo de los negocios? ¿Significa esto que los hombres cristianos no pueden permanecer en sus empleos si el jefe es una mujer? (¡Conozco evangélicos conservadores que han renunciado a sus trabajos por esta razón!)

¿Querrán decir estas palabras de Pablo que la mujer no puede dirigir ningún comité en la iglesia? ¿O esta prohibición solo aplica a empleados a tiempo completo de la iglesia, como los pastores? Hemos visto anteriormente que muchas mujeres en la Biblia, incluyendo muchas en la iglesia de Nuevo Testamento, tuvieron posiciones muy importantes de autoridad espiritual. Por lo tanto, una regla contra la mujer con autoridad no parece lógica, y de hecho, estaría opuesta a las Escrituras.

Por lo tanto, si las palabras de Pablo no pueden aplicarse universalmente, ¿cuál era la situación específica en Éfeso que requirió que escribiera estas palabras tan duras? Para entenderlas tenemos que considerar cómo era la vida en Éfeso durante el primer siglo.

Especialistas en la Biblia han documentado el hecho

de que extrañas herejías gnósticas estaban circulando por toda la región en ese tiempo, y estas falsas doctrinas representaban una seria amenaza para la jóvenes iglesias en cierne de esa parte del mundo. Es por esto que mucho del mensaje de Pablo a Timoteo tiene que ver con cómo protegerse contra las falsas doctrinas. De hecho, en varias ocasiones Pablo menciona que las mujeres estaban esparciendo estas peligrosas doctrinas (1 Timoteo 4.7; 5.13).

Cuando Pablo introduce su propósito al escribir este libro completo, dice: «Al partir para Macedonia, te encargué que permanecieras en Éfeso y les ordenaras a *algunos supuestos maestros* que dejen de enseñar doctrinas falsas» (1 Timoteo 1.3 - NVI). Lo que se traduce como «algunos supuestos maestros» es el pronombre griego indefinido *tis*. Un pronombre indefinido no indica género. Pablo está diciendo: «Ordena a algunas *personas* que dejen de enseñar doctrinas falsas». Más adelante en 1 de Timoteo, se hace evidente que las mujeres estaban enseñando esas doctrinas falsas, por lo menos en parte. El principal objetivo de esta epístola completa era corregir las enseñanzas antibíblicas que estaban presentando las mujeres.

En su excelente libro, *I Suffer Not a Woman*, Richard y Catherine Clark Kroeger explican que ciertas prácticas cúlticas de adoración que involucraban el sacerdocio femenino de Diana, la diosa griega de la fertilidad, habían invadido la iglesia de esos tiempos. Estas mujeres sacerdotisas promovían ideas blasfemas sobre el sexo y la espiritualidad, y en ocasiones celebraban ritos en los que pronunciaban maldiciones sobre los hombres en el intento de debilitarlos espiritualmente o de declarar la superioridad femenina.[7]

Ciertamente esta doctrina alimentó actitudes malsanas entre las mujeres de la iglesia de Éfeso. Estas mujeres eran completamente ignorantes, pero estaban esparciendo falsas doctrinas, y en algunos casos hasta reclamaban ser maestras de la ley y pedían audiencia. Es muy probable que estuvieran mezclando enseñanzas judías y cristianas con extrañas herejías y versiones torcidas de las historias bíblicas. Algunas hasta enseñaban que Eva fue creada primero que Adán, y que «liberó» al mundo cuando escuchó a la serpiente. Debido al esparcimiento de estos tipos de fábulas y engaños, el caos amenazaba a la iglesia.

Algunas de estas mujeres rebeldes, estaban obstruyendo realmente los servicios de adoración para poder enseñar su extraño Evangelio. En lugar de escuchar a los líderes de las iglesias entrenados por Pablo y otros apóstoles, estas mujeres reclamaban con orgullo que se merecían el púlpito. En algunos casos, pudieron haber peleado el control de las reuniones para tratar de enseñar sus ritos y hasta ejecutarlos.

Pablo tenía que traer una disciplina severa y rápida a la situación, o la iglesia se infectaría con un virus mortal. Por lo tanto, prohibió a estas dominantes mujeres que esparcieran sus mentiras, y ordenó a todas las mujeres en la congregación a ser sumisas para que pudieran aprender la doctrina correcta. La seriedad del problema exigía una respuesta severa.

Para tener una mejor idea de lo que realmente ocurría en Éfeso en ese momento, necesitamos mirar más de cerca la frase «...ni ejercer dominio sobre el hombre». La palabra griega para «ejercer dominio sobre» es *authenteo*, y este es el único momento en el Nuevo Testamento que se usa esta palabra. Normalmente, la palabra griega *exousia* se usa para «autoridad».

Especialistas en la Biblia destacan que *authenteo* tiene una fuerte y extremadamente negativa connotación. Implica un significado más específico que «ejercer dominio sobre» y puede traducirse como «dominar», «usurpar» o «tomar control». Cuando se usaba esta palabra en la antigua literatura griega a menudo se asociaba con violencia y hasta con asesinato.

Podemos asumir que debido a que aquí se usa esta palabra, las mujeres de la iglesia de Éfeso estaban dominando las reuniones de la iglesia, usurpando la autoridad de los líderes y proclamándose a sí mismas maestras cuando no habían recibido la instrucción apropiada. Por lo tanto, Pablo llamó al fin de la locura. En esencia lo que estaba diciendo era: «¡Basta! No voy a permitir que estas mujeres sabelotodo enseñen más en su iglesia, ni tampoco voy a permitirles que destronen o usurpen la autoridad que los líderes que he nombrado para enseñarles». [8]

La orden de Pablo no se relacionaba tanto con el género de quienes usurpaban la autoridad, sino con el hecho de que no estaban entrenados para enseñar y sin embargo, pretendían ser expertos en la doctrina cristiana. De hecho, Pablo usa palabras igualmente fuertes cuando advierte a Timoteo sobre hombres que estaban esparciendo falsas doctrinas en Éfeso. Hasta le dice a Timoteo que había «entregado a Satanás» dos hombres, Himeneo y Alejandro (1 Timoteo 1.20), por estar propagando herejías blasfemas.

En Tito 1.10-11, Pablo da la misma solución para los hombres que difundían falsas doctrinas. «Porque hay aún muchos contumaces, habladores de vanidades y engañadores,...a los cuales es preciso tapar la boca». Sin embargo, nunca hemos generalizado estas instrucciones diciendo que porque había maestros falsos propagando herejías, entonces todos los maestros varones deben ser callados.

En su tiempo, Pablo hubiera estado más que contento de tener *hombres y mujeres* diestros que pudieran enseñar la verdad. Algunas mujeres fueron parte de su equipo apostólico, tales como: Febe (Romanos 16.1), Priscila (16.3) y Junias (16.7). Pero en el periodo de la primera iglesia la mayoría de las mujeres eran ignorantes. Descubriremos que el deseo de Pablo porque la mujer «aprenda» en 1 Timoteo 2.11 era realmente un mensaje liberador para la mujer del primer siglo, ya que estas vivían en un tiempo en que los rabinos judíos y los filósofos griegos enseñaban que las mujeres no merecían aprender nada.

¿No se suponía que las mujeres estuvieran calladas?

Aunque la Biblia está repleta de relatos de mujeres que enseñaron, profetizaron y llevaron mensajes de parte de Dios, hoy día muchas iglesias enseñan que la mujer no puede ministrar públicamente, u ocupar posiciones de sacerdotisas o pastoras, porque supuestamente el apóstol Pablo dio una orden universal diciendo que la mujer debe estar «callada». El versículo que más se cita es 1 Corintios 14.34-35, que dice:

«Vuestras mujeres callen en las congregaciones; porque no les es permitido hablar, sino que estén sujetas, como también la ley lo dice. Y si quieren aprender algo, pregunten en casa a sus maridos; porque es indecoroso que una mujer hable en la congregación».

Ante todo, debemos recordar que en la cultura griega y la del Medio Oriente del primer siglo, la mujer no tenía oportunidades de educación, y de hecho, se consideraba vergonzoso que aprendieran. Los filósofos griegos, incluyendo a Aristóteles, sostenían que la mujer era ignorante, imposible de educar y provocadora de distracción debido a su sexualidad.

Pero el mensaje cristiano entró en escena en Grecia con una nueva idea radical que Pablo resumió muy bien en Gálatas 3.28: «Ya no hay judío ni griego; no hay esclavo ni libre; *no hay varón ni mujer*; porque todos vosotros sois uno en Cristo Jesús». Debido al Evangelio, la mujer fue realmente liberada de la maldición de dominio que había existido desde la Caída. No serían más vistas como objetos sexuales o como inferiores ignorantes o como la propiedad de sus padres o esposos. Al igual que el hombre, eran llamadas a ser discípulas de Cristo. Ellas también eran llamadas a aprender a los pies de Jesús.

Pablo llama a la mujer a aprender las Escrituras «con toda sujeción» (véase 1 Timoteo 2.11) y «en silencio» (2.12). También se les ordena estar «calladas» en 1 Corintios 14.34. Obviamente, por lo que sabemos del mensaje general de la Biblia, esto no tuvo la intención de ser una orden universal para mantener la boca de la mujer cerrada todo el tiempo.

Las palabras de Pablo sobre el silencio son simplemente un llamado a la *instrucción* para sus nuevas seguidoras femeninas. Debido a que las mujeres no habían sido entrenadas para entender las Escrituras — de hecho, ¡se les había negado la oportunidad!— él las estaba llamando a abrazar la disciplina de aprender la Palabra de Dios. Para convertirse en un discípulo digno de confianza en la verdadera tradición rabínica, debían acercarse a las Escrituras con reverencia y una actitud sumisa. No podían ser discípulos si eran sabelotodo, se oponían a la Palabra de Dios o a cuestionaban con ligereza. La humildad es la única postura que el discípulo puede tomar si él o ella espera complacer al Maestro.

Pablo estaba llamando a la mujer a escuchar y a aprender. No les estaba diciendo que se callaran y fueran invisibles. Les estaba invitando a inscribirse en el seminario del Espíritu Santo y a convertirse en seguidoras activas de Cristo. No les estaba ordenando que cerraran sus bocas y que desaparecieran en la parte de atrás de la iglesia. Y si Pablo estaba llamando a la mujer a aprender, entonces esperaba de ellas que enseñaran y predicaran lo aprendido una vez se terminaba el proceso de discipulado.

Una vez más, mientras examinamos Primera de Corintios 14.34-35 debemos ver la Biblia en su totalidad para su interpretación. Sabemos, por capítulos anteriores en la carta de Pablo a los corintios, que él permitió a la mujer orar y profetizar en público. Solo algunos versículos anteriores a esta declaración sobre el silencio, le dice a los corintios que «toda» persona en la asamblea debe desear el don de profecía (14.1). Dice además que «si todos profetizan», los no creyentes serán convencidos y se convertirán (14.24-25). Pablo nunca limitó el don de profecía a los hombres.

Por lo tanto, no se puede estar refiriendo a este tipo de hablar profético cuando dice que «es indecoroso que una mujer hable en la congregación». Obviamente está haciendo referencia a la forma de hablar que estaba trayendo problemas en la iglesia de Corinto. De hecho, había creado tanta perturbación que los líderes de la iglesia recurrieron a Pablo para una medida correctiva del problema.

En este pasaje, la palabra griega para «hablar» aparece en el tiempo presente infinitivo, que puede ser traducida «hablar fuerte continuamente». Implica un tipo de discurso que era disruptivo, irritante o vergonzoso. Lo más probable, en esta iglesia había mujeres que interrumpían al maestro continuamente para hacer preguntas, o para perturbar la reunión o usurpar la autoridad del orador. A pesar de que en la tradición rabínica judía se permitía a los hombres de la asamblea hacer preguntas durante una lección, y que la iglesia del Nuevo Testamento extendió la práctica a todos los creyentes, aparentemente las cosas se habían salido de control en Corinto.

El secreto para interpretar Primera de Corintios 14

En realidad existe otra posibilidad para interpretar

este difícil pasaje de 1 Corintios 14 que hablar de callar a la mujer. Muchos expertos en el Nuevo Testamento que están familiarizados con los tecnicismos del idioma griego insisten que parte de este capítulo es realmente una cita tomada de otra fuente: una carta a Pablo escrita por los líderes de la iglesia de Corinto. Pablo hace referencia a esta carta en el capítulo 7, al decir: «En cuanto a las cosas de que me escribisteis» (v.1). De hecho, la mayoría de los asuntos específicos que Pablo trata en 1 Corintios son tópicos incluidos en esa carta.

Las restrictivas palabras de Pablo sobre la mujer en este capítulo toman otro aspecto si consideramos que, muy probablemente, estaba citando una carta de los líderes de la iglesia en la que estos imponían a la joven congregación de Corinto una posición dura y antimujer nacida de las raíces en sus tradiciones judeorabínicas. Considere la siguiente porción del pasaje, con la sección citada separada:

26 ¿Qué hay, pues, hermanos? Cuando os reunís, cada uno de vosotros tiene salmo, tiene doctrina, tiene lengua, tiene revelación, tiene interpretación. Hágase todo para edificación.

27 Si habla alguno en lengua extraña, sea esto por dos, o a lo más tres, y por turno; y uno interprete.

28 Y si no hay intérprete, calle en la iglesia, y hable para sí mismo y para Dios.

29 Asimismo, los profetas hablen dos o tres, y los demás juzguen.

30 Y si algo le fuere revelado a otro que estuviere sentado, calle el primero.

31 Porque podéis profetizar todos uno por uno, para que todos aprendan, y todos sean exhortados.

32 Y los espíritus de los profetas están sujetos a los profetas;

33 pues Dios no es Dios de confusión, sino de paz. Como en todas las iglesias de los santos,

34 VUESTRAS MUJERES CALLEN EN LAS CONGREGACIONES; PORQUE NO LES ES PERMITIDO HABLAR, SINO QUE ESTÉN SUJETAS, COMO TAMBIÉN LA LEY LO DICE.

35 Y SI QUIEREN APRENDER ALGO, PREGUNTEN EN CASA A SUS MARIDOS; PORQUE ES INDECOROSO QUE UNA MUJER HABLE EN LA CONGREGACIÓN.

36 ¿Acaso ha salido de vosotros la Palabra de Dios, o sólo a vosotros ha llegado?

37 Si alguno se cree profeta, o espiritual, reconozca que lo que os escribo son mandamientos del Señor.

38 Mas el que ignora, ignore.

39 Así que, hermanos, procurad profetizar, y no impidáis el hablar lenguas;

40 pero hágase todo decentemente y con orden.

Hay varias razones por las que los especialistas creen que los versículos 34 y 35 son citas de la carta que Pablo está contestando. El indicio más importante es que el símbolo griego η (eta) se usa al principio del versículo 36 para indicar al lector que la aseveración que precede es una cita. Como el griego no tiene lo que conocemos como comillas, se usa este símbolo en su lugar.

Esto explicaría por qué los versículos 34 y 35 parecen contradecir todo lo que Pablo ha dicho hasta este punto sobre la total participación de todos los creyentes en la adoración del Nuevo Testamento. El apóstol había invertido varios capítulos diciendo que a los corintios que «todos pueden profetizar uno por uno». Aun escribió en 1 Corintios 11.5 que la mujer puede orar y profetizar en público. Entonces, ¿por qué contradecirse a sí mismo en este pasaje diciendo que la mujer no puede hablar en la iglesia?

También es curioso que el versículo 34 dice que no se les permite hablar a las mujeres «como también la ley lo dice». Pero, ¿a cuál ley se refiere este versículo? No hay ninguna ley en el Antiguo Testamento que diga que la mujer no puede hablar. No hay referencia a este pasaje. Esto se debe a que no se está refiriendo a una ley del Antiguo Testamento sino a la tradición judeorabínica que la iglesia de Corinto había adoptado.

La dureza del lenguaje en el versículo 35 nos da otro indicio de que esta «ley» es en realidad una regla hecha por hombres inventada por el mismo tipo de legalistas judaizantes a los que Pablo se opuso públicamente en las iglesia de Galacia y Colosas. La frase «porque es indecoroso que una mujer hable en la congregación» puede ser realmente traducida: «Hablar para una mujer es sucio, vergonzoso y obsceno».

¿Sinceramente creemos que este versículo refleja el corazón de Dios? ¿Es esta la perspectiva del apóstol Pablo, quien ordenó a la mujer a servir con él en el ministerio apostólico? No puede ser. Pablo está citando a aquellos que mantenían una postura degradante de la mujer y quienes la describen en los escritos judíos como repulsiva y vergonzosa.

Y debido a que Pablo se opone a esta postura, le responde con agudeza a los corintios en el versículo 36: «¿Acaso ha salido de vosotros la Palabra de Dios, o sólo a vosotros ha llegado?» Otra traducción dice: «¿Acaso la Palabra de Dios procedió de ustedes? ¿O son ustedes los únicos que la han recibido?» (NVI).

Esta extraña respuesta no tiene sentido si creemos que Pablo escribió los versículos 34 y 35. Pero si está contradiciendo las declaración hechas por los judaizantes de Corinto, entonces sí podemos entender el tono desafiante del versículo 36. En paráfrasis, lo que está diciendo el apóstol es: «¡Qué! ¿Van a callar a las mujeres cuando el Evangelio de Jesús fue predicado primero por ellas al verle en la tumba la mañana de resurrección? ¿De verdad piensan que el Evangelio es solo para hombres?»

Este pasaje es uno de los más malinterpretados de la Biblia. Creo que la única forma de interpretarlo lógicamente es aceptando que Pablo está respondiendo a una declaración citada. El teólogo Kenneth S. Kantzer concuerda con esto en la revista *Christianity Today:* «En Primera de Corintios 14 estamos en medio de una compleja interacción entre citas de una carta perdida de parte de los corintios y las soluciones de Pablo a los problemas presentados en la carta. Claramente, este pasaje no está repitiendo una ley de las Escrituras ni puede tomarse como una orden universal para la mujer a estar callada en la iglesia. Esa interpretación sería de plano una contradicción a lo que el apóstol acababa de decir tres capítulos antes».[11]

Qué irónico que realmente hayamos estado usando una declaración escrita por un grupo de legalistas del primer siglo —hombres que quisieron oprimir la iglesia del Nuevo Testamento con agobiantes reglas y tradiciones judías— y luego usar sus palabras para poner grilletes a las mujeres cristianas llamadas a la libertad en el Espíritu Santo. ¿A quién queremos seguir: al apóstol Pablo, quien invitó a las mujeres a predicar, orar y profetizar en la congregación? ¿O a los legalistas, que creían que era «obsceno» que la mujer hablara en público?

Este pasaje, usado tan frecuentemente para poner frenos y bridas en la boca de las mujeres cristianas, nunca tuvo la intención de impedirles enseñar la Biblia, proclamar el Evangelio y de compartir dinámicamente su fe. ¡Qué ridículo! ¿Acaso el Espíritu Santo no vino sobre *todos* los creyentes el día de Pentecostés? En ese día, ¿no se les autorizó a las *mujeres* al igual que a los hombres a ser testigos de Su resurrección? ¿Acaso no les recordó Pedro la profecía del profeta Joel que «vuestros hijos y vuestras hijas profetizarán» (Hechos 2.17)? ¿No se les ordenó a *todos* los seguidores de Jesús —hombres y mujeres— a ir por todo el mundo (véase Mateo 28.19-20), hacer discípulos y enseñar a todas las naciones?

Hemos pasado por alto el mensaje obvio de la Biblia, y luego se ha tomado y torcido un oscuro pasaje de los escritos de Pablo para mantener a la mujer en un lugar de dominación e insignificancia. Estoy seguro que el diablo se ha reído y deleitado por la forma en que le hemos ayudado a silenciar el Evangelio. Al decirle a las mujeres que es una virtud para ellas el sentarse en la parte de atrás de la iglesia con las bocas cerradas, les hemos mantenido fuera del campo de misión.

Afortunadamente, a través de los siglos ha habido mujeres con el fuego de Dios ardiendo en sus corazones que no escucharon a quienes les dijeron que debían callarse. ¿Qué hubiera ocurrido si la gran misionera Amy Carmichael se hubiese conformado con quedarse en su cómoda casa de Inglaterra a causa de la creencia errónea de que las mujeres no deben hablar para Dios? Debido a que Amy obedeció y predicó con fervor, miles en la India encontraron salvación a través de su *Dohnavur Fellowship*, y muchas jóvenes indias fueron sacadas del terrible sistema de prostitución del templo hindú.

¿Qué hubiera ocurrido si Bertha Smith, misionera bautista del sur, se hubiera adherido a las normas restrictivas de su denominación sobre la mujer en el ministerio? Debido a que esta valiente y pionera misionera sabía que no podía callar su fe, se fue a China y comenzó un avivamiento que, cincuenta años después, aún se siente.

¿Y qué si la evangelista de sanidad Aimee Semple McPherson se hubiera tragado la mentira de que la mujer no puede hablar en la iglesia? Nunca hubiese encendido el camino de los Estados Unidos con su mensaje pentecostal durante la década del 1920, y nunca hubiese comenzado la *International Church of the Foursquare Gospel* [Iglesia Internacional del Evangelio Cuadrangular], una denominación que en el 1999, y solo en Latinoamérica, tenía cerca de medio millón de miembros.

¿Y qué si la excelente maestra de Biblia, Henrietta Mears, de la Iglesia Presbiteriana de Hollywood en Los Ángeles hubiera asumido que las palabras de Pablo en 1 de Timoteo 2.12 le prohibían enseñar a los hombres? Nunca hubiera dirigido un estudio bíblico con un joven llamado Bill Bright, quien luego fundó *Campus Crusade for Christ* y ha llevado a cerca de 147 millones de personas a Jesús desde el 1951.

¿Cómo sería el mundo si Catherine Booth, fundadora del Ejército de Salvación o la evangelista de sanidad, Kathryn Kuhlman o la maestra de Biblia, Corrie ten Boom se hubieran quedado calladas cuando el Espíritu Santo les pedía que gritaran su mensaje desde los tejados de las casas? Qué Dios nos perdone por apagar el Espíritu al decir a nuestras hermanas que no pueden obedecer su llamado.

Preguntas para discusión

1. Describa una ocasión en la que se le negó a usted o alguien que conoce alguna oportunidad ministerial solo por ser mujer.

2. Explique porqué Primera de Timoteo 2.12 no puede interpretarse literalmente, sin considerar el contexto cultural.

3. Explique porqué el apóstol Pablo tuvo que corregir a la iglesia de Éfeso diciéndole a ciertas mujeres que no enseñaran más allí.

4. ¿Por qué Pablo le pidió a las mujeres estar «calladas» en la iglesia de Corinto? (Véase 1 Corintios 14.34-35).

5. Explique porqué fue un concepto radicalmente nuevo en el primer siglo cuando Pablo le pidió a la mujer que aprendiera con una actitud sumisa.

«*La mujer está sujeta al hombre, debido a la debilidad de su naturaleza, tanto en mente como en cuerpo. El hombre es el principio y el final de la mujer, como Dios es el principio y el final de toda criatura. La mujer está en sujeción de acuerdo a ley de la naturaleza, pero no es esclava. Los hijos deben amar a su padre más que a su madre*».[1]

—Tomás de Aquino, teólogo del siglo XIII

«*{El cabello corto} es el símbolo de un estilo perverso de rebelión de la esposa hacia la autoridad del esposo o de las hijas perversas que se rebelan contra sus padres. Los hombres llevan el cabello corto como señal de que aceptan sus responsabilidades como creados a la imagen de Dios y como gobernantes de su casa. La mujer tiene que llevar el cabello largo como símbolo de sumisión a su esposo y padre, tomando su lugar con mansedumbre como mujeres rendidas a la voluntad de Dios y sujetas a la autoridad que Dios pone sobre ellas*».[2]

—De *Bobbed Hair, Bossy Wives and Women Preachers* [Cabello reverente, esposas dominantes y mujeres predicadoras] (1941) por el fundamentalista evangelista John R. Rice

---

«*Aun la mujer soltera no debe tomar ninguna decisión sin una cabeza masculina*».[3]

—Letha Scanzoni, autor de *All We're Meant to Be* [Todo lo que se supone que seamos] (1974)

Mentira #4

La mujer debe ver a su esposo como el «sacerdote del hogar».

Cuando los cristianos tergiversan las Escrituras para hacerlas decir lo que no dicen, el resultado es obvio: inventamos falsas doctrinas. Esto fue lo que ocurrió cuando los maestros de la Biblia comenzaron a promover la idea de que los esposos debían servir como «sacerdotes del hogar». Puede investigar esto en una concordancia de la Biblia. La frase no aparece en ningún lugar de las Escrituras. Ni en el Antiguo Testamento ni en el Nuevo se nos dice que los hombres sirven como sacerdotes para presentar a sus esposas a Dios. Pero este concepto se ha convertido en el enfoque principal del cristianismo evangélico moderno.

Como un cristiano creyente en la Biblia, a Marcos se le enseñó esta idea durante toda su vida adulta. Desde mediados de la década de los ochentas, cuando se casó con su esposa Julia, siempre procuró servir como el líder de su hogar y su responsabilidad creció con el nacimiento de cada uno de sus cuatro hijos. Creía que para ser un hombre fiel a Dios tenía que estar siempre «en control».

Marcos también creía que si su esposa asumía alguna vez cualquier rol de liderazgo o si las opiniones de esta dominaban en el hogar, se crearía una oportunidad para que Satanás atacara su familia. Por lo que insistió en controlar cada aspecto de la vida del hogar. No le permitía a Julia pagar ninguna cuenta o manejar ningún asunto de sus finanzas. Si se necesitaba poner disciplina a los hijos, Marcos insistía en pegarle cada noche cuando llegaba del trabajo. Él hacía todas las compras mayores y se enojó con Julia cuando descubrió que había comprado una silla para el jardín sin pedirle permiso. Marcos insistía en manejar cuando Julia estaba con él en el auto y hasta consideraba inapropiado que Julia le diera direcciones.

Marcos consideraba que era su tarea recordarle a Julia que él era el motor de su relación, y que ella necesitaba disfrutar del paseo. Aunque con poca disposición, Julia siempre estaba de acuerdo pues sentía que no agradaría a Dios si no respetaba a su marido. Con el tiempo, las controladoras exigencias de su esposo la entumecieron. Marcos nunca fue un abusador físico y sus críticas no eran frecuentes, pero Julia comenzó a sentirse como una zombi espiritual. Muy adentro sentía que Marcos no confiaba en ella. Y sentía que sus deseos y sueños iban muriendo poco a poco.

Todo hizo erupción un día de invierno cuando Isaac, su hijo de cinco años, contrajo un fuerte resfriado. Tuvo fiebre alta por cinco días y no tenía ni energía ni deseos de comer. A pesar de todo lo que Julia hizo para tratar fortalecer el sistema inmunológico del niño dándole vitaminas, los síntomas persistieron.

Debido a que Marcos y Julia eran muy cuidadosos con la salud, siempre trataban los remedios naturales antes de ir al doctor o tomar medicinas de las que se venden sin prescripción. Pero Julia decidió llevar a Isaac al doctor y la asistente del médico le dijo que el niño tenía una infección respiratoria que se podía convertir en neumonía si no tomaba antibióticos.

Julia buscó la medicina en la farmacia y tenía la intención de dársela tan pronto llegaran a la casa. Pero cuando llegaron y Marcos supo el diagnóstico del médico, le dijo a Julia que no le diera la medicina a Isaac. No importó cuanto Julia le suplicó, el se negó diciendo que los antibióticos podían tener efectos secundarios negativos. Julia estaba tan alterada y tan preocupada por la seguridad de su hijo que estalló en ira y amenazó con darle la medicina a Isaac de todas formas. Marcos ripostó: «¡Yo soy la cabeza de esta casa y tú tienes que hacer lo yo diga!»

Julia se encerró en su cuarto y oró mientras lloraba al lado de su cama. Se sentía acorralada por las rigurosas exigencias de su esposo. Finalmente, puso el asunto en las manos de Dios. Parecía la única manera de conservar la cordura.

La mañana siguiente Isaac estaban tan enfermo que no podía sentarse en la mesa a comer. Otra vez Julia se sintió desesperada por lo que se atrevió a expresar sus preocupaciones. «¿Es correcto no darle algo tú sabes que puede aliviar sus síntomas y ayudarlo a mejorar?», le preguntó a Marcos. «¿O prefieres verlo sufrir mientras el frasco de medicina está a nuestro alcance?»

Marcos miró a su esposa con resignación y a regañadientes dijo: «¡Dále la medicina!» En veinticuatro horas Isaac había mejorado y en solo unos días estaba bien. Mientras tanto, Julia y Marcos estaban alimentando las heridas que resultaron de la discusión. El orgullo de Marcos estaba lastimado pues creía que su liderazgo había sido retado. Julia se sentía exhausta por haber tenido que luchar tanto para ayudar a su hijo. El matrimonio se lastimó en el proceso y a fin de cuentas tuvieron que buscar consejería.

Estos tipos de desacuerdos ocurren todos los días en

los hogares cristianos. En muchos casos, las parejas que no están de acuerdo sobre un asunto se sientan, se escuchan y tratan calmadamente de entender la perspectiva del cónyuge y luego llegan a un acuerdo. Esa es la forma de manejar un conflicto. Pero los conflictos domésticos no pueden resolverse si el esposo cree que: (1) siempre está bien, (2) está mal diferir de su esposa, (3) su masculinidad se debilita si acepta un error. Si cree estas tres falacias cualifica para ser un tirano de primera clase.

Los patriarcas ya no viven aquí

Hoy día, millones de hombres cristianos creen que su espiritualidad se mide por el nivel de control que puedan ejercer sobre sus esposas y basan sus creencias en una interpretación equivocada de las Escrituras. Piensan que son «verdaderos hombres de Dios» porque nunca escuchan el consejo de sus esposas y no permiten que las opiniones de estas «atenten» contra la masculinidad que Dios les dio. ¿De dónde sacan la idea de que este estilo autoritario de liderato se parece aun remotamente al estilo de Cristo?

La perspectiva patriarcal y rígida de la familia cristiana dice que los hombres han sido colocados por Dios en el rol de jefe y proveedor a tiempo completo. El papel del esposo, según el modelo él es más listo, fuerte y tiene mayor capacidad espiritual, la mujer no tiene otra alternativa que aceptar su nivel inferior.

Esta perspectiva se ha derivado de la mala interpretación de las palabras de Pablo en Efesios 5.23-28:

> Porque el marido es cabeza de la mujer, así como Cristo es cabeza de la iglesia, la cual es su cuerpo, y él es su Salvador. Así que, como la iglesia está sujeta a Cristo, así también las casadas lo estén a sus maridos en todo.

Maridos, amad a vuestras mujeres, así como Cristo amó a la iglesia, y se entregó a sí mismo por ella, para santificarla, habiéndola purificado en el lavamiento del agua por la palabra, a fin de presentársela a sí mismo, una iglesia gloriosa, que no tuviese mancha ni arruga ni cosa semejante, sino que fuese santa y sin mancha. Así también los maridos deben amar a sus mujeres como a sus mismos cuerpos. El que ama a su mujer, a sí mismo se ama.

Como ya mencionamos antes en este libro, no podemos entender el significado completo de este pasaje bíblico sin leerlo a la luz de su contexto cultural. Tenemos que recordar que en el momento que Pablo pronunció estas palabras (probablemente en el 60 d.C), las mujeres no tenían ningún derecho en la sociedad y se consideraban propiedad de sus padres o esposos. Los hombres pensaban que las mujeres eran ignorantes (y muchas de ellas realmente lo eran debido a que los hombres no les permitían educarse).

Durante el primer siglo los efesios estaban sumergidos en las culturas griegas y romanas. Los griegos veían a las mujeres con desdén y los romanos enseñaban que las esposas debían mantenerse en su lugar como inferiores. Plutarco, el filósofo romano, creía que la mujer «debía hablar o a su esposo o a través de su esposo».[4] Una vez en un discurso, el famoso Catón advirtió a los líderes romanos: «Tan pronto como [las mujeres] comiencen a ser sus iguales, se convertirán en sus superiores».[5]

En el tiempo del Nuevo Testamento, la idea del hombre de «gobernar la familia» era mantener a su esposa encerrada en la casa para hacer las labores agotadoras, atender la granja familiar, proveer gratificación sexual y tener tantos hijos como él quisiera para tener suficientes obreros para recoger las cosechas. Si moría en el parto, buscaba otra esposa. Si no lo satisfacía en la cama, buscaba a una mujer más joven fuera de la casa que complaciera sus necesidades sexuales. Si su esposa lo avergonzaba, le pegaba. Si se atrevía a escapar, la encontraba y le volvía a pegar.

La historiadora Ruth Tucker señala que en la sociedad griega durante el periodo del Nuevo Testamento, la mayoría de los hombres consideraba aburridas a sus esposas, por lo que típicamente buscaban la compañía de una acompañante femenina profesional. «La ley ateniense de todos los tiempos tendía a ver a la mujer como a un verdadero niño, con el estatus legal de un menor comparada con su esposo», escribe Tucker.[6] No había leyes contra el abuso a la esposa. Y si por cualquier razón un hombre se divorciaba de su esposa, ella quedaba económicamente atrapada y la ley no le proveía ningún medio para reclamar ninguna parte de la propiedad de este.

Sin embargo, cuando Pablo trajo el mensaje cristiano a los efesios vino con un modelo de familia radicalmente nuevo que iba a la misma médula de lo que estaba mal con el mundo: *«Maridos, amad a vuestras mujeres...»* ¡Quizás no nos damos cuenta qué concepto tan revolucionario fueron estas cuatro palabras en el primer siglo!

Fue aún más revolucionario cuando Pablo le dijo a los hombres efesios que amaran a sus esposas «como a sus mismos cuerpos» (v.28). Esto significaba que el hombre y la mujer eran iguales. Significaba que los hombres cristianos tendrían que romper su mentalidad pagana del Medio Oriente y dejar de mirar a sus esposas hacia abajo como si fueran animales inferiores sin cerebro. Las sencillas palabras de Pablo hacían añicos la médula del prejuicio por sexo.

Y cuando Pablo le dijo a los hombres que amaran a sus esposas «como Cristo amó a la iglesia», implicó algo aún más revolucionario: las mujeres eran tan merecedoras de la gracia de Dios como los hombres. Encontramos en estos tiernos versículos el fundamento para la idea cristiana de la igualdad de los sexos.

Dos tipos de esposos cristianos

Evidentemente Pablo estaba contradiciendo la filosofía secular del mundo antiguo, que enseñaba que el hombre y la mujer vivían en dos estratos sociales diferentes. En el Reino de Dios, Pablo declaró, el matrimonio es diferente al matrimonio del mundo. Los hombres no le pegan a sus esposas, no gobiernan sus casas como déspotas y no amenazan con el divorcio como una forma de manipular y controlar. En el Reino de Dios, los esposos tratan a las esposas con respeto, sí, aun como iguales.

En este pasaje Pablo estaba declarando que el hombre no estaba más «sobre» la mujer. Los esposos no podían dominar más a sus esposas o tratarlas como esclavas. Ahora que Jesucristo había venido, la maldición del dominio sobre la mujer que comenzó en el jardín del Edén se había roto. ¡Se devolvió a la mujer a un lugar de respeto y dignidad! Esto fue una buena noticia para las mujeres de Éfeso y es una buena noticia para las mujeres de hoy.

Pero si esto es cierto, entonces, ¿por qué Pablo todavía dice que el hombre debe servir como «cabeza» de su esposa? ¿Acaso esto no le da el derecho a dominarla? Eso depende de si queremos el modelo de liderazgo cristiano o el secular.

El esposo sí funciona como un líder. Pero el Evangelio de Jesucristo —quien fue el máximo ejemplo de un compasivo «líder servidor»— no permite que el esposo imponga su liderazgo de una manera autoritaria ni que el hombre vea su rol de «cabeza» como una jerarquía dada por Dios que lo coloca sobre su esposa para dominarla o negarle sus derechos.

Efesios 5 no trata de jerarquía; es sobre igualdad. Pero si leemos las palabras de Pablo a través de unos lentes torcidos, es fácil imponerle al texto nuestras ideas equivocadas sobre la relación hombre-mujer. Por esto es que necesitamos que el Espíritu Santo no ayude cuando leemos las Escrituras.

Rebecca Merrill Groothuis, en su libro *Good News for Women* [Buenas Noticias para la Mujer], explica que hay dos tipos de liderazgo masculino para escoger. Uno es el que llama «ser una cabeza que da vida», el cual fue instituido por Dios en el jardín del Edén cuando sacó a Eva de las costillas de Adán. El modelo opuesto es el que llama «cabeza dominante», el cual comenzó con la caída al hombre y la mujer caer bajo la maldición del pecado. Los hombres cristianos de hoy día ven este último modelo como la manera divina de dirigir su familia, pero este es el incorrecto.

Groothuis escribe: «El modelo bíblico de liderazgo del esposo descrito en Efesios 5 es redentor, por lo que mitiga el efecto de la caída que coloca a la mujer bajo el dominio del hombre, y ayuda a restituir a la mujer al lugar para el que fue creada, esto es, un lugar de responsabilidad cultural al lado del hombre. Cuando el esposo es una «cabeza que da vida», el esposo comparte con su esposa el privilegio social y el poder masculino, y lo utiliza en términos de amor y no como una conquista o dominio varonil. Al reconocer la igualdad personal y espiritual de ella, y poner todo lo que tiene y es a disposición de la esposa, el esposo rompe con el dominio del hombre impuesto por la caída, y por la gracia de Dios, salva a su esposa de sus efectos».[7]

En otras palabras, el ser cabeza del matrimonio en el sentido bíblico verdadero puede verse solo si el esposo: (1) reconoce que su esposa es su igual, (2) la ama sacrificadamente, (3) le da poder a su esposa al permitirle compartir su autoridad.

¿No es esto lo que Jesús hizo por la iglesia? Él accedió a dejar las glorias de cielo y tomar forma de hombre. Se dio voluntariamente para morir en la cruz y luego le concedió a sus seguidores su autoridad divina, haciéndolos coherederos de su Reino. Este es el modelo que deben seguir los esposos cristianos. Primero deben humillarse y reconocer que sus esposas están en el mismo lugar que ellos. Luego deben concederle a sus esposas la misma autoridad de ellos para que de esa manera puedan gobernar juntos. Esto es ser «cabeza» a la manera de Cristo.

Esto es un concepto radical, y algunos cristianos que han crecido en la tradición religiosa de dominio masculino se opondrán a él violentamente. Algunos esposos cristianos han hecho un estilo de vida siendo dictadores benévolos en la casa y es muy probable que citen porciones de Efesios 5 para defender su conducta. Trágicamente, muchas mujeres han aceptado la idea de ser una alfombra cristiana. Han hecho de su sumisión una parte tan integral de su identidad personal que se ha convertido en un lugar de seguridad que no pueden abandonar, aun cuando el Espíritu de Dios las está llamando a un lugar de libertad más alto.

Tenemos un sacerdote

Es cierto que los esposos tienen un rol sacerdotal en la casa cuando oran por sus esposas y familia o cuando les ministra la Palabra de Dios. Pero no podemos usar la referencia de Efesios 5 del «hombre como cabeza» para sugerir que las esposas no pueden funcionar también en la casa en el mismo rol sacerdotal. ¿Acaso las esposas no sirven como sacerdotes cuando oran por sus esposos? ¿Acaso las esposas no les enseñan la Palabra de Dios a los hijos? ¿No pueden también enseñarles a sus esposos, asumiendo que estos son lo suficientemente sabios (y humildes), a escuchar las riquezas espirituales que ellas reciben del Espíritu Santo?

Muchos tradicionalistas actúan como si solo el esposo tuviera total acceso a la presencia de Dios. ¡Qué ridículo y qué arrogante! En el Reino de Dios sus hijos no están segregados por sexo, donde el hombre está en el Lugar Santísimo y la mujer en el patio exterior. La gracia de Dios está disponible de igual forma para hombres como para mujeres.

La Biblia no dice que solo los hombres entienden las verdades espirituales o reciben la dirección del Espíritu Santo. Cuando una mujer se casa su habilidad para escuchar a Dios no se desconecta. Al recitar sus votos matrimoniales no entrega su autoridad como creyente de Cristo. No obstante, esto es lo que implicamos cuando le decimos al hombre que tiene que asumir en el hogar un rol como cabeza dominante y de superioridad espiritual.

Hay dos pasajes en el Nuevo Testamento que mencionan en manera específica que la esposa puede ejercer un papel sacerdotal en el matrimonio. En 1 Pedro 3.1-2 se nos dice que la mujer cristiana tiene la autoridad en Cristo para sacar a su esposo de la desobediencia y la incredulidad. Pedro le dice a sus lectores:

> Asimismo vosotras, mujeres, estad sujetas a vuestros maridos; para que también los que no creen a la palabra, sean ganados sin palabra por la conducta de sus esposas, considerando vuestra conducta casta y respetuosa.

Además, Pablo le dijo a los corintios que la autoridad en Cristo de la mujer puede tener un poderoso impacto en un esposo incrédulo. En 1 Corintios 7.13-14 escribe:

> Y si una mujer tiene marido que no sea creyente, y él consiente en vivir con ella, no lo abandone. Porque el marido incrédulo es santificado en la mujer, y la mujer incrédula en el marido; pues de otra manera vuestros hijos serían inmundos, mientras que ahora son santos.

Nunca debemos subestimar el poder de un esposa que ora o el poder de sus palabras dirigidas por el Espíritu. Una mujer que busca a Dios e intercede por su familia hablará con una unción que puede atravesar con convicción el corazón duro. A través de sus oraciones, las almas pueden convertirse, los maridos alcohólicos pueden ser liberados de su adicción y los hijos desobedientes pueden venir al arrepentimiento. ¡La mujer puede dirigir con Dios! ¿Por qué insistimos en negarle el lugar de autoridad espiritual dado por Dios?

A la verdad que no quiero que mi esposa deje de orar para así poder ejercer todas las tareas sacerdotales en mi familia. Tenemos una asociación espiritual. Somos colaboradores en el Reino y ambos somos sacerdotes por medio Dios. Yo espero que Dios le hable a mi esposa. En muchas ocasiones, el Espíritu Santo le ha mostrado a ella cosas sobre nuestro futuro antes de hablarme a mí. Dios nunca me ha dicho: «Te revelaré mi voluntad para tu familia y luego puedes decirle a ellos lo que dice». No me habla a mí primero y más tarde a mi esposa, ni tampoco limita sus tratos con ella hablando «a través» de mí únicamente.

En la pasada década de 1970, un gran número de cristianos carismáticos en los Estados Unidos se involucró en lo que se conoció como el movimiento de discipulado o también conocido como el movimiento pastoral. Los cinco pastores que lo dirigieron, desde su base en Ft. Lauderdale, Florida fueron: Ern Baxter, Charles Simpson, Derek Prince, Bob Mumford y Don

Bashan. Este movimiento enseñaba que cada cristiano necesita un «pastor» personal, esto es, un cristiano mayor y más maduro que pueda ofrecer consejo sobre las decisiones importantes de la vida. Todo el que estuvo involucrado en el movimiento pastoral tenía buenas intenciones cuando comenzó, pero rápidamente se salió de control cuando en los ochentas se hicieron comunes los informes de abuso espiritual.

En algunas iglesias, los pastores le dijeron a la congregación que necesitaban un sello de aprobación de un anciano antes de aceptar un nuevo trabajo o mudarse a otra ciudad. La gente comenzó a pedirle permiso a los pastores antes de hacer compras importantes. Un pastor en Virginia le dijo a un hombre en su iglesia que debía buscar el permiso pastoral antes de tener otro hijo; otro pastor en Michigan castigó a una mujer porque recibió un cheque de reembolso del Servicio de Rentas Internas y no buscó el consejo pastoral para gastarlo. (En muchos casos estos pastores exigían que sus «ovejas» ofrendaran directamente a ellos).

Muchas de las personas que sobrevivieron la controversia pastoral sin perder su matrimonio —o su fe del todo— todavía hoy tratan con serias heridas emocionales. Muchos se sintieron traicionados por la autoridad espiritual; otros sintieron que les fue robada su relación personal con Dios. Al someterse a esta forma de abuso pastoral renunciaron al privilegio que tiene todo creyente de tener acceso a Jesucristo.

Debido a la estructura de jerarquía que tenía el movimiento pastoral, se le pedía a la oveja que fuera donde un hombre para escuchar de Dios. Ya no podían acercarse a Dios por ellos mismos. El resultado fue un sentido de poco valor personal y vergüenza, que llevó a una extraña doctrina de engaño debido a que los creyentes comenzaron a seguir las enseñanzas de hombres sin escuchar la voz interior del Espíritu Santo que es el salvavidas de todo creyente.

La controversia pastoral fue una forma embarazosa de exceso carismático que se convirtió en culto. Sin embargo, los cristianos creyentes en la Biblia participan en el mismo tipo de conducta de culto cuando enseñan que los esposos deben servir como sacerdotes de sus esposas. Están, en esencia, negándole a la mujer su acceso a Dios.

Muchos cristianos tradicionalistas mantienen que las mujeres deben vivir en un segundo plano y permitir que los esposos las representen en la iglesia y ante Dios. También enseñan que el esposo es responsable por la conducta de la esposa, como si fueran algún tipo de marioneta que puede manipularse. Esta actitud que inutiliza emocionalmente a la mujer y, además, es hereje.

Creer que los esposos son los representantes de sus esposas delante de Dios es creer que la mujer necesita un mediador a parte de Cristo y ¡esto es la herejía que promovió la Reforma Protestante! Los mártires que murieron torturados a manos de los obispos y papas defendieron la doctrina de que los creyentes en Cristo no necesitan intermediarios humanos. Entonces, ¿por qué hoy promovemos la idea de que el hombre debe servir como sacerdote de su esposa?

La Biblia nos dice que bajo el antiguo pacto —antes de la obra redentora de Cristo y la llegada del Espíritu Santo— Dios trató con el hombre a través de sacerdotes. El sacerdocio de Israel representó al pueblo delante de Dios y expió simbólicamente sus pecados con el sacrificio de animales y las ofrendas de incienso en el altar. Por supuesto, su tarea fue simplemente un presagio de la obra de nuestro sumo sacerdote, Jesucristo (Hebreos 8.1).

Antes de la venida del Mesías y del derramamiento

del Espíritu Santo en el Pentecostés, Dios reveló sus propósitos a través de mensajeros humanos especiales que estaban dotados con una medida limitada del Espíritu, que les permirtía profetizar y entender la voluntad de Dios. Bajo el antiguo pacto, Dios limitó su obra a estos individuos ungidos. Sin embargo, bajo el nuevo pacto, *todos* los creyentes recibieron el poder del Espíritu Santo, así como con un completo acceso al «espíritu de sabiduría y de revelación en el conocimiento de él» (Efesios 1.17). No tenemos que buscar a un profeta como Moisés o Samuel para conocer la voluntad de Dios; no tenemos que viajar a un lugar especial para encontrar la presencia de Dios; no tenemos que sacrificar animales para encontrar perdón o presentarnos delante de un sacerdote para ser limpios.

Ahora que Jesús nos ha garantizado un acceso eterno ante la presencia de Dios, el velo que lo separaba de su pueblo ha sido rasgado de arriba abajo (véase Mateo 27.51). Hemos sido invitados a venir con denuedo ante su trono. Y, más importante aún, la Biblia dice que ahora estamos calificados para ser sacerdotes ante Dios. En 1 Pedro 2.5,9 dice:

> Vosotros también, como piedras vivas, sed edificados como casa espiritual y sacerdocio santo, para ofrecer sacrificios espirituales aceptables a Dios por medio de Jesucristo. Mas vosotros sois linaje escogido, real sacerdocio, nación santa, pueblo adquirido por Dios, para que anunciéis las virtudes de aquel que os llamó de las tinieblas a su luz admirable.

Pablo no dice aquí que solo los varones creyentes en Cristo son parte de este nuevo pacto sacerdotal. En este pasaje no hay referencia a ningún género porque «no hay varón ni mujer...en Cristo Jesús» (Gálatas 3.28). Las mujeres han sido vestidas con las vestiduras sacerdotales de la santidad, y han sido comisionadas para expresar la autoridad de su nombre. Ningún marido tiene el derecho bíblico de interponerse en el camino de su esposa y ninguna esposa debe atreverse a excusarse de su mayor llamado.

Las esposas no tienen que ser inútiles

Por supuesto, hay muchas cristianas que han aceptado unas formas más sutiles de dominio masculino y quizás algunas hasta lo disfruten. No quieren más oportunidades ministeriales ni piensan que se debe promover la igualdad de sexos. Con frecuencia he escuchado sus argumentos: «No quiero el papel del hombre. Mi esposo me da la cobertura espiritual que necesito y aprecio esto. Es un buen proveedor. Estoy feliz de tener un hombre al cual someterme. Dios le habla a mi esposo y creo que debo someterme a su liderazgo. Dios ha llamado a la mujer a ser mansa. Conozco mi lugar».

¡Esto suena tan espiritual! Pero aunque es admirable que una esposa ame y confíe en su marido, la sumisión puede convertirse en una forma de idolatría. Esto ocurre en el momento en que ponemos cualquier relación por encima de nuestra relación con Dios. La familia es una maravillosa creación de Dios, y debemos hacer todo lo posible por protegerla y realzarla, pero nunca debemos amar a la familia más que a Dios mismo.

¿Puede un esposo cristiano convertirse en un ídolo? ¿Puede una «feliz familia cristiana» convertirse en un ídolo? Seguro que sí. ¿Cuántas mujeres le han dicho no a la voluntad de Dios porque lo que Él les está llamando a hacer no correponde con la idea de cómo debe actuar una esposa sumisa? ¿Cuántas esposas han rechazado el plan de Dios para complacer a sus esposos o hijos?

Es trágico que las mujeres vendan su primogenitura por una ración tan exigua. ¡Dios no llamó a sus hijas a ser pasivas o débiles! No las destinó a estar calladas cuando el mundo está en necesidad de sus testigos. Cuando el Espíritu Santo da energía a una mujer, esta sentirá el fuego de Dios metido en sus huesos (véase Jeremías 20.9), y en ese punto sentirá que puede predicar, orar o profetizar. Y nosotros, la iglesia, no debemos entorpecerle el camino. En esta hora, necesitamos una generación de mujeres santas tan consumidas con los propósitos de Dios que no permitan que nada ni nadie las detenga.

No estoy llamando a las mujeres a rebelarse o actuar en forma superior al hombre. No estoy invitando a las cristianas a abrazar la ira del movimiento feminista secular, que las enseña a odiar a los hombres y matar a bebés que no han nacido. Pero las mujeres santas, así como los hombres santos, tienen que ser valientes como leones (véase Proverbios 28.1). ¡Las mujeres cristianas tienen que comenzar a rugir!

Los tradicionalistas condenarán como inapropiado esta forma agresiva de celo espiritual femenino. Dirán que la mujer debe tener «un espíritu afable y apacible» (citando 1 Pedro 3.4 en su defensa), e insistirán que el mejor plan de Dios es que los hombres estén en el frente de la guerra espiritual. ¡No lo crean! Las mujeres tienen un rol estratégico que ejecutar en el ejército de Dios; los hombres no pueden hacerlo por sí solos.

¿Acaso mansedumbre significa que la mujer no puede predicar sermones apasionados o mover el cielo con oración? ¿Significará que no pueden dirigir campañas nacionales para detener la injusticia social? ¿O acaso significa que no pueden ir a naciones musulmanas o budistas y plantar iglesias, aun cuando es ilegal hacerlo? ¿Será que la mansedumbre previene que vaya a ciudades destruidas y comience programas de rehabilitación de drogas o que aliente a las estaciones y escuelas cristianas a traer una transformación social?

Jesús era manso, pero tomó un látigo y echó a los mercaderes del templo. Jesús era humilde, pero miró a los fariseos directamente a los ojos y los llamó tumbas blanqueadas. La mansedumbre no tiene nada que ver con inutilidad y las mujeres de Dios no han sido llamadas a ser suaves y complacientes con el mal ni a acobardarse frente a los retos espirituales.

La historia de la iglesia se ha enriquecido con la vida de mujeres valientes que se atrevieron a «salirse de su lugar» en la sociedad para servir a Dios. El historiador Eusebio registró muchas de sus historias: la de Quinta, la mujer que fue apedreada hasta la muerte bajo el reinado del emperador romano Decio porque no adoró a los ídolos; la de Potamiena, quien fue abusada por gladiadores y luego asesinada cuando sus torturadores le echaron brea hirviente en el cuerpo; la de la anciana Apolonia, quien fue quemada en la hoguera luego de que sus perseguidores le sacaran todos los dientes con tenazas.[8]

Eusebio escribió de estas mártires: «Las mujeres demostraron no ser menos que los hombres, inspiradas por las enseñanzas de la divina palabra: Algunas, que pasaron por las mismas luchas que los hombres, ganaron las mismas recompensas por su valor; y otras, cuando se les despojó de su honor, entregaron sus almas a la muerte en lugar de sus cuerpos a la seducción».[9]

El *Foxes's Book of Martyrs* [Libro de Mártires de Foxes] no cuenta de Sinforosa, quien fue asesinada bajo el reinado del emperador Traján (98-117 d.C.) porque se negó a doblar su rodilla ante un dios pagano. Felícita, una mujer romana decapitada durante del reinado de Marco Aurelio (161-180 d.C), cuyos hijos también fueron torturados y muertos porque se negó a retractarse de su fe en Cristo. Otras mujeres fueron cortadas por la mitad, colocadas sobre carbón ardiente, quemadas en la hoguera, ahogadas en ríos y aun crucificadas.[10]

Sus muertes produjeron las semillas que dieron vida a la valientes mujeres cristianas que seguirían. Mujeres como Juana Waste, quien fue quemada en la hoguera por los católicos británicos del 1556 porque obtuvo una copia del Nuevo Testamento y se aprendió de memoria grandes porciones del mismo. Teresa de Ávila fue una monja del siglo XVI que tuvo que esconderse de su perseguidores católicos porque buscó reformar la iglesia enseñando del amor de Dios. Otro ejemplo fue Madame Jeanne Guyon, una católica francesa que se atrevió a predicar y predicar a pesar de la fuerte oposición de sus superiores que le dijeron: «Es el negocio de los sacerdotes el predicar, no de mujeres».[11] Los libros de Guyon fueron quemados y ella pasó los últimos siete años de su vida en confinamiento solitario en Bastilla.

¿Qué seríamos hoy si estas valientes mujeres de los siglos pasados no hubieran «salido de su lugar» de pasividad para preparar el camino para la expansión del Reino de Cristo? ¿Cómo sería el mundo si la líder cuáquera Margaret Fell (1614-1702) no hubiera continuado con su reuniones evangelísticas en Boston, aun cuando fue arrestada varias veces y encarcelada por cuatro años? ¿Y qué si la evangelista metodista Sara Crosby no hubiera pasado veinte años de su vida recorriendo a caballo Inglaterra para dirigir reuniones evangelísticas? ¿Y qué si la misionera del siglo XIX, Amanda Smith, hija de esclavos africanos, no hubiera atendido su llamado de ir a India por los críticos cristianos que le dijeron que la mujer no debe predicar ni ir a los campos misioneros extranjeros?

Estas mujeres no dejaron que el hombre les impidiera obedecer el llamado del Espíritu Santo. No necesitaron un hombre que sancionara sus ministerios o las representara delante de Dios. Y no esperaron hasta que una iglesia dominada por hombres les pidiera que sirvieran a Dios.

Le exhorto a usted, mujer de Dios: No permita que nada le impida cumplir su llamado. No espere por el permiso de su esposo para seguir a Dios con más pasión. Avance con determinación hacia Él y traiga con usted a su esposo e hijos. Espere ser usada por Dios para cambiar el mundo. Atrévase a preguntarle a Dios cuál es su santa misión, y dígale que está dispuesta a morir a sus miedos para cumplirla.

Preguntas para discusión

1. Explique la diferencia entre ser «una cabeza que da vida» y una «cabeza dominante» en un esposo. ¿Por qué el ser una cabeza dominante no es la forma de Cristo de ejercer autoridad?

2. Discuta la historia de Marcos y Julia que aparece al principio del capítulo. ¿Cómo piensa que debe responder una mujer si el esposo tiene un estilo autoritario de liderazgo?

3. Lea Efesios 5.22-28. ¿Por qué esta instrucción a la iglesia del primer siglo en Éfeso fue una manera tan revolucionaria de describir la relación entre esposos y esposas?

4. Discuta las formas en las que los esposos y esposas se sirven a sí mismos y a Dios como «sacerdotes». ¿Por qué no es saludable que un hombre se vea como el único sacerdote de su hogar?

5. Pedro instruyó a la mujer a tener un espíritu afable y apacible. ¿Cómo puede una mujer

actuar de esta manera y al mismo tiempo mostrar valentía y celo espiritual? ¿Siente que necesita ser más valiente en su fe? Si es así, ¿qué puede estar causando el que sea pasiva y temerosa?

«No estoy ignorante a la palabra de Pablo de que la mujer debe estar en silencio en la iglesia ... pero cuando ningún hombre quiera o pueda hablar, me dejo llevar por la Palabra de Dios cuando él dice: "Aquel que me confiesa en la tierra, también le confesaré y aque que me negare, también le negaré."»

—ARGULA VON GRUMBACK (1492-1563),[1]

REFORMISTA BÁVARA ENCARCELADA POR ENSEÑAR LA BIBLIA

«La regla es explícita y clara de que la mujer no debe hablar en la iglesia, si no estar en silencio. ...Y en consecuencia no deben votar en los asuntos de la iglesia, además votar significa algún tipo de gobierno, y autoridad y poder: Y no hay gobierno ni autoridad, sino la sujeción y obediencia que corresponde a la mujer ... y esa es la práctica de la mujer entre nosotros».[2]

—RICHARD MATHER, LÍDER CONGREGACIONAL DE NUEVA INGLATERRA

(1596-1669)

«Las reuniones de las mujeres piadosas entre ellas mismas, para conversación y oración, las aprobamos por completo. Pero no permitamos que la inspirada prohibición del gran apóstol, como se encuentra en sus epístolas a los Corintios y a Timoteo, sea violada. Enseñar y exhortar, o dirigir la oración en público y asambleas casuales está claramente prohibido a la mujer en los santos oráculos».[3]

—LEYES DE LA IGLESIA PRESBITERIANA, DECRETADAS POR LA ASAMBLEA

GENERAL DEL 1837

Mentira #5
El hombre necesita «cubrir» a la mujer en sus actividades ministeriales.

Shirley Arnold es una carismática predicadora y maestra de la Biblia que pastorea una iglesia en Lakeland, Florida. Pasa la mayor parte de su tiempo ministrando en iglesias y ofreciendo conferencias a través del país cuando no está enseñando o ejerciendo su ministerio de oración personal en un centro de retiro llamado «El lugar secreto» que fundó en el 1995 para los líderes de la iglesia que están cansados. Aunque su esposo, Steve, ha pastoreado en el pasado, actualmente asiste a su esposa en su ministerio.

A mediados de los ochentas, cuando Shirley era pastora asociada en la Universidad Oral Roberts en Oklahoma, ella y su esposo fueron invitados a predicar en varias iglesias de Rumania. Esto fue antes de la caída del regimen comunista en ese país en el 1989, y las iglesias rumanas estaban bajo una severa opresión de parte del gobierno dictador de Nikolai Claceascu, la sofocante tradición legalista y el control religioso. Shirley sabía que no sería fácil llevar su mensaje del gozo y la libertad del Espíritu Santo a los cristianos rumanos, pero entraron por todas las puertas de oportunidad que se abrieron durante el viaje.

Luego de que ella y Steve llegaron a Bucarest, fueron invitados a hablar en una iglesia pentecostal grande de la ciudad de Cluj. Nunca en la historia una mujer se había parado en el púlpito de esa iglesia. Los ancianos de la congregación se sentaron estoicamente a lo largo del escenario, en sillas que parecían tronos, mirando hacia un grupo de 3,000 personas desesperadas que se habían amontonado en un edificio que no podía acomodar sentados ni a la mitad de esa cantidad. Shirley se preguntaba si se le permitiría hablar, pero se aseguró de llevar una vestimenta conservadora y un pañuelo en la cabeza ya que le habían advertido que la tradición pentencostal le requería esto a todas las mujeres.

«Parecía una proverbial abuela rumana» —nos dijo Shirley, quien prefiere predicar en coloridos juegos de vestimenta, llevar prendas y un recorte contemporáneo cuando está en los Estados Unidos.

Con bastante contrariedad, los líderes de la iglesia rumana le habían dicho a Steve que Shirley podía dar un saludo si él predicaba. Por lo que cuando la música terminó, él se paró tímidamente y dio un «sermón» de tres minutos de duración y luego invitó a su esposa al púlpito para dar un «saludo» que incluyó numerosas referencias bíblicas y que duró más de una hora. En su rimbombante y audaz estilo, Shirley predicó de la Palabra de Dios a través de un intérprete y retó a la audiencia a esperar que Dios hiciera milagros en medio de esa noche.

Hacia el final del tiempo de ministración, comenzó una conmoción en la parte de atrás del repleto auditorio mientras que los presentes traían hacia delante a un hombre que parecía lisiado. Muchos de los que parecían conocerlo lo ayudaron a llegar al área del altar. Cuando llegó al frente, Shirley supo que había tenido un serio accidente hacía unos años que lo había dejado parcialmente paralítico. Entonces se sorprendió al percatarse que tenía el lado de la cabeza deforme; el fuerte golpe le había destrozado el cráneo. No era una escena fácil de contemplar, pero en este punto Shirley sabía que Dios quería visitar esa iglesia con su poder.

Mientras que el nivel de fe crecía intensamente en el auditorio, Shirley decidió mirar hacia la congregación expectante en lugar de voltearse hacia los ancianos de ceño fruncido que estaban detrás de ella en la plataforma. Estrechó su mano y la puso sobre la cabeza del hombre y le pidió a Dios que hiciera un milagro. Shirley me contó: «Fue un increíble momento en mi ministerio mientras veía cómo el cráneo del hombre tomaba una nueva forma delante de mis ojos. Fue un milagro que se llevó a cabo delante de todos».

Sin embargo, luego que el hombre se paró y lo ayudaron a regresar a su silla, Shirley se percató que los ancianos de la iglesia estaban aún más alterados que al principio del servicio. A pesar de que habían presenciado la sanidad del hombre paralítico y habían visto cómo su cráneo había sido milagrosamente reparado, cruzaron sus brazos y esperaron a que la mayoría de la gente saliera de la iglesia. Entonces se acercaron a Shirley y a Steve y dieron sus quejas:

—¡Usted estuvo fuera de orden! —le dijeron a Shirley a través del intérprete.

—Dios no permite que las mujeres ministren en público.

—¡Dios la va a juzgar por esto!

Entonces los enojados patriacas salieron violentamente de la iglesia, dejando desconcertados a Shirley y a Steve. ¿Cómo podían rechazar un milagro solo porque una mujer fue el instrumento usado por Dios? Lo único que pudo hacer fue pensar en los fariseos del Nuevo Testamento que acusaron a Jesús de estar poseído por un demonio luego de que sanara a un enfermo.

No obstante su encuentro con los pastores pente-costales tradicionales no fue una experiencia agradable, Shirley no pudo hacer otra cosa que sentir que Dios había propinado esa noche un duro golpe a una poderosa fortaleza religiosa en la iglesia de Cluj. Y des-pués de todo, pensó: «¿Por qué necesito la aprobación de algunos pomposos líderes religiosos cuando el mismo Espíritu Santo confirmó su mensaje con una señal sobrenatural?»

Shirley nos dijo: «No dejé que esto me intimidara. De hecho, cuando regresamos a Rumania en el 1990, luego de la caída del comunismo, reté a 800 estudiantes de la Biblia a rendirse ante el llamado ministerial. Cuando casi todas las mujeres del auditorio se pararon en res-puesta al llamado, los líderes de la escuela tuvieron que cambiar su política de no permitir que las mujeres asumieran posiciones de autoridad espiritual».

Ideas disparatadas sobre «la cobertura espiritual»

Igual que los pentecostales rumanos que criticaron el ministerio de Shirley Arnold, muchos líderes reli-giosos en nuestro país les han dicho a las mujeres que están «fuera de orden» o son insubordinadas por predicar o enseñar la verdad bíblica; en especial si hay hombres en la audiencia. Y en muchos casos, los líderes han tergiversado inocentemente algunos ver-sículos bíblicos para sugerir que el ministerio público de una mujer puede validarse solo si está «cubierto» por un hombre que esté presente. Con frecuencia se ha dicho a las mujeres que ni siquiera pueden dirigir un estudio bíblico o una reunión de oración a menos que el pastor, un diácono o algún otro hombre provea su-pervisión adecuada.

Allá para los setentas, un importante líder fundamen-talista enseñaba que la mujer soltera debía permanecer bajo la autoridad espiritual del padre hasta casarse, aun si eran adultos responsables de cuarenta o cincuenta años de edad. Este hombre concluyó esto como resultado de una cuestionable doctrina del «hombre como cabeza» que no tiene ningún fundamento bíblico y que se ha usado indebidamente para implicar que todas las mujeres deben, de alguna manera, mantenerse bajo la autoridad de un hombre en todo momento, sea este el padre, el esposo, un hermano, un pastor varón o cualquier otro familiar varón.[4]

Esta caprichosa doctrina —la cual ha evolucionado en una forma de superstición evangélica— ha producido algunas prácticas en la iglesia moderna que son casi risibles. Por ejemplo, algunos pastores permiten que las mujeres ejerzan por sí mismas cualquier tipo de tarea ministerial de servicio, incluyendo el trabajo secretarial, cuido de niños, maestra de Escuela Dominical y responsabilidades de limpieza. Para estas tareas no se provee ninguna supervisión. Pero si la responsabilidad incluye dirigirse a la iglesia en forma pública; sea enseñando, predicando o aun dando testimonio, o si la tarea requiere que la mujer tenga autoridad sobre el hombre, entonces insisten en que un hombre la «cubra» apropiadamente.

Conozco a una mujer cristiana soltera que sintió de parte del Espíritu Santo organizar una actividad evangelística especial para los niños el día de las brujas como una alternativa a disfrazarse y salir a buscar dulces. Como la administradora creativa y dotada de talento que es, planificó la organización de los voluntarios, compró los dulces y las decoraciones e hizo afiches para anunciar la actividad en la comunidad. Pero antes de que comenzara el proyecto, su pastor se le acercó con preguntas. No sentía que fuera apropiado que ella supervisara este tipo de evento porque tendría que ejercer autoridad sobre los hombres sin la apropiada «cobertura».

A otra mujer que conozco le dijeron que no podía empezar una clase de estudio bíblico en su vecindario durante el verano a menos que su esposo aceptara estar presente en cada sesión y diera todas las lecciones de la Biblia. Los ancianos de la iglesia le dijeron que podía planificar las manualidades para cada día y hacer las meriendas, pero que los aspectos «espirituales» le correspondían al hombre ya que él era una «cubierta» adecuada.

Siempre que se impone este tipo de política en una iglesia hay confusión. Esto se debe a que la regla del «hombre como cabeza» es muy vaga, no está escrita, es absurda y casi siempre se aplica arbitrariamente. Por ejemplo, durante los pasados dos siglos, los líderes de la iglesia que no permiten que las mujeres enseñen o prediquen sin la apropiada «cobertura» las han enviado solas a campos misioneros extranjeros para plantar iglesias, comenzar orfanatos o evangelizar tribus primitivas. La extraña explicación que se usa en estas situaciones sugiere que Dios no exige la misma cobertura en el campo misionero ya que es muy difícil enviar a un hombre fuera del país solo a mirar a una mujer trabajar. ¿Será quizás que Dios anula la política del «hombre como cabeza» cuando no es financieramente viable?

En la mayoría de los casos «cubrir» solo significa que un hombre debe estar presente cuando la mujer dirige una actividad espiritual en particular. A menos que, por ejemplo, solo enseñe a los niños. ¿Quizás los pequeños no son tan vulnerable al engaño? o ¿Quizás no le importan tanto a Dios? Esto es ciertamente lo que se implica cuando inventamos esas reglas tan ridículas.

Si una mujer le predica a adultos, la doctrina del «hombre como cabeza» requiere que su esposo u otra autoridad masculina esté en el salón. Si es soltera, alguna otra autoridad masculina debe estar presente. Si dirige una reunión de oración, por lo menos un hombre debe supervisar, aunque sea solo mirando desde la última fila.

Pero esta política, ¿tiene algún sentido? ¿tiene alguna base bíblica? ¿qué hace la presencia de un hombre cuando una mujer ministra? El hecho de que un hombre esté presente, ¿hace más legítimos los dones espirituales de la mujer? ¿su autoridad como hombre valida el mensaje de esta? ¿su presencia en el salón previene que la mujer caiga en algún tipo de error espiritual? ¿la presencia del hombre provoca que el Espíritu Santo favorezca lo que se haya logrado? Por otro lado, ¿retira el Espíritu Santo su bendición de un estudio bíblico o una reunión de oración si solo una mujer está involucrada?

¿Y qué de las situaciones cuando la mujer ministra fuera de los confines de la iglesia? Si una mujer siente del Espíritu Santo compartir el Evangelio con un inconverso en el estacionamiento de un supermercado, ¿necesita que un hombre cristiano la «cubra» mientras comparte su testimonio o lee un tratado evangelístico? Si recibe una invitación para hablar de su fe en un estudio bíblico en el trabajo, ¿debe rechazar la oportunidad si no hay un compañero cristiano que la «cubra»?

¡Qué ridículo que tengamos que hacer estas preguntas en el siglo XXI! ¿Acaso no creemos que es la unción del Espíritu Santo la que trae los resultados espirituales; sea en un servicio en la iglesia, una reunión de oración, un estudio bíblico o en la calle? Si el poder del Espíritu Santo se necesita para tener un impacto espiritual genuino, ¿entonces qué diferencia hace que el vaso que use sea hombre o mujer? Decir que la presencia de un hombre añade credibilidad a la oración o a un ministerio movido por el Espíritu es creer en la carne; un pecado que provoca la maldición de Dios según el Antiguo Testamento (véase Jeremías 17.5).

¿Acaso la mujer necesita «cobertura»?

No existe ningún versículo en la Biblia que diga: «Si una mujer enseña mi Palabra, asegúrense que un hombre esté presente para que esté apropiadamente cubierta». Y tampoco hay un pasaje que diga: «Que cada mujer esté sometida a un hombre como es debido para que no se salga del carril y conduzca a mi pueblo al engaño». Ni tampoco la Biblia dice: «Dado que el hombre es cabeza de la mujer, esta no puede ministrar en mi nombre a menos que su autoridad espiritual masculina observe cuidadosamente cada movimiento que haga».

Sin embargo, los cristianos conservadores de hoy día citan a menudo estos «versículos» inexistentes cuando imponen sus limitaciones hechas por hombres sobre el llamamiento espiritual y los ministerios de la mujer. ¿Por qué añadimos palabras a la Biblia para que diga cosas que no dice?

Lo que los tradicionalistas usualmente citan, si usan la Biblia para apoyar su perspectiva no bíblica del «hombre como cabeza» son dos pasajes de 1 Corintios 11. El versículo 3 dice:

> Pero quiero que sepáis que Cristo es la cabeza de todo varón, y el varón es la cabeza de la mujer, y Dios la cabeza de Cristo.

Luego, algunas oraciones más adelante al discutir sobre si las mujeres cristianas de la primera iglesia en Corinto pueden adorar sin cubrirse la cabeza, el apóstol Pablo dice:

> Por lo cual la mujer debe tener señal de au-

toridad sobre su cabeza, por causa de los ángeles. (v.10)

Interesantemente, quienes usan las palabras de Pablo para prohibir la ministración de las mujeres no consideran el punto clave del versículo 5, que en la Nueva Versión Internacional dice:

En cambio, toda mujer *que ora o profetiza* con la cabeza descubierta deshonra al que es su cabeza; es como si estuviera rasurada.

Nótese que en este pasaje el apóstol no trata de detener a las mujeres en Corinto de orar en un servicio de adoración público o de traer un mensaje profético de parte de Dios. El asunto contencioso al que se hace referencia en este pasaje no es si la mujer profetiza. De hecho, parecería que Pablo está acostumbrado a que en la primera iglesia las mujeres prediquen y oren; también sabemos que Pablo tenía muchas mujeres asociadas a las que consideraba «colaboradoras» valiosas y a quienes comisionó para llevar su ministerio del Evangelio. Es por esto que debemos concluir que a lo que se refiere en este pasaje de 1 Corintios no es lo que la mujer puede o no puede hacer en el ministerio sino *cómo lo hacen.*

Aunque debemos reconocer que este es un pasaje difícil de interpretar—algunos teólogos colocan a 1 Corintios 11.1-16 entre las primeras tres o cuatros secciones más difíciles de toda la Biblia—luego de un cuidadoso estudio, podemos llegar a tres conclusiones simples.

1. Las mujeres que han sido redimidas por Cristo no necesitan ninguna cobertura espiritual superficial.

Aunque los expertos no están de acuerdo en los detalles del contexto de este versículo, sí se puede decir que en la iglesia de Corinto había surgido una controversia sobre si la mujer debía o no llevar la cabeza cubierta durante el servicio público. No estamos seguros que tipo de cubiertas eran; algunos expertos sugieren que eran velos, otros dicen que eran similares al chal judío, conocido como el *taled*, que usaban los hombres en señal de reverencia ante Dios y como un reconocimiento de su vergüenza y pecaminosidad. Sin importar cómo eran las cubiertas, la controversia creó serias divisiones en la iglesia (v.18), y los líderes apelaron a Pablo por una solución apóstolica del asunto.

Algunos expertos, incluyendo a la pionera evangelista norteamericana Katherine Bushnell, sostienen que el propósito real detrás del mensaje de Pablo en relación a las cubiertas en la cabeza era prohibirle a los hombres de las usaran. En su libro del 1923 *God's Word to Women* [Palabra de Dios para la mujer], señala que los primeros cristianos se opusieron fuertemente a la práctica judía de cubrirse la cabeza durante la adoración por entender que era una señal de la culpa y condenación que Cristo vino a remover de nosotros. (Esta práctica ha evolucionado en el uso actual del *yármulca* por los hombres judíos). Los creyentes judíos del primer siglo, al continuar usando las cubiertas en la cabeza, no estaban reconociendo la gracias redentora de Cristo, y es por esto que Pablo dice en el versículo 4: «Todo varón que ora o profetiza con la cabeza cubierta, afrenta su cabeza».[5]

No obstante, la situación para la mujer era más complicada. La mayoría de los teólogos cree que algunas entusiastas mujeres convertidas descontinuaron el uso de estas cubiertas porque entendían que Cristo las liberaba de estos requisitos legalistas. Estaban rechazando el código de la religión judía que todavía se aplicaba mucho en la primera iglesia cristiana. Aparentemente ellas entendieron —y de manera acertada— que no necesitaban cubrirse la cabeza para acercarse a Dios porque la salvación no podía ganarse a través de la ley. La salvación es un regalo del Padre a través de la obediencia de Jesucristo en la cruz, y no una adhesión a las reglas religiosas o a un código de vestimenta.

Sin embargo, aquí Pablo llama a la cordura y el orden, y parece estar apelando a estas mujeres para que cubrieran sus cabezas debido a la sensibilidad cultural, aun cuando la cubierta no era necesaria para llevarlas a la presencia de Dios o garantizarle algún favor espiritual. Aparentemente, en la sociedad corintia se consideraba vergonzoso que la mujer adorara sin cubrirse la cabeza. De hecho, algunos griegos asociaban a las mujeres sin cubierta con las prostitutas quienes se conocían por afeitarse la cabeza o llevar el cabello de una manera descuidada. La teóloga Judy Brown, autora de *Women Ministers According to Scriptures* [Mujeres ministros de acuerdo a las Escrituras], sugiere que la cubierta fue diseñada para cubrir el cabello de la mujer:

Parece que el cabello de una mujer casada se consideraba tanto como una muestra de su belleza femenina que estaba reservado solo para los ojos del esposo. Descubrirse su cabello en público era un acto de falta de modestia y una muestra de falta de respeto hacia su esposo. Entre los judíos, era una causal para el divorcio. Una esposa honorable que no quería avergonzar a su esposo pareciendo ser soltera o promiscua, se aseguraba de cubrir apropiadamente su cabello, (p.250- del original en inglés).[6]

Es muy probable que algunas de las mujeres que estaban violando esta regla cultural fueran convertidas casada con judíos inconversos. Al romper la tradición, la mujer cristiana se colocaba a sí misma en medio de un serio conflicto matrimonial. Posiblemente algunas mujeres estaban ignorando en forma flagrante las preocupaciones de sus esposos o aun amenazándolos con desdén.

Por lo tanto, Pablo reconoce que sería mejor para las

mujeres convertidas de Corinto continuar cubriéndose la cabeza. No obstante en su palabras finales sobre el tema hace esta curiosa declaración en el versículo 13: «Juzgad vosotros mismos: ¿Es propio que la mujer ore a Dios sin cubrirse la cabeza?» Entonces dice que el cabello de la mujer le es «honroso» y que «le es dado en lugar de velo» (v.15), como si quisiera decir que su cabello es suficiente cubierta y que debe mostrarse.

Aquí Pablo reconoce que Dios ya ha «cubierto» a sus hijas. Ya no necesitan vivir avergonzadas porque Jesús había pagado el precio por su naturaleza pecaminosa. No necesitan llevar un chal de oración para entrar en su presencia. No necesitan esconder su cabello, ya que simboliza la belleza dada por Dios a su género. Sin embargo, por el bien de la sensibilidad cultural y por facilitar la armonía en una iglesia dividida, le pide a las mujeres que continúen la práctica que cubrirse la cabeza aunque no es una condición para el amor y la aceptación de Dios. Con su vista a largo plazo hacia el futuro, Pablo posiblemente entendió que estos requisitos culturales cambiarían con el tiempo y que los futuros creyentes no tendrían que lidiar con este asunto.

2. Se exhorta a las mujeres cristianas a mostrar respeto por sus esposos.

Es interesante que en medio del profundo debate teológico sobre si los hombres y las mujeres cristianas debían cubrirse la cabeza, Pablo inserta varias declaraciones claves sobre la forma en la se llama a relacionarse a los esposos y las esposas. Le dice a los corintios que el «varón es cabeza de la mujer» en el versículo 3, y entonces añade: «y tampoco el varón fue creado por causa de la mujer, sino la mujer por causa del varón».

¿Por qué traería Pablo estos argumentos en medio de una discusión sobre cubiertas de cabeza? Muy probable porque las mujeres que habían decidido adorar con sus cabezas descubiertas estaban llevando demasiado lejos la libertad cristiana. Aun cuando se percataron de que no necesitaban cubrirse para adorar o profetizar, aquellos alrededor de ellas que no estaban de acuerdo veían sus acciones como inapropiadas y hasta rebeldes. Y debido a que las mujeres sin cubrir eran vistas como sensuales e inmorales, o hasta se comparaban con prostitutas, se creaba un serio problema para los esposos de estas. Su honor y dignidad estaban en juego debido a las acciones de sus esposas.

Por lo tanto, la sencilla solución de Pablo fue recordarle a estas mujeres que no podían actuar independientemente de sus maridos en este asunto. El hecho de que Pablo haya dicho: «y tampoco el varón fue creado por causa de la mujer» fue su manera de lidiar con el problema de actitud de estas mujeres convertidas, de las que posiblemente algunas habían sido reconocidas predicadoras o líderes en la iglesia corintia. Lo que estaba diciendo era: «¡Un momento! Solo porque tengan la revelación de la gracia de Dios en Cristo ¡no significa que pueden poner en riesgo su matrimonio para probarlo!»

Es importante señalar que cuando Pablo dice: «el hombre es la cabeza de la mujer» (v.3), debe ser traducido: «el esposo es la cabeza de la esposa». La palabra griega *aner* puede ser traducida como «hombre» o «esposo» y la palabra *gunaikeios* puede traducirse como «mujer» o «esposa». En este pasaje Pablo está tratando específicamente con la situación de matrimonios tirantes. No está promoviendo la idea de que *todos* los hombres tienen un tipo de autoridad dado por Dios sobre *todas* las mujeres, como algunos líderes de la iglesia han enseñado erróneamente. De hecho, esto es una noción hereje que ha llevado a serios abusos sexuales y espirituales cuando se toma en forma literal.

Las mujeres cristianas que tienen el llamado y la

unción de Dios para ministrar en la iglesia no tienen
que ser «cubiertas» por un hombre para tener un impacto espiritual legítimo en la vida de la gente. Sin
embargo, este pasaje de 1 Corintios 11 debe servir
como advertencia a todas las mujeres que aspiran al
ministerio a nunca usar su libertad en Cristo para
deshonrar a sus esposos, o a nadie. Jesús no bendice la
arrogancia. La mujer que aspire a servir como pastora,
maestra, profetisa o ministro asociado debe exhibir los
mismos estándares de carácter que se exponen en 1
Timoteo 3 para los ancianos. De hecho, cuando Pablo
hace la lista de cualidades para las mujeres ministros
en 1 Timoteo 3.11, su primer requisito es que sean
«honestas». Parte de esta honestidad es mostrar respeto
hacia sus esposos.

3. No hay «jerarquía de género» en el Reino de Dios.

El consejo correctivo de Pablo a los corintios en
relación a cubrirse la cabeza, en particular sus palabras
en 1 Corintios 11.3 sobre que «el hombre es cabeza de
la mujer», se ha usado con frecuencia para establecer
en la iglesia cierta forma de jerarquía: Dios gobierna
sobre el hombre y el hombre sobre la mujer. Pero, ¿es
ese el mensaje real de la Biblia? ¿Le habla Dios a los
hombres y luego le pide a ellos que lo presenten a las
mujeres? ¡Seguro que no!

Cuando el Padre escogió iniciar su plan de redención, comenzó el proceso visitando en Israel a una
joven soltera llamada María. Dios no le pidió permiso
al padre de esta ni le anunció sus planes, ni tampoco
se le presentó primero a José para que le explicara el
proceso de encarnación a su prometida. De hecho,
José tuvo dificultad para entender el propósito de Dios
hasta que después un ángel se lo aclaró.

La Biblia está llena de relatos de mujeres que respondieron directamente, sin la intervención de ningún
hombre, a los llamados del Espíritu Santo. Ana, por

ejemplo, sentía tanta carga con el deseo de Dios de traer un libertador para Israel que lloró en profunda congoja espiritual hasta que llegó la promesa del libertador. Y la autoridad espiritual en su vida, el sacerdote Elí, estaba tan desenfocado del plan de Dios para la nación que no entendía porqué Ana estaba tan cargada ni tampoco reconoció que era el Espíritu de Dios orando a través de ella cuando gemía al interceder en el templo. En el caso de Ana, Dios tuvo que pasar por alto al hombre para encontrar a una mujer que diera origen a su voluntad en oración.

Dios no vio a la mujer en el sótano, como si fueran criaturas inferiores colocadas «bajo» la especie masculina. Nos vio a todos como sus hijos, hombres y mujeres, y a todos nos hace responsables por nuestras acciones. Si una mujer peca, Dios no busca al hombre responsable por su pecado. De la misma manera, si ella es fiel al Señor, Dios tampoco busca al hombre responsable por ella y lo premia a él en su lugar.

No obstante, a pesar de nuestra igualdad, en el matrimonio Dios requiere mutuo amor y sumisión. Pablo enfatiza esto al escribir: «Pero en el Señor, ni el varón es sin la mujer, ni la mujer sin el varón» (1 Corintios 11.11). Debido a que está disciplinando a las mujeres corintias por ser irrespetuosas con sus esposos, Pablo recalca en este pasaje que las esposas deben mostrar una actitud obediente. Espera que las esposas sean sumisas, de la misma manera que espera que los esposos traten a las esposas con amor y respeto. Una vez un hombre y una mujer se casan, son *uno*. No pueden pensar independientemente, como si el cónyuge fuera menos importante.

Una traducción alternativa

Este pasaje de 1 Corintios 11: 2-16, sobre las mujeres cubrirse la cabeza es difícil de interpretar, principalmente porque Pablo parece contradecirse más adelante en 2 Corintios 3.18 cuando exhorta a todos los creyentes a contemplar la gloria de Dios «a cara descubierta». ¿Por qué parece animar a los cristianos a adorar a Dios sin velos en un pasaje, y aparentemente los alienta a usar velos en otro?

La respuesta puede encontrarse en un tecnicismo gramatical. Algunos expertos en el griego del Nuevo Testamento han sugerido que algunos versos de 1 Corintios 11 podrían ser citas de una carta escrita a Pablo por los líderes en Corinto. De hecho, Pablo se refiere a estas cartas en 1 Corintios 7.1 cuando dice: «En cuanto a las cosas de que me escribisteis...» Sus respuestas a estos dilemas específicos constituye la base de esta epístola.

El idioma griego no tiene las puntuaciones del español para separar las citas o el material citado. Por lo tanto es posible que un versículo como 1 Corintios 11:10: «Por lo cual la mujer debe tener señal de autoridad sobre su cabeza, por causa de los ángeles», sea una cita de la carta que Pablo recibió. Los líderes de la iglesia de Corinto, que vienen de una tradición judeorabínica, estaban citando sus normas y regulaciones rabínicas sobre cubrirse la cabeza. Sin embargo, Pablo parece oponerse a su argumento en el siguiente versículo cuando dice: «Pero en el Señor, ni el varón es sin la mujer, ni la mujer sin el varón» (v.11).

Los contradice otra vez en el versículo 13 al decir: «Juzgad vosotros mismos: ¿Es propio que la mujer ore a Dios sin cubrirse la cabeza?» Entonces, luego de explicar que el cabello de la mujer es suficiente cobertura para su cabeza, hace esta curiosa declaración en el versículo 16: «Con todo eso, si alguno quiere ser contencioso, nosotros no tenemos tal costumbre, ni las iglesias de Dios».

En otras palabras, Pablo estaba diciendo esto: «Si

ustedes quieren pelear sobre esto, entonces permítanme aclararles que el Evangelio de Cristo no exige que nosotros usemos velos». Ciertamente esta interpretación hace más sentido. ¡Aquellos tradicionalista que sostienen cualquier otra perspectiva entonces deben ser forzados a adoptar el extraño enfoque que Dios tiene la intención de que las mujeres se cubran las cabezas durante la adoración en el siglo XXI!

La verdadera cobertura de la mujer

Entre las muchas mujeres ministros que respeto, Alice Smith —autora y maestra de la Biblia— es una de mis favoritas. Alice es una bautista sureña ordenada de Houston, Texas, que ministra mayormente en círculos carismáticos y es muy reconocida por su autoridad en la intercesión. Es también una diestra practicante de la liberación. Ora con autoridad, y cuando saca los demonios de la gente, los espíritus salen corriendo. Pero la principal razón por la que respeto tanto a Alice es porque su ministerio fluye de una profunda e íntima relación con el Señor. De hecho, su libro más popular, *Beyond the Veil* [Más allá del velo] es reconocido como un manual para desarrollar intimidad con Dios.

El asunto clave en el libro de Alice es que cuando Jesús vino a redimirnos, pagó el máximo precio para ser el puente en el abismo que lo separaba a Él de su pueblo. Cuando vertió su sangre en el Calvario, la misma presencia de Dios entró en el templo de Jerusalén y rasgó el velo que nos impedía entrar en el Lugar Santísimo. Desde ese momento, debido a la obediencia del Salvador, no tenemos que permanecer en los atrios exteriores del templo. Podemos ir ante su presencia y disfrutar los placeres de conocer al Padre cara a cara.

Alice Smith disfruta de esta cercanía con Dios. Pero la triste verdad es que muchas mujeres en la iglesia de hoy no creen que pueden venir ante la presencia del Padre debido a su género. De hecho, algunas mujeres creen que no están calificadas ni siquiera para tener una relación cercana y personal con el Señor porque son mujeres. Se han tragado la vil mentira de que sus esposos las tienen que «representar» ante el trono celestial. Las mujeres solteras y divorciadas luchan con la idea de que debido a que no tienen a ningún hombre en sus vidas para cubrirlas, deben vivir en la perisferia de la presencia del Señor.

Eso es una repugnante herejía. Jesús no derramó su sangre solo por los hombres. Cuando sufrió en el Calvario, las mujeres estaban a sus pies en la cruz y esas mismas mujeres se identicaron valientemente con su muerte tres días más tarde cuando trajeron especias a su tumba en la mañana de resurrección. Y cuando les ordenó ser testigos de su resurrección, no les requirió que se aseguraran primero con la «cubierta» de un hombre.

La sangre de Jesús fue vertida por todas las mujeres, y es la única cobertura que necesitan. Las mujeres traídas por la sangre no necesitan de ningún hombre para acercarse más a Dios. Las mujeres traídas por la sangre no necesitan a un hombre para legitimar sus ministerio. Las mujeres traídas por la sangre no necesitan a un hombre que «cubra» sus tareas espirituales o que reemplace el liderazgo del Espíritu Santo en sus vidas.

La sangre de Cristo es la verdadera cubierta de la mujer. Que la iglesia exija algo más es renunciar a nuestra fe.

Preguntas para discusión

1. Discuta lo que le ocurrió a Shirley Arnold en su experiencia ministerial en Rumania. ¿Alguna vez ha enfrentado actitudes hacia la mujer similares a las exhibidas por los líderes rumanos?

2. ¿Alguna vez ha escuchado a un líder de la iglesia decirle a una mujer que no puede ministrar en alguna área en particular porque no hay una hombre que la «cubra»? Describa la situación.

3. Lea cuidadosamente 1 Corintios 11.1-16. ¿A qué piensa usted se refería Pablo en el versículo 3 cuando dice que «el hombre es cabeza de la mujer»?

4. Explique porqué Pablo parece exhortar a la mujer en Corinto a cubrirse la cabeza en la iglesia, aun cuando esas mujeres sabían que no necesitaban hacerlo para ser aceptadas por Dios.

«Las mujeres que trabajan en el campo misionero deben tener el cuidado de reconocer el liderazgo del hombre para ordenar los asuntos del Reino de Dios. No debemos permitir... la habilidad y eficacia de tantas de nuestras ayudantes femeninas, ni siquiera la excepcional capacidad de liderazgo y organización que algunas han mostrado en su trabajo, para desacreditar la posición natural y predestinada del hombre en las misiones, de la misma forma que en la Iglesia de Dios».

—ORDEN DADA POR UN LÍDER BAUTISTA EN EL 1888, [1] EN RESPUESTA A LA GRAN CANTIDAD DE MUJERES QUE SE DIRIGÍAN AL CAMPO MISIONERO

«Cuando un hombre se está ahogando, usted no envía a una mujer a rescatarlo. Se manda a un hombre-masculino grande y fuerte».

—LÍDER AMERICANO FUNDAMENTALISTA, FRED SMITH,[2]. VOCERO DEL *Men and Religion Forward Movement* [MOVIMIENTO AVANZADO DE HOMBRES Y RELIGIÓN] DEL 1912.

«Una de las razones para que las mujeres estén asumiendo posiciones de liderazgo es porque el hombre ha fallado muy a menudo en tomar su lugar. Cuando los hombres son débiles, las mujeres tienen que ser fuertes. Los hombres deben gustosamente dar un paso adelante para dirigir todas las áreas de la iglesia, pero con frecuencia son débiles y perezosos. ...Alguien tiene que dirigir, y por eso la mujer interviene y toma el control».

—DAVID W. CLOUD, LÍDER BAUTISTA FUNDAMENTALISTA,[3] EN UN ARTÍCULO DEL 1998 DE SU REVISTA *O Timothy*.

Mentira #6

La mujer que muestra fuertes cualidades de liderazgo plantea un serio peligro para la iglesia.

Cuando los delegados de la Convención Anual de los Bautistas del Sur se reunieron en el 1929, los líderes accedieron a que la presidenta de la Unión de Mujeres Misioneras (UMM) se dirigiera por primera vez a su grupo. Pero cuando esta se paró para hablar, un grupo de delegados varones se pararon de sus sillas y salieron violentamente del salón como medida de protesta. Causaron tal conmoción que los bautistas se vieron forzados a elaborar un extraño compromiso: Decidieron que la presidenta de la UMM podía hablar solo si presentaba su informe en el salón de Escuela Dominical en lugar del salón principal.[4]

La razón para este alboroto, por supuesto, fue que algunos miembros del clero masculino temían que al permitir que una mujer hablara desde el púlpito, se violaría lo que ellos llamaban «el dictamen de San Pablo», esto es, la orden de Pablo en 1 Timoteo 2.12 en la que prohibe a la mujer «ejercer dominio sobre el hombre». No está claro por qué esa pobre presidenta de la UMM no ejercía tanta autoridad sobre la audiencia masculina cuando hablaba en un salón más pequeño. De hecho, lo que los bautistas hicieron en este caso fue irracional. Lo mismo se puede decir de la manera totalmente ilógica que la iglesia actual ve el asunto de la autoridad espiritual de la mujer.

En un capítulo anterior tratamos el contexto cultural de las palabras de Pablo en su carta a Timoteo. Y señalamos que su mandato estaba dirigido a resolver un problema local de la iglesia de Éfeso provocado por ciertas mujeres ignorantes que estaban propagando unas doctrinas gnósticas muy peligrosas. Sin embargo hoy día, debido a que muchos cristianos conservadores han visto 1 Timoteo 2.12 («Porque no permito a la mujer enseñar, ni ejercer dominio sobre el hombre, sino estar en silencio») como una orden universal, que debe aplicarse a todas las iglesias en todas las épocas, hemos cultivado un extraño temor por las mujeres fuertes que predican y enseñan. Esto es, en efecto, una perspectiva extraña, por tres razones:

* Primero, sabemos por la Biblia que las mujeres ejercieron el don de profecía bajo el antiguo pacto, y que bajo el nuevo pacto el mismo apóstol Pablo colocó a la mujer en posiciones de autoridad en la primera iglesia, aún en el tiempo cuando a las mujeres en la sociedad secular se les prohibía educarse o tener roles de liderazgo.

* Segundo, la Biblia reta a *hombres y mujeres* de igual manera a ser fuertes y valientes en su fe y en su respuesta a la Gran Comisión. No hay ninguna razón para asumir que Jesús pretendía que solo los hombres evangelizaran al mundo. Tanto los hombres como las mujeres tienen la encomienda de «ir» y «predicar». La timidez nunca

se presenta en las Escrituras como una virtud, para ninguno de los sexos.

* Tercero, la historia del cristianismo está repleta de ejemplos de mujeres fuertes y devotas que alcanzaron grandes logros para el Reino de Dios. Decir que la mujer no debe mostrar fortaleza espiritual o hacer proezas en el nombre de Jesús significa desacreditar todo lo que las mujeres cristianas han hecho a través de la historia para avanzar el Evangelio.

Si queremos arriesgarnos a reclamar que la mujer no debe dirigir la iglesia, ¿estamos preparados para decir que todo lo que la mujer ha hecho para extender el Reino de Dios fue un error? ¿Es el Ejército de Salvación una organización ilegítima porque una fuerte y ruidosa mujer predicadora fue la fuerza motora detrás de él? ¿Realmente queremos negar los innumerables logros misioneros en China e India de los siglos XIX y XX, en los que muchas mujeres como: Amy Carmichael (1867-1951), Bertha Smith (1888-1988) o Marie Monsen (1878-1962), fueron responsables por la labor pionera en estos países?

Si miramos a la historia de los movimientos de avivamiento, queda claro que en todos los momentos de pasión espiritual y santidad en la iglesia, y su correspondiente llamado al evangelismo, las mujeres han respondido al llamado aun cuando no era culturalmente aceptable para ellas que lo hicieran. Esto fue cierto durante el Segundo Gran Despertar en los Estados Unidos, el cual desató un ejército de mujeres para financiar movimientos misioneros y dirigir la causa abolicionista. Esto también fue obvio en los inicios del avivamiento pentecostal, el cual movilizó a mujeres predicadoras a encender caminos en los campos misioneros domésticos y extranjeros. Estas mujeres, que incluyen a la evangelista de sanidad Lilian Yeomans (1861-1942), Carrie Judd Montgomery (1858-1946), Minnie Draper (1858-1921), Ida Robinson (1891-1946), Aimee Semple McPherson (1890-1944) y Florence Crawford (1872-1936), comenzaron iglesias que todavía hoy se distinguen.[5]

Estas mujeres no buscaban el centro de atención o un púlpito, tampoco querían ganar un argumento o probar que las mujeres son mejores que los hombres. Eran guerreras de oración que amaban la Palabra de Dios y la usaron con destreza para combatir la maldad de sus días. Eran madres de fe que nutrieron a los nuevos convertidos con la leche de la salvación y entrenaron a sus discípulos para alcanzar la madurez espiritual. Fueron valientes pioneras que celebraron campañas evangelísticas nocturnas y crusadas de sanidad en carpas con pisos de tierra en tiempos cuando los pentecostales eran expulsados de los pueblos por antagonistas que les tiraban piedras.

Estas mujeres no querían ser líderes. No buscaban usuparle al hombre su autoridad, ni tampoco se oponían al liderazgo masculino. No estaban ansiosas por convertirse en oradoras públicas; la mayoría de ellas pasó por un doloroso proceso de objeción, rendición y consagración antes de crucificar su timidez y rendirse al llamado de Dios.

Aimee Semple McPherson, quien fundó la *International Church of the Foursquare Gospel* [Iglesia Internacional del Evangelio Cuadrangular], describe esta agonía en su autobiografía.

Cuando escuchó al Espíritu Santo decirle: «¡ve!», Aimee dijo: «Supe ...que si no trabajaba ganando almas y volvía a la voluntad de Dios, Jesús me llevaría con Él antes de permitirme ir sin Él y perderme. ¡Ah, no me digan que una mujer no puede recibir el llamado a predicar el Evangelio! Si cualquier hombre pasara por una centésima parte del infierno terrenal que viví, aquellos meses fuera de la obra y voluntad de Dios, nunca dirían eso otra vez. Con lo que me quedaba de fuerza, me las arreglé para jadear: "Sí...Dios...iré". Y lo hice». [6]

Las mujeres que han entregado sus vidas para servir a Jesús en el frente de batalla merecen nuestro respeto. Pero, típicamente, en la iglesia norteamericana volteamos la espalda a las hermanas que se han atrevido a sugerir que Dios las ha llamado a su ejército. Las guerreras más fuertes y determinadas aprenden a sobrellevar el ridículo; pero nunca sabremos cuántas se han rendido y abandonado su llamado porque la iglesia les ha pedido que entierren sus dones espirituales.

Se añade el insulto a la herida

Hoy día, las mujeres en muchas denominaciones han tropezado con el rechazo cuando se exponen al ministerio público. En el 1996, Jill Briscoe —una prominente autora evangélica que pastorea una iglesia en Milwaukee, Wisconsin, junto a su esposo— le dijo a la revista *Christianity Today* que la habían mandado a callar unos años atrás cuando comenzó a enseñar la Biblia a un grupo de tres mil adolescentes en una conferencia para jóvenes.

Briscoe explicó: «Introduje el tema, abrí las Escrituras, las leí y comencé a explicarlas. En ese momento un pastor se paró y me dijo: "¡Pare, en el nombre del Señor!", luego añadió que estaba fuera de orden. Entonces reprendió a mi esposo, diciéndole que debía sentirse avergonzado por permitir que su esposa usurpara su autoridad. Entonces sacó a sus jóvenes del lugar y algunas otras personas lo siguieron». [7]

En algunos círculos pentecostales y carismáticos, la etiqueta «Jezabel» se coloca en mujeres que tienen destrezas de enseñanza o liderazgo, o simplemente porque expresan sus opiniones a los pastores. La implicación insultante es que cualquier mujer cristiana que se salga de las líneas de propiedad eclesiásticas o presuma de hablar en nombre de Dios o muestre cualquier nivel de valentía, se le rotula de rebelde y confabuladora.

En algunos casos, se ha acusado de brujas a mujeres devotas porque rompieron con la tradición religiosa y se pararon en el púlpito. Fui testigo presencial de esta actitud enfermiza hace unos años atrás cuando asistí a una conferencia de oración en Colorado en la que había miles de cristianos carismáticos. Cuando mi amiga Cindy Jacobs, una maestra de la Biblia y movilizadora de oración reconocida internacionalmente, fue presentada como la oradora principal, dos ministros que estaban sentados frente a mí se miraron y comenzaron a orar en voz baja mientras Cindy se acercaba al podio. Los hombres no tenían idea de que podía oírlos.

Estos hombres eran líderes prominentes a los que respetaba, pero me sorprendí cuando escuché sus susurros. Uno de los hombres dijo: «Señor, atamos el poder del diablo para que no pueda hechizar a esta audiencia». Luego añadió: «Atamos el poder de Jezabel en el nombre de Jesús». Obviamente, estos hombres creían que porque Cindy era mujer, cuando hablara, el público caería automáticamente bajo un espíritu de engaño. No tuvieron las agallas para confrontar a Cindy de frente, pero sintieron que era necesario pedirle a Dios que neutralizara el impacto negativo que resultaría cuando esta enseñara sobre la Biblia ante una audiencia que incluía a muchos hombres.

Poner la etiqueta de Jezabel sobre una mujer de Dios es un evidente intento de asesinato contra el carácter. Después de todo, Jezabel era la personificación de la maldad. En 1 Reyes 18-19 leemos sobre el tiránico poder que ésta ejercía sobre Israel a través de sus lazos espirituales con el culto a Baal. Desde su posición como reina, sentada al lado del rey Acab, Jezabel fue responsable por la muerte de muchos profetas legítimos de Israel. Su estrategia fue intimidar a los verdaderos seguidores de Dios mientras que promovía la adoración a Baal, de esta manera la perversión sexual asociada con su forma de paganismo eventualmente controlaría al país entero.

A la larga, esta reina fue destronada, al igual que su malvado marido, pero su nombre se menciona otra vez en el Nuevo Testamento como una metáfora de la inmoralidad sexual y el engaño oculto. En el mensaje del apóstol Juan a la iglesia de Tiatira (Apocalipsis 2.20), hace una advertencia de parte de Cristo sobre «esa mujer Jezabel, que se dice profetisa, enseñe y seduzca a mis siervos a fornicar y a comer cosas sacrificadas a los ídolos».

Es muy probable que Jezabel no fuera el nombre real de esta mujer. Juan usa en el libro de Apocalipsis una especie de lenguaje codificado para proteger de persecución a las iglesias vulnerables. Él prendió el nombre Jezabel a esta autodenominada líder femenina de la iglesia de Tiatira porque reclamaba hablar en nombre de Dios y sin embargo, promovía el pecado sexual y la adoración idólatra. Ella es la máxima representación del falso profeta y es insidioso el compararla con las mujeres cristianas devotas que enseñan y predican la verdad del Evangelio.

Es ofensivo sugerir que una mujer que ama a Jesucristo, camina en santidad personal y defiende la Palabra de Dios con integridad sea influenciada por el «espíritu de Jezabel» ¡solo porque sea mujer! No obstante, he perdido la cuenta de la cantidad de mujeres que me han dicho que las han acusado de ser una «influencia de Jezabel» porque ejercen como pastoras, evangelistas o aun como líder laico.

Donna Holland, quien por un tiempo copastoreó

una iglesia en Miami junto a su esposo Ralph, me dijo que por años luchó con su denominación porque los pastores varones miraban con sospecha a las mujeres que tenían alguna posición de ministerio público. Con frecuencia le rehuían y a su esposo le dijeron que tenía un problema espiritual porque su esposa «no estaba totalmente sometida» a él. «Los hombres en nuestro grupo eran considerados débiles y "fuera de control" si su esposa tenía un ministerio» —nos dijo.

Después de doce años juntos en el ministerio, un líder de su denominación le dijo a Ralph que no debía compartir sus más íntimas preocupaciones y aspiraciones con Donna. Esta inusual forma de consejería matrimonial fue diseñada para mantener a Ralph en una posición de dominio ¡al forzar a su esposa a estar menos involucrada en su vida!

Donna nos comentó: «Básicamente, el consejero me estaba acusando de ser una Jezabel. Ralph le hizo caso al consejero y por poco nos cuesta el matrimonio. Pero pudimos reagruparnos, comenzamos a comunicarnos otra vez, y eventualmente nos fuimos a otra iglesia en la que se me permitía ejercer mis dones ministeriales».

Supersticiones tontas

Quinientos años atrás, el reformador protestante John Knox predicó que Dios maldice a la nación que es gobernada por una mujer. Da igual el hecho de que la mayoría de las naciones en ese periodo estuvieran bajo el dominio de reyes perversos que no honraban la ley de Dios ni vivían bajo ninguna regla de integridad cristiana. Aún así, Knox creía que la condición moral de una nación se iría abruptamente al infierno si una reina tomaba el trono.

En la serie que escribió en el 1558 titulada «The First Blast Against the Monstrous Regiment of Women» [La primera ráfaga contra el regimiento monstruoso de la mujer], el reformista escocés escribió: «Si la mujer toma el oficio que Dios le dio al hombre, no escapará de la maldición divina».[8] A pesar de que dirigió la mayor parte de su ataque a dos reinas católicas romanas, María Tudor de Inglaterra y María Guise de Escocia, y que se refirió a ellas como «Jezabeles», Knox hizo claro que creía que Dios siempre se opone a la mujeres que tienen posiciones de autoridad.

Ese mismo enfoque todavía subsiste en la iglesia moderna. A principios de la década de los ochentas, cuando tantos religiosos conservadores estaban activos en la arena política de los Estados Unidos, algunos se opusieron al nombramiento de Sandra Day O'Connor a la Corte Suprema hecho por el presidente Ronald Reagan. Su perspectiva fundamentalista del hombre como cabeza de la sociedad no permitía que una mujer asumiera la más alta posición dentro de la autoridad civil.

La Juez O'Connor no condujo a nuestra nación a la ruina, de la misma manera que Margaret Thatcher, en sus once años como Primer Ministro, no llevó al desastre a Gran Bretaña. De hecho, a mediados de los noventa, la mayoría de las mujeres electas en los Estados Unidos eran cristianas evangélicas que creían en la Biblia y que se opusieron valientemente al *statu quo* retando la legalización del aborto, la industria tabacalera y la ayuda a países que toleran la persecución religiosa.

Nuestra sociedad actual acepta mucho mejor a las mujeres en roles de autoridad dentro del ambiente secular. Sin embargo, los cristianos siguen rechazando a las mujeres que tienen los dones espirituales necesarios para proveer liderato pastoral, destrezas administrativas y visión profética a nuestras iglesias y denominaciones. El clero de algunos grupos teme permitir que las mujeres laicas dirijan comités en la iglesia o servir en las juntas directivas.

En muchas iglesias de los Estados Unidos, los hombres cristianos han desarrollado una superticiosa noción que si escuchan a una mujer predicar, o asisten a una Escuela Dominical dirigida por una mujer, o si aun permiten que alguna mujer le brinde consejería directa, violan una ley no escrita que prohibe que la mujer ocupe un lugar de autoridad en sus vidas. También temen que si hacen esto, pueden caer en algún tipo de hechicería engañosa y se debilitarían espiritualmente.

Conozco algunos hombres que ni siquiera ven un programa de televisión o videocasete de un sermón de alguien como la maestra de la Biblia Joyce Meyer porque sienten que el escucharla les roba su autoridad como hombres. ¡Algunos hombres ni siquiera leen un libro escrito por una mujer! Y algunos pastores evangélicos advierten a los hombres que nunca reciban consejería espiritual de una mujer, ni aun de sus esposas, porque al hacerlo violan la equivocada idea de que Dios tuvo la intención de que solo el hombre le predicara al hombre.

Esta conducta tiene sus raíces en el temor de que si un hombre se somete a una mujer, aunque sea oyendo su consejo, su masculinidad se reduce. ¡Qué tontería! Si la Biblia es nuestra guía, y no tenemos prejuicio cultural, entonces debemos considerar las muchas veces en las Escrituras cuando la mujer influenció al hombre o ejerció autoridad divina sobre él. También necesitamos examinar los ejemplos que hay en la Biblia de hombres que ratificaron y honraron el liderato espiritual de la mujer.

En Jueces 4 se nos dice que en un tiempo de la historia la mujer tuvo en Israel la más alta posición de autoridad espiritual. Los estudiosos de la Biblia conservadores tienen problema con este pasaje, y algunos llegan a enseñar que el liderazgo de Débora no era en ningún modo autorizado por Dios. Citan a Jueces 17.6, que dice que los habitantes de Israel «hacía lo que bien le parecía» y luego sostienen que este clima de desobediencia resultó en una «maldición» al liderato femenino. Sin embargo, este argumento no tiene ningún sentido porque Jueces 17.6 aplica a un periodo posterior al reinado de Débora.

La Biblia establece claramente que Dios ungió a Débora como juez de Israel, le dio sabiduría y consejo profético, y garantizó cuarenta años de paz como resultado de la eficacia de su liderazgo (véase Jueces 4.1-5; 31). Y los hombres que honraron su autoridad fueron bendecidos.

En Jueces 4.8 leemos que Barac, el comandante de la milicia en Israel, se negó a ir a la batalla sin Débora luego de que esta revelara la estrategia de Dios para derrotar a los cananeos. No fue una admisión de temor por parte de Barac el pedir a Débora que lo acompañara a la batalla. Él no era un «niño de mamá» que se sentía inseguro de su masculinidad. Por el contrario, Barac reconoció que Débora estaba ungida como sierva de Dios, y que el manto de autoridad celestial estaba sobre ella. Debido a que ella tenía el plan de la victoria, él quería quedarse cerca. Sencillamente se negó a pelear sin el profeta del Señor a su lado.

En la iglesia de hoy necesitamos un ejército de Baracs que estén tan desesperados por escuchar la Palabra del Señor que estén dispuestos a humillarse a sí mismos para recibirla de quienquiera que Dios escoja para traerla, aun si el profeta es una mujer. Nosotros como hombres necesitamos tragarnos las altivas y orgullosas actitudes de: «Cariño, yo lo sé mejor que tú». Si caminamos en un verdadero quebrantamiento espiritual, no nos importará si Dios habla a través de un hombre, una mujer, un niño o un burro. Sencillamente queremos a Dios, y no pondremos reparos en el imperfecto vaso de barro que Él escoja.

¿Dónde están las Priscilas?

En Hechos 18.24-28, leemos sobre un elocuente predicador llamado Apolo —un zelote convertido del judaísmo— que estaba predicando en Éfeso el mensaje de Jesús. Pero debido a que nunca había recibido instrucción sobre el bautismo de agua o la llenura del Espíritu Santo, los ayudantes de Pablo, Priscila y Aquila, lo apartaron «y le expusieron más exactamente el camino de Dios» (v.26).

¿Se debilitó espiritualmente Apolo por someterse a la corrección de Priscila? Nada en absoluto. Su ministerio se fortaleció por la útil enseñanza que recibió de esta sabia discípula, que funcionaba más que nada en un papel de maestra y sembradora de iglesias. Fue nombrada por Pablo en Romanos 16.3 como uno de «mis colaboradores». Y en Corintios 16.16, el apóstol exhorta a su seguidores a someterse a «a todos los que ayudan y trabajan». Y como en este pasaje «todos» incluye a Priscila así como a Junia, Febe y otras mujeres que ayudaron a Pablo en su equipo apostólico, podemos ver claramente que le pidió a la primera iglesia que reconociera la autoridad de las mujeres que trabajaban con él.

Es muy probable que Apolo se sintiera en deuda con Priscila y su esposo por ser sus mentores. Ella se convirtió en una madre de fe para él. ¿Qué hubiera ocurrido con la iglesia del Nuevo Testamento si Apolo hubiese sido demasiado orgulloso para recibir la instrucción teológica de Priscila? Es posible que hubiese comentido en un grave error, y debido a esto frustrar la obra de Dios en Asia Menor o quizás hasta descarrilar su ministerio. ¿Cuántas caídas similares pudieran evitarse hoy si más hombres estuvieran dispuestos a recibir consejo y corrección de mujeres en el ministerio?

Hay numerosos ejemplos en las Escrituras de mujeres devotas que dieron consejo, instrucción y corrección a los hombres. Los más altos líderes del rey Josías buscaron el consejo de la profetisa Hulda en relación a la condición espiritual de su nación (2 Reyes 22.14-20). Cuando la profetisa Ana reconoció que el bebé Jesús era el tan esperado Mesías, anunció su identidad a sus padres y a todo el que llegaba al templo. De hecho, ella fue una de las primeras personas en el planeta tierra en proclamar públicamente el Evangelio del nuevo pacto. Y el apóstol Pablo menciona a un total de siete mujeres al nombrar a sus colaboradores de confianza; estas eran mujeres que tenían labores como pastoras, evangelistas, diaconisas o apóstoles.

De veras parece extraño que los hombres cristianos tengan dificultad para aceptar la autoridad de la mujer cuando cada uno ha tenido que someterse a la instrucción y disciplina de su propia madre. En la familia cristiana todos esperamos que la madre ejerza autoridad. No solo cultiva el amor y alimenta a sus hijos, sino que también disciplina cuando es necesario y los hijos se benefician más cuando la instrucción que ofrece es rigurosa. ¿No necesitamos las mismas cualidades en nuestras madres espirituales? ¿No debemos esperar que dirijan con autoridad divina?

En las iglesias afroamericanas de los Estados Unidos se ha practicado por mucho tiempo la tradición de reconocer a las «madres de la iglesia». Estas son por lo regular las mujeres más sabias y maduras, aquellas que han caminado con Dios por muchos años y que son modelos divinos de virtud y espiritualidad. Aunque su rol primario es enseñar a las mujeres más jóvenes, frecuentemente estas matriarcas tienen gran autoridad para hablar a toda la congregación y cuando lo hacen es con la autoridad de una madre. Siempre se sientan al frente de la iglesia. Cuando alguna de ellas tiene un palabra de represión, se escucha. Cuando alguna de ellas tiene palabra de exhortación, la actitud de la mayoría de las personas en el salón es: «¡Cuidado! Mamá tiene una palabra de parte de Dios».

Muchos de los hombres cristianos, lo admitan o no, no estarían donde están hoy si no hubiese sido por las Priscilas y otras madres espirituales que se acercaron en el momento oportuno y les dieron una atinada palabra de aliento o consejo. Debido a la inseguridad, pensamos que nuestra masculinidad disminuye si admitimos que necesitamos el consejo que estas mujeres proveen. La iglesia como un todo estaría mucho mejor si le pedimos a Dios que haga añicos nuestro orgullo masculino y hacemos espacio para que estas mujeres ejerzan sus dones divinos.

La fuerza es su vestidura

En ningún lugar de la Biblia se le pide a la mujer que sea débil. Un estudio cuidadoso de las mujeres en las Escrituras revela que aquellas que sirvieron el propósito de Dios en su generación desplegaron valentía, resistieron pruebas y ejercieron el tipo de fe que supera los imposibles. Las mujeres justas de la Biblia no se sentaron en la parte de atrás de la iglesia con sus bocas cerradas o esperaron a que se les diera permiso para retar la injusticia.

Las grandes mujeres de la Biblia no tenía temor. Recuerde las comadronas judías, quienes arriesgaron sus vidas en Egipto para proteger a los infantes que el Faraón había sentenciado a muerte. Recuerde a Rahab, quien desobedeció las autoridades de Jericó porque sabía que Dios estaba con los espías israelitas. Su fe salvó a su casa y la hizo parte del linaje de Cristo.

Recuerde a Débora, quien dirigió a su nación a cuarenta años de paz porque buscó la estrategia del Señor para la batalla y creyó que Él era capaz de derribar a un ejército que superaba en cantidad al de Israel. Recuerde a Jael, cuya valentía le llevó a matar a

Sísara y de esta manera terminar la guerra con los cananeos. Recuerde a Ester, quien arriesgó su vida porque creyó que Dios podía usarla para cambiar el corazón del rey y salvar miles de vidas.

Si examinamos la «mujer virtuosa» descrita en Proverbios 31, es obvio que no es una tímida ama de casa ni una inútil «flor en la pared». Esta mujer no permitió que la sociedad patriarcal definiera su valor de acuerdo a su sexualidad, su apariencia o sus tareas domésticas terrenales. Se nos dice que ella «ciñe de fuerza sus lomos, y esfuerza sus brazos» (v.17). Esto no significa que era una mujer que ejercitaba su cuerpo todo el tiempo; el pasaje se refiere a la fortaleza de carácter y disposición para la guerra espiritual.

Estaba lista para la batalla si el enemigo atacaba, y el hecho de que «su lámpara no se apaga de noche» (v.18) nos hace inferir que también es una mujer que persevera en la oración. Las madres espirituales genuinas siempre vigilan. Mantienen un ojo vigilante sobre la iglesia y están listas para tomar medidas si ven que el peligro se acerca.

Nótese también que «fuerza y honor son su vestidura» (v.25). No permite que los medios creen su reputación o por lo que exige el protocolo religioso o por lo que el hombre dice que puede o no puede hacer. Ella se viste con fuerza y honor. Sabe lo que es en Cristo. Su dignidad está en Él. Aunque reconoce sus limitaciones en el plano natural, sabe que el Espíritu de Dios mora en ella y con toda confianza declara: «Todo lo puedo en Cristo que me fortalece».

Un concepto erróneo de la iglesia actual es que la mujer fue creada para ser débil y tímida, y que es anormal o aun perverso que la mujer muestre cualidades de fortaleza.

Con mucha frecuencia esta mentira se sustenta con la interpretación equivocada de 1 Pedro 3.7, donde se hace referencia a la mujer como «el vaso más frágil». Este pasaje dice:

Vosotros, maridos, igualmente, vivid con ellas sabiamente, dando honor a la mujer *como a vaso más frágil,* y como a coherederas de la gracia de la vida, para que vuestras oraciones no tengan estorbo.

Nótese que este pasaje no dice directamente que la mujer es débil. En lugar de esto, exhorta a los esposos a tratar a sus esposas con respeto y consideración *como si* fueran más débiles. Es muy probable que Pedro no estuviera hablando del plano real. No se estaba refiriendo a que las mujeres son más propensas a la osteoporosis o al cáncer del seno; ni que experimentan incomodidad o problemas hormonales durantes su ciclo menstrual de cada mes. Estaba simplemente reconociendo que debido a la maldición del pecado, las mujeres están en desventaja y necesitan ser protegidas. No las está poniendo por el suelo ni relegándolas a una posición inferior.

Pero recordemos que si las mujeres son vasos frágiles, esto no tiene absolutamente nada que ver con su capacidad para el ministerio espiritual. Después de todo, lo importante para cualquiera que esté en el ministerio es que la unción de Dios fluya a través del vaso; *sea este frágil o fuerte.* El hombre que es fuerte en el sentido natural de la palabra pero que no tiene la unción de Dios, no logrará ningún beneficio duradero para el Reino. Una que es mujer débil en lo natural pero que se mueve con el poder del Espíritu puede cambiar naciones.

En lugar de discutir si las mujeres son débiles, ¿por qué no reconocemos que todos somos sencillamente vasijas de barro? Sea hombre o mujer, todos somos frágiles en nuestra naturaleza y en nuestra tendencia al pecado. Ninguno de nosotros que aspire al ministerio puede esperar ver vidas cambiadas por la presencia de

Cristo si nos apoyamos solo en nuestras habilidades carnales. Dios nos llama a glorificarnos en nuestra debilidad para que Él se haga fuerte en nosotros.

Es tiempo de que los vasos frágiles den un paso al frente. Las mujeres cristianas que han vivido a la sombra de la insignificancia necesitan levantarse y vestirse de fortaleza. Esta es la hora que profetizó Joel, el tiempo para que los hijos e hijas profeticen. ¡Mujeres de Dios, no pueden callar más!

Preguntas para discusión

1. ¿Por qué es tan injusto comparar a la malvada Jezabel con las mujeres cristianas que aspiran a una posición de liderazgo en la iglesia?

2. Presente tres razones por las que no podemos aplicar universalmente 1 Timoteo 2.12 («Porque no permito a la mujer enseñar, ni ejercer dominio sobre el hombre, sino estar en silencio») a todas las iglesias de todos los tiempos.

3. Describa cómo Barac respondió al liderazgo de Débora. ¿Cómo podemos hoy aplicar esto en la iglesia?

4. ¿Por qué es importante que Priscila estuviera involucrada en ofrecer corrección teológica al ministerio de Apolo?

5. Lea Proverbios 31.10-31 y haga una lista de las cualidades que usted admira en esta mujer virtuosa. ¿Qué cualidades indican que era una persona fuerte?

6. ¿A qué piensa que se refería Pedro cuando describió a la mujer como «vaso frágil» en 1 Pedro 3.7?

«*¿Sabes que eres {cada una} una Eva? La sentencia de Dios sobre tu sexo vive en esta era; la culpa, por necesidad, tiene que vivir también. Eres la puerta del diablo; fuiste quien rompió el sello de aquel árbol {prohibido}; fuiste el primer desertor de la ley divina; fuiste la que persuadió al hombre a quien el diablo no fue lo suficientemente valiente para atacar. A causa de tu merecido —esto es, muerte— aun el Hijo de Dios tuvo que morir*».

—TERTULIO (155-220 D.C),[1] DE
On the Apparel of Women [LA VESTIMENTA DE LA MUJER]

«*La mujer fue mala desde el principio, una puerta a la muerte, una discípula del sirviente, una cómplice del diablo, una fuente de engaño, herrumbre que corrompe a los santos; cuyo peligroso rostro ha crecido tanto hasta convertirse casi en ángeles. He aquí, la mujer es la cabeza del pecado, un arma del diablo, la expulsión del Paraíso, madre de la culpa, la corrupción de la ley antigua*».

—TOMADO DE UNA COLECCIÓN DE PERSPECTIVAS SOBRE LA MUJER COMPILADA POR SALIMBENE, UN MONJE FRANCISCANO DEL SIGLO XIII (1221-1288) [2]

«*{La mujer} es más carnal que el hombre, y queda claro por sus numerosas abominaciones carnales. Y debe notarse que hubo un defecto en la formación de la primera mujer, ya que fue formada de una costilla doblada, esto es, una costilla del pecho, la que está doblada como si estuviera en dirección opuesta al hombre. Y desde este defecto ella es un animal imperfecto, siempre engaña. ...Y debido a que son {las mujeres} más débiles tanto en mente como en cuerpo, no es de sorprender que caigan bajo el maleficio de una hechicería*».

—INQUISITORES DOMINICOS HEINRICH KRAMER Y JAMES SPRENGER EN SU OPÚSCULO DEL 1486 *Witch's Hammer* [EL MARTILLO DE LA HECHICERA],[3], DONDE ARGUMENTAN QUE LA MUJER ES LA FUENTE DE TODA HECHICERÍA.

«*No existe maldad que se acerque a la maldad de la mujer... El pecado comenzó con la mujer y gracias a ella todos tenemos que morir*».

DE LA APÓCRAFA, ECLESIÁSTICOS 25.19,24.

Mentira #7
Es más fácil engañar a la mujer que al hombre.

Uno de los momentos más trágicos de la historia religiosa norteamericana ocurrió en la primavera del 1638 cuando los estrictos padres puritanos de Boston excomulgaron a una devota mujer cristiana llamada Anne Hutchinson. Descrita como una hereje peligrosa por los líderes de la *Massachusetts Bay Colony*, Anne fue desterrada y obligada a mudarse junto a su esposo y sus quince hijos a Rhode Island, y más adelante, luego de la muerte del esposo, a la inestable Long Island. Cuando en el 1643 los indios la mataron a ella y a varios de sus hijos, los hombres que supervisaron su juicio dijeron a sus simpatizantes que su muerte fue una clara señal del juicio de Dios por propagar «los errores más viles».[4]

El Rdo. Thomas Weld, un ministro calvinista, concluyó que debido a que los indios normalmente no organizaban masacres en Long Island, la violenta muerte de Hutchinson debió ser la forma que Dios usó para darle una lección. El asesino, dijo, libró a Nueva Inglaterra de esta «lamentable mujer». Antes de su exilio, cuando estaba bajo arresto domiciliario en Boston,

Weld propagó el rumor de que Hutchinson había parido treinta monstruos durante un doloroso aborto. Por esto eventualmente llegó a ser conocida por sus críticos puritanos como la «Jezabel norteamericana», una hechicera malvada que no podía tolerarse.[5]

¿Cuál fue el horrible crimen de Anne Hutchinson? ¿Cuál fue la herejía que enseñó esta piadosa mujer cuáquera que provocó que los ancianos la desterraran de la colonia? Los cargos en su contra nos parecen tontos en el siglo veintiuno. Fue citada a corte porque se atrevió a celebrar reuniones de mujeres en su casa; unas tranquilas reuniones que en ocasiones atrajeron hasta sesenta mujeres, junto a algunos hombres que admitían disfrutar de sus clases. (Algunos historiadores insisten que probablemente el grupo típico no era mayor de doce personas.)

Durante sus discursos, se atrevió a criticar los sermones dominicales de los ministros puritanos que dirigían en Boston, y los acusó de predicar una doctrina de obras en lugar del mensaje de la gracia gratuita de Cristo. Creyente en la obra individual del Espíritu Santo en cada cristiano, también reclamaba escuchar mensajes directos de Dios, y alentaba a otros a buscar sus revelaciones personales en las Escrituras en vez de confiar únicamente en lo que el pastor daba en cuchara a su congregación.

Los historiadores Ruth Tucker y Walter Liefeld escribieron que «casi de inmediato estas reuniones fueron vistas como una amenaza a la autoridad masculina» en la colonia. Los padres de la iglesia le dijeron a Hutchinson que su conducta no era «adecuada para su sexo» y la acusaron de querer ser «un esposo en lugar de esposa, un predicador en lugar de alguien que escucha y un magistrado en lugar de súbdito».[6]

Temerosos de que su actitud liberal e insubordinada se propagara como el cáncer a otros pueblos de la colonia, los puritanos recomendaron rápidamente la excomunión. No podían tener un estricto control religioso en Massachusetts si esta mujer renegada continuaba promoviendo sus discordantes perspectivas teológicas. Por lo tanto, se deshicieron de ella.

Ha habido algunos desacuerdos sobre si Anne Hutchinson fue exiliada solo por ser mujer, o porque se atrevió a cuestionar las rigurosas reglas calvinistas de sus días, o por ambas razones. Algunos la han convertido en una mártir feminista que murió valientemente por los derechos de la mujer. Pero otros señalan que como muchas mujeres en Boston apoyaron el juicio cruel en su contra, la disputa fue más sobre teología que sobre género. Pero independientemente de los motivos de sus acusadores, no cabe duda de que Hutchinson estaba en desventaja ya que era extremadamente inusual en la América del siglo XVII que una mujer dirigiera una reunión religiosa, aun en su casa y con solo mujeres que asistieran. Ella rompió una regla básica del cristianismo colonial, y pagó un alto precio por esto.

Lo que estaba en juego durante el juicio de Hutchinson, sin duda, era una prevaleciente actitud que los padres puritanos habían heredado de sus principios chauvinistas. Era la idea de que, por naturaleza, las mujeres son mentirosas y propensas a la hechicería y la herejía. La absurda acusación de que Hutchinson había parido monstruos estaba a tono con la noción del siglo XVII de que regularmente los demonios nacían del vientre de las mujeres. Esta fue la misma actitud que luego llevó a los infames juicios de las brujas de Salem en el 1692, en los que varias mujeres cristianas, creyentes de la Biblia, fueron ahorcadas luego de ser falsamente acusadas de practicar la hechicería. [7]

Tristemente, esta misma actitud motiva a los líderes de la iglesia moderna a mantener a las mujeres lejos de las posiciones de influencia espiritual. A pesar de que los evangélicos enseñan que Jesucristo pagó el precio completo para redimir al hombre y a la mujer de las consecuencias del pecado original, rara vez aplicamos por igual Su gracia redentora a las mujeres. En lugar de esto, implicamos que los hombres pueden recibir perdón por el papel de Adán en la caída de la humanidad mientras que la mujer deber seguir castigándose por el pecado de Eva.

La línea típica de razonamiento dice algo como esto: Debido a que Eva fue engañada en el jardín del Edén, y debido a que su pecado precedió al de Adán, las mujeres son, por lo tanto, más propensas al engaño y deben vigilarse de cerca por temor a que tramen alguna enseñanza extraña y lleven al pueblo de Dios por mal camino. Debido a la credulidad innata de la mujer, nunca debe enseñar en la iglesia ni debe permitírsele asumir ningún tipo de responsabilidad espiritual. De hecho, algunos cristianos creen que si se permite que la mujer enseñe esta iniciará automáticamente un proceso de engaño que terminará en desastre. Esto no es un concepto bíblico pero ha sido promovido por la iglesia durante siglos.

Todavía hoy se enseña. David Cloud, un autor y ministro cristiano de Oak Harbor, Washington, predica su postura en numerosos artículos que son distribuidos por el *Fundamentalist Baptist News Service* [Servicio de Noticias Bautista Fundamentalista]. En el año 2000 escribió lo siguiente:

«La mujer tiene un carácter diferente al hombre. Fue creada para un rol diferente en la vida, esto es, ser esposa y madre. Su carácter emocional, sicológico y racional se ajusta perfectamente para esto, pero no fue hecha para el liderazgo. En el jardín del Edén el diablo la engañó. Esto no aplica a Adán. Él pecó, pero no fue engañado. Eva se metió a sí misma en una posición de toma de decisiones que no estaba supuesta a ocupar. No es coincidencia que la mujer sea la responsable del comienzo de muchos movimientos cristianos falsos y que haya jugado papeles claves en el espiritismo, la Nueva Era, cultos con ideas científicas, entre otros. La naturaleza humana no ha cambiado, como tampoco las restricciones de Dios contra las mujeres predicadoras».[8]

A la caza de la bruja

El enfoque de que la mujer es mala por naturaleza y más fácil de engañar no es una idea nueva de los padres de la primera iglesia. Esto es una idea heredada de la cultura antigua griega, y que se ejemplifica perfectamente con la historia mítica de Pandora. Por curiosidad, Pandora abrió una caja que se le había dicho mantuviera cerrada, y de ella salieron todos los demonios de la pobreza, guerra, enfermedad, ignorancia e infortunio. Por lo tanto, la mujer fue el chivo expiatorio oficial; se convirtió en la fuente de todo el mal del mundo. Los filósofos griegos más reverenciados creen esto, y enseñaron que las mujeres son inferiores, ignorantes y propensas al engaño, así como a la infidelidad sexual. De hecho, Platón enseñó que la mujer es la forma de vida más baja, y que el hombre que no viva honorablemente va a reencarnar como una mujer en otra vida.

Los judíos del segundo y tercer siglo después de Cristo, también promovieron la idea de que la mujer es una fuente de maldad. De hecho, los rabinos de ese periodo se dieron a conocer por recitar una oración a Dios en la que daban gracias por no ser mujeres: «Alabado sea Dios porque no me creó gentil; alabado sea Dios porque no me creó mujer; alabado sea Dios porque no me creó ignorante».[9] Un popular proverbio judío de ese periodo describía a la mujer como «una jarra llena de suciedad».[10]

Los teólogos Richard y Catherine Kroeger señalaron que la tradición judía en los primeros siglos luego de la venida de Cristo requería que la mujer caminara frente al cadáver en un funeral porque Eva era responsable por traer la muerte al mundo. Ellos escribieron: «La menstruación, los dolores de parto y la dominación eran considerados las consecuencias por el rol primario de Eva en la caída....[Las mujeres judías] debían encender las lámparas del Shabat porque Eva había traído oscuridad. Como mayor recompensa, debían preparar la ofrenda de las masas porque Adán, la masa pura del mundo, había sido corrompido por su esposa. Estos requisitos servían como recordatorios constantes de que la mujer todavía llevaba el estigma del pecado de Eva». [11]

Esta degradante perspectiva de la mujer penetró en la primera iglesia. Los primeros teólogos cristianos, como Tertulio, llamaron a la mujer «la puerta del diablo», sugiriendo que debido a que Eva condujo a Adán por el mal camino, debía pagar eternamente por su pecado viviendo en total sujeción a sus amos varones, quienes están más iluminados espiritualmente. John Chrysostom (alrededor del 400 d.C.) enseñó que Eva «lo arruinó todo». En ese tiempo, algunos padres de la iglesia comenzaron a enseñar que Adán era completamente inocente en relación al encuentro con Satanás en el jardín del Edén, y que Eva era la única responsable por la caída de la creación.

Esta filosofía de «culpar a Eva por todo» condujo a algunas enseñanzas extrañas en la primera iglesia que impactaron al cristianismo medieval por siglos. Algunos líderes de la iglesia sugirieron que la tentación de Adán en el huerto fue el resultado de la desnudez de Eva. Ellos creían que el motivo fundamental del pecado en el mundo era la atracción por la sexualidad femenina. Por lo tanto, su belleza se convirtió en su maldición. El atractivo sexual se veía como una conspiración satánica para atraer al hombre a la red de engaño femenino.

Debido a que la iglesia había puesto connotaciones demoníacas a la sexualidad dada por Dios a la mujer, el celibato se veía superior al matrimonio, y los hombres que se abstenían del sexo eran considerados espiritualmente puros porque no se habían manchado con la carnalidad femenina. Al mismo tiempo, se le decía a la mujer que el único y verdadero camino hacia la santidad era negar su sexualidad y permanecer vírgenes por siempre. De hecho, San Agustín creía que solo el hombre era hecho a la imagen de Dios, y que la única forma en que la mujer agradaba a Dios era negando el sexo y el matrimonio por completo.

Tomás de Aquino, el teólogo medieval, enseñaba que la mujer era «deficiente e ilegítima», y también creía que el cuerpo de Eva fue la causa del pecado de Adán. Aquino también promovió la idea de que la serpiente se acercó a Eva en lugar de Adán porque esta era más vulnerable al engaño.[12] Varios siglos más tarde, Heinrich Kramer y James Sprenger, dos teólogos católicos, se hicieron eco de esto al argumentar en el 1486 —durante el periodo de la Inquisición— que era más probable que las mujeres se convirtieran en hechiceras ya que Dios las creó con serios defectos.

Escribieron: «La mujer, por naturaleza, es más impresionable...Y debido a que son más débiles tanto en mente como en cuerpo, no es de sorprender que caigan bajo el maleficio de una hechicería». En un capítulo de su libro, *Witch's Hammer* [El martillo de la hechicería], los autores sugieren que la mujer se sometía gustosamente a tener relaciones sexuales con los demonios, y que este rito demoníaco era la causa de gran parte de la maldad en el mundo.[13]

El periodo de la Inquisición había comenzado en el

1320 cuando el Papa Juan XXII formalizó la persecución de las brujas. Por los siguientes cuatrocientos años, la mujer fue víctima de indescriptibles horrores a manos de la iglesia —todo en el nombre de Cristo— con el propósito de erradicar la hechicería. Quienes eran acusadas de hechicería (en la mayoría de los casos injustamente) eran llevadas al cuarto de torturas o a la horca. Muchas eran desnudadas y afeitadas porque los inquisidores creían que podían tener marcas en sus cuerpos que probaban que pertenecían al diablo. A algunas les insertaban agujas en los ojos y a muchas les arrancaron la lengua.

Estas cacerías de brujas fueron particularmente crueles en Alemania, Suiza, Francia, Polonia y Escocia. En su libro *The Dark Side of Christian History* [El lado oscuro de la historia cristiana], Helen Ellerbe señala que la brujas acusadas eran frecuentemente víctimas de mutilación sexual. A veces, sus pechos y genitales eran mutilados con pinzas, tenazas y hierros calientes. Si la mujer no confesaba su participación en la hechicería era llevada a la hoguera y quemada; a veces mientras los hijos observaban.[14]

Ellerbe resalta que muy raras veces estas mujeres recibían un juicio justo —si es que recibían algún tipo de audiencia— y la evidencia era provista por testigos dudosos. En muchos casos las supuestas brujas eran asesinadas por turbas furiosas, en la misma manera que los negros en los Estados Unidos eran linchados a principios del siglo XX porque alguien los acusaba falsamente de violación. Con frecuencia la mujer medieval era acusada por desgracias que ocurrían solo porque habían pasado por el área o porque eran vistas cerca de la escena del crimen. Por ejemplo, una mujer escocesa fue acusada de hechicería y quemada en la hoguera porque ¡alguien la vio acariciando a un gato al mismo tiempo que una jarra de cerveza se puso amarga!

Ellerbe escribe: «En Inglaterra, donde no había cortes inquisitivas y donde se ofrecía muy poca o ninguna recompensa económica por la cacería de brujas, muchas mujeres eran asesinadas por turbas. En lugar de seguir cualquier proceso judicial, estas turbas usaban métodos como «el nado de la bruja» para comprobar la culpabilidad de esta. Esto consistía en amarrarla y tirarla al agua para ver si flotaba. El agua, como medio de bautismo, podía rechazarla o probar su culpabilidad. Si se hundía se probaba su inocencia aunque muriera ahogada». [15]

En la actualidad nadie sabe cuántas mujeres inocentes murieron durante los horrores de la Inquisición. Hoy día, muchas feministas seculares consideran estos hechos al mismo nivel del holocausto nazi pero no puede probarse porque los registros de defunción son escasos. Un obispo alemán reclama haber dado muerte a 1,900 brujas en cinco años. Un líder luterano, Benedicto Carpzov, afirma haber sentenciado a muerte a 20,000 adoradores del mal, la mayoría mujeres. Un relato histórico sugiere que la población femenina de dos provincias francesas fue aniquilada en el 1586, con la excepción de solo dos mujeres. [16]

¿Qué motivó a la iglesia a desatar un ataque tan vicioso sobre las mujeres? Aquellos que tenían cualquier conocimiento de la Biblia citaban un pasaje del Antiguo Testamento, Éxodo 22.18, en el que Dios le dice a Israel: «A la hechicera no dejarás que viva». Pero en general, los clérigos medievales simplemente creían que la mujer era mala por naturaleza y más propensa a la superstición y las actividades malignas; es por esto que tantas mujeres fueron acusadas injustamente sin ninguna posibilidad de probar su inocencia. Los líderes de la iglesia decidieron que eran culpables desde el nacimiento. Y como consecuencia de este prejuicio, cientos de miles de mujeres, quizás aún más, perdieron sus vidas.

¿Quiénes eran los más grandes engañadores?

¿Son las mujeres más propensas a la hechicería y al engaño? Aunque la mujer también a amenazado a la iglesia con falsas doctrinas, la historia evidencia que los hombres han estado más involucrados en la propagación de las mentiras de Satanás. De hecho, casi todas las religiones falsas que existen en la tierra hoy día fueron fundadas por hombres, incluyendo el islamismo, el budismo y el comunismo ateísta. La mayoría de los cultos seudocristianos, como la Iglesia Unificadora de Sun Myung Moon, fueron iniciados por hombres. Cada uno de los hombres que aparece a continuación tejió redes de engaño que atraparon a millones.

* **Allan Kardec** (1804-1869), educador francés, fundó el movimiento espiritista moderno. Creía que los espíritus del plano invisible querían comunicarse con los del mundo material. Invitó a millones a investigar lo paranormal a través de libro como *The Guide for Mediums and Invocators* [La guía para médiums e invocadores]. Los escritos de Kardec son especialmente populares en Latinoamérica; de hecho, el espiritismo en Brasil se conoce con frecuencia como *kardecismo* debido a la influencia de este.[17]

* **Joseph Smith** (1805-1844) fundó lo que se conoce como la iglesia mormona, luego de reclamar que fue visitado por Dios y Jesucristo mientras oraba en lo alto de una colina a las afueras de Nueva York. Más adelante señaló que un ángel le mostró dónde encontrar un misterioso juego de platos dorados, inscritos en lo que él llama «egipcio reformado». Estos escritos, los cuales Smith reclama haber traducido con poderes sobrenaturales provistos por el ángel, se

convirtieron en el *Libro del Mormón*, que hoy día es la base para una religión que tiene once millones de adeptos alrededor del mundo. Se ha probado que tanto sus reclamos como su falsa «traducción» son un engaño.[18]

* **Aleister Crowley** (1875-1947) fue criado en un hogar de los Hermanos Plymouth en Inglaterra, pero luego rechazó el cristianismo y fue el precurso de una religión oculta conocida como *«thelema»*. Crowley creía que el cristianismo era «la maldición del mundo», y compartía sus creencias del ocultismo a través de libros como *Magic in Theory and Practice* [La magia en teoría y práctica] y *Tarot Divination* [La adivinación del Tarot]. Era un bisexual confeso, y animaba a sus seguidores a deshacerse de las inhibiciones sexuales para descubrir el mundo oculto.[19]

* **Gerald B. Gardner** (1884-1964) Se conoce en la actualidad como el padre de la hechicería moderna. Fue iniciado en una reunión de brujas en Inglaterra en el 1939 y comenzó a explorar lo que llamó «los orígenes de la Edad de Piedra de la brujería». Fue el primer brujo reconocido como escritor de libros sobre lo oculto. Garnder escribió *Fellowship of the Crotona* [Compañerismo de la Crotona] y *Hermetic Order of the Golden Dawn* [El hermético orden del amanecer dorado]; libros que son usados ampliamente hoy día por los cerca de 500,000 *wiccans* que practican cierta forma de adoración neopagana en los Estados Unidos. [20]

* **Edgar Cayce** (1877-1945) reclama que se conectó con una «conciencia más alta» y luego le enseñó a sus seguidores cómo hacer lecturas

síquicas. A pesar de que solo llegó al sexto grado de educación, millones leen sus libros y creen sus extrañas profecías, en la que incluye el resurgimiento del perdido continente de la Atlántida. En la actualidad sus seguidores operan una escuela de ciencia síquica en Virginia.[21]

* **L. Ron Hubbard** (1911-1986) fundó la Iglesia de la Cienciología, que ha llevado a miles de personas a adoptar una extraña perspectiva de la energía mental y espiritual. Hubbard reclama que aprendió secretos de la salud mental a través de encuentros durante su niñez con los indios *blackfoot* y magos chinos. Más adelante, sostuvo haber tenido una experiencia espiritual en un antiguo cementerio en Guam. Su libro *Dianética: La ciencia moderna de la salud mental*, escrito en el 1950 y convertido en un éxito de ventas, fue rechazado por los profesionales de la salud pero se convirtió en la piedra angular de su nueva religión, la cual ganó popularidad a fines del siglo XX luego de que varias estrellas del cine norteamericano se convirtieran en cientistas.[22]

Se podrían llenar páginas enteras con nombres de hombres que han inventado otras doctrinas engañosas. ¿Y qué de Charles Taze Russell, fundador de los Testigos de Jehová? o ¿Mirza Alí Mohammad, el hombre de negocios iraní que fundó la fe bahai? o ¿Harvey Spencer, que estableció la Antigua Orden Mística Rosacruz, comúnmente conocida como los «rosacruces»? ¿Y qué de las filosofías anticristianas esparcidas por el mundo por hombres como Carl Max, Mao Tse Tung, Freidrich Neitze o Charles Darwin? Es evidente que los hombres a través de los siglos han corrompido millones de mentes con mentiras y oscuridad espiritual. Esto no quiere decir que las mujeres no pueden ser engañadas, o que no pueden inventar filosofías engañosas. Tanto el hombre como la mujer comparten una naturaleza humana pecaminosa, y ambos son propensos a la maldad. Pero en la historia americana, solo hay tres organizaciones cúlticas principales que fueron fundadas por mujeres: La Sociedad de Teosofía, iniciada en Nueva York por la mística rusa Helena Blavatsky en el 1875; el Movimiento Unidad, fundado por Myrtle Fillmore alrededor del 1891; y la Iglesia de Cristo Científica, establecida por Mary Baker Eddy a finales del siglo XIX. (Sin embargo, debe destacarse que esta iglesia no pudo ser fundada sin la ayuda de Phineas Parkhurst Quimby, un curandero mental que usó términos como «la ciencia de Cristo» y «la ciencia del hombre» mucho antes de que Eddy los adoptara.)[23]

La historia prueba que los hombres han producido la mayoría de los cultos, falsas religiones y movimientos ocultos del mundo. Sin embargo, se ha estereotipado erróneamente a la mujer como engañadora, y la iglesia es la primera responsable de este degradante juicio. Millones de mujeres alrededor del mundo consideran a la iglesia cristiana un lugar hostil para buscar ayuda espiritual. Nuestra generación debe arrepentirse de los errores del pasado si esperamos una reconciliación entre los sexos.

¿Podemos culpar a Eva por todo?

Los evangélicos de hoy día que todavía le prohiben a la mujer tener un ministerio público casi siempre se basan en las palabras de Pablo de 1 Timoteo 2.12: «Porque no permito a la mujer enseñar, ni ejercer dominio sobre el hombre». Pero también citan los versículos 13 y 14 para apoyar la idea de que a la mujer se le prohibe enseñar o predicar el Evangelio porque son más fáciles de engañar que al hombre. Este pasaje dice:

Porque Adán fue formado primero, después Eva; y Adán no fue engañado, sino que la mujer, siendo engañada, incurrió en transgresión.

¿Qué está diciendo Pablo aquí? No podemos leer estos versículos fuera de contexto. Si examinamos con más cuidado la situación de Éfeso, tomando en consideración los problemas teológicos únicos que plagaban la iglesia del Nuevo Testamento, descubriremos que Pablo cita el relato de la creación no para añadir culpa a Eva sino para refutar una rara enseñanza que estaba circulando en ese momento en Asia Menor.

En el siglo primero, los herejes gnósticos estaban mezclando el cristianismo con el paganismo en una cultura que adoraba la deidad femenina conocida como Artemisa. Con frecuencia, los gnósticos tergiversaban las historia bíblicas para distorsionar su significado. Una de sus leyendas establece que realmente Eva liberó al mundo al desobedecer a Dios. Los herejes gnósticos (que tenían tanto a hombres como mujeres en sus filas) creían que Eva era la «iluminadora», y enseñaban que trajo liberación espiritual a la creación al escuchar a la serpiente. Estos cultistas aun creían que luego de que Eva fuera «iluminada» al comer la fruta prohibida, se convirtió en la madre de Adán en lugar de su esposa, y enseñaron que debía verse como la progenitora de toda la humanidad. ¡Esta era una seria herejía que retaba la cimiente misma del primer cristianismo!

Los gnósticos, quienes tienen sus orígenes en el misticismo judío, tenían una tradición de distorcionar el Antiguo Testamento. Mezclaban la mitología con las Escrituras, y en el proceso inventaron una religión completamente nueva basada en el *gnosis* «secreto» o conocimiento. No solo convirtieron a Eva en una figura salvadora, sino que también enseñaban que Caín era un héroe y Moisés un mentiroso. También creían que el Dios del Antiguo Testamento era perverso y ¡que debía adorarse a la serpiente! Es por esto que los gnósticos reverencian a las serpientes e incorporaron la adoración de estos animales a sus muchas ceremonias místicas.

Fue este raro tipo de herejía el que Pablo mandó a Timoteo a combartir vigorosamente en la iglesia de Éfeso cuando dijo: «para que mandases a algunos que no enseñen *diferente doctrina*» (1 Timoteo 1.3). Pablo también advierte en 1 Timoteo 4.1: «en los postreros tiempos algunos apostatarán de la fe, escuchando a *espíritus engañadores y a doctrinas de demonios*» (énfasis añadido). También instruyó a Timoteo a evitar «las fábulas profanas y de viejas» (4.7), indicando que las ancianas en Éfeso estaban involucradas en la difusión de estas herejías gnósticas.

No cabe duda que Pablo estaba preocupado por la amenaza de religiones misteriosas como el gnosticismo, y la evidencia histórica comprueba que estos grupos cúlticos operaban en Éfeso al momento que escribió su carta a Timoteo. Pablo debió haber estado extremadamente preocupado por las enseñanzas de los sacerdotes gnósticos que se infiltraban en la iglesia y tentaban a los recién convertidos a visitar los templos paganos. Su referencia a las «viejas» podría estar realmente apuntando a las sacerdotisas que adoraban a la diosa «Eva».

Existe evidencia histórica extensa que prueba que al momento en que Pablo escribe su primera epístola a Timoteo, un culto blasfemo había avanzado dentro y cerca de Éfeso que enseñaba que Eva era realmente la «Gran Madre», una encarnación de la diosa. También asociaban a Adán con Atis, el amante de la diosa, y decía que este había recibido de ella el regalo de la vida. En adición, los gnósticos que adoraban a Eva también reverenciaban la serpiente, y creían que ella y la serpiente compartían una unión mística.[24]

¿Cómo iba a responder Pablo al descubrir que esta rara forma de blasfemia se enseñaba a algunos recién convertidos en Éfeso? Si se toleraba este tipo de doctrina, podía destruirse la obra que había establecido en Asia Menor. Tenía que condenarla. Por lo tanto, expuso el relato de la creación de una forma muy clara en 1 Timoteo 2.13-14:

(1) *«Porque Adán fue formado primero».* En otras palabras, Eva no fue creada primero, y no era la «diosa madre». La idea gnóstica de que ella parió a Adán es un mito.

(2) *«Y Adán no fue engañado».* Algunos gnósticos creían que Adán era el «chico malo» de la historia porque al principio no quería acompañar a Eva cuando esta escuchó a la serpiente. Pero Pablo disipó esa idea.

(3) *«Sino que la mujer, siendo engañada, incurrió en transgresión».* Aquí Pablo dejó claro que Eva no fue «iluminada» al escuchar a Satanás, sino que tomó una decisión pecaminosa.

Es muy probable que las mujeres estuvieran involucradas en la propagación de estas peligrosas doctrinas en Éfeso, una ciudad domindada por el culto de adoración a la diosa. Este culto promovía la prostitución como rito, y sus seguidores creían que las revelaciones espirituales podían recibirse a través de la actividad sexual. Posiblemente, algunas de las mujeres participantes de este culto ahora estuvieran visitando la joven iglesia cristiana de Éfeso, y exigiendo enseñar sus creencias donde no le correspondía.

¿Cómo podemos aplicar 1 Timoteo 2.13-14 hoy día, cuando no estamos combatiendo el gnosticismo del primer siglo? Cuando vemos el pasaje en contexto, los comentarios de Pablo sobre el engaño de Eva son una clara advertencia de que no podemos permitir que se tergiverse el mensaje del Evangelio. No podemos hacer concesiones con la Palabra de Dios para que se acomode a nuestra cultura. No podemos añadir ni quitar palabras a la Biblia. No podemos mezclar el Evangelio con creencias de cultos. No podemos mezclar la luz con las tinieblas. Debemos prestar atención a las palabras del apóstol Juan, quien advirtió a los santos del primer siglo: «Hijitos, guardaos de los ídolos». (1 Juan 5.21)

Pero no debemos malinterpretar la palabras de Pablo a Timoteo para crear una doctrina que diga que la mujer es la fuente de todo engaño. Este no es el mensaje de este pasaje. Despúes de todo, muchos de los que estaban propagando el gnosticismo en la iglesia de Éfeso ¡eran hombres!

En 1 Timoteo 1.19-20, Pablo menciona dos falsos maestros, Himeneo y Alejandro, cuyas doctrinas blasfemas le causaron «el naufragio de su fe». Himeneo se menciona otra vez en la segunda carta de Pablo a Timoteo, junto a otro falso maestro llamado Fileto. Resaltando que las doctrinas de estos se difundían «como gangrena» en la iglesia (véase 2 Timoteo 2.17), Pablo dice que estos hombres habían causado un revuelo al enseñar que la resurrección final ya había ocurrido. Y en 2 Timoteo 4.14-15 se describe otra vez a Alejandro como un hombre peligroso que «se oponía de gran manera» a las enseñanzas de Pablo.

Pablo menciona otros falsos maestros, sin dar sus nombres, en 2 Timoteo 3 y se refiere a estos como «hombres corruptos de entendimiento» (v.8) y «engañadores» (v.13). Pablo señala en el versículo 6 (NVI) que estos herejes se aprovechaban de las «mujeres débiles» —quizás haciendo referencia a las doctrinas blasfemas que alentaban la inmoralidad sexual—, y los compara con Janes y Jambres (v.8), los sacerdotes egipcios que usaron poder oculto para oponerse a Moisés en la corte del Faraón. Esto es probablemente una referencia al hecho de que los herejes gnósticos del primer siglo tenían acceso a una cierta forma de magia demoníaca que producía milagros falsos para ganar adeptos.

Es interesante notar que Pablo nunca se refiere a una maestra falsa por su nombre. (El apóstol Juan, sin embargo, sí menciona a una en Apocalipsis 2.20). Es muy posible que hubieran algunas mujeres promoviendo doctrinas herejes en Éfeso, pero ciertamente estas no eran la mayor preocupación de Pablo. Aparentemente, el apóstol sintió que hombres como Himeneo, Alejandro y Fileto representaban una mayor amenaza. Lo mismo es cierto hoy día. Aunque es cierto que las mujeres son tan capaces como los hombres de inventar doctrinas extrañas, estas nunca han sido una fuente importante de engaño durante ningún periodo en la historia de la iglesia.

El poder de una mujer que discierne

Algunos cristianos de hoy día creen que el mensaje de Pablo en 1 Timoteo 2 implica que Eva era más culpable que Adán cuando pecó en el Edén. Pero ningún estudioso respetable de la Biblia en la iglesia actual promovería ese enfoque. La Biblia establece claramente que Adán y Eva fueron culpables ante Dios por su desobediencia, y que las consecuencias por su pecado recayeron en ambos por igual.

Necesitamos señalar también que cuando se discute en detalle el concepto del pecado original en la epístola de Pablo a los Romanos, se culpa a Adán y no a Eva. Se nos ha dicho que el pecado entró en el mundo «por la transgresión de uno solo» (véase Romanos 5.19) y «por un hombre» (véase Romanos 5.12). El texto sugiere que mientras Eva fue engañada (y tuvo que asumir la culpa por el engaño), Adán pecó con el conocimiento pleno de su decisión equivocada.

Lo prometedor de esto, sin duda, es que las bendiciones de la redención que compró Jesucristo en la cruz están igualmente disponibles para el hombre y la mujer. Aunque tanto el hombre como la mujer son incapaces de vencer el pecado sin Cristo, ambos pueden recibir perdón y restablecer la relación con Dios cuando confían en el Salvador.

Si la redención está disponible para mujer, ¿por qué continuamos bloqueando el acceso para su completa restauración? ¿Por qué los hombres cristianos desean que la mujer se mantenga bajo los efectos de la maldición en lugar de invitarlas a vivir las bendiciones de una total redención? Si la maldición de Eva provocó que todas las mujeres sean propensas al engaño, esto no quiere decir que las mujeres cristianas tengan que vivir bajo su dominio. Si la maldición del pecado de Eva propició el trato degradante de parte del hombre, entonces el poder del Espíritu Santo debe elevar a la mujer a un nuevo nivel de dignidad y autoridad.

Si bien la mujer heredó la naturaleza pecaminosa de sus antepasados originales, aquellas que experimentan el poder transformador de Cristo pueden superar la tendencia de engañar y ser engañadas. De hecho, el máximo plan de Dios para las mujeres cristianas es que traigan a otros a la verdad. Las mujeres cristianas no se inclinan hacia el engaño; si están llenas del Espíritu Santo y se han sometido al proceso de discipulado, pueden enseñar, predicar y dirigir a otros al entendimiento del Evangelio. Si la unción de Dios las cubre, no tenemos ninguna razón para temer que puedan caer en el engaño solo porque sean mujeres.

En una ocasión tuve un sueño que me ilustró este punto. En mi sueño, caminaba por un largo y oscuro pasillo junto a mi esposa Débora, cuando de pronto entré en una majestuosa habitación cubierta por todos lados con estantes de libros en madera oscura. Los estantes estaban repletos de arriba abajo con libros viejos, y me percaté que la mayoría de estos eran de famosos filósofos y ocultistas seculares. Sentí algún peligro, pero me sentí atraído hacia la anticuada habitación porque los libros parecían invitarme. Pero tan pronto entré, mi esposa me tomó del brazo y me sacó hacia el pasillo.

De repente el sueño terminó y me levanté, y me di cuenta que este era un cuadro perfecto de cómo debe responder la mujer cristiana. Dios le dio a ellas el don de discernimiento y una comprensión intuitiva de las cosas espirituales. Mientras va estrechando su relación con Cristo, estos dones de discernimiento se vuelven más agudos y puede detectar de inmediato el peligro espiritual y reconocer la presencia de cualquier cosa demoníaca en su hogar o ministro. Y si ve a su esposo, sus hijos, sus amigos o aun al pastor en camino hacia problemas espirituales, puede alcanzarlos y de un tirón sacarlos del peligro.

Por supuesto que Eva no tenía este discernimiento. Cuando la serpiente se le acercó, fue engañada por sus sentidos y se dejó llevar por su propia codicia. Pero las mujeres que tienen la presencia de Cristo en sus corazones no tienen que seguir los pasos de Eva. No solo pueden alejarse de las tentaciones de la serpiente, sino que también pueden rescatar a otros de sus patrañas. Esta es la herencia espiritual de todas las mujeres redimidas.

Preguntas para discusión

1. Muchas iglesias hoy día creen que las mujeres no deben enseñar o servir en el ministerio público porque son más fáciles de engañar que los hombres. ¿Alguna vez

le han enseñado esto? Si es así, ¿cómo se siente al respecto?

2. Algunos cristianos enseñan que Eva fue más culpable que Adán cuando ambos pecaron en el jardín del Edén. ¿Cómo respondería ante este planteamiento?

3. Es posible que la iglesia haya matado a cientos de miles de mujeres durante la época medieval luego de que estas fueran falsamente acusadas de brujería. ¿Cómo esta atrocidad podría afectar las actitudes de la mujer hoy día? ¿Conoce a alguna mujer que haya rechazado el cristianismo porque ha encontrado actitudes degradantes hacia las mujeres en la iglesia actual?

4. Lea 1 Timoteo 2.12-14 y explique por qué Pablo hace referencia en este pasaje a la caída de Adán y Eva. En vista de que la iglesia de Éfeso era amenazada por unas extrañas doctrinas gnósticas, ¿por qué Pablo tuvo que explicar que Eva, y no Adán, fue engañada en el jardín del Edén?

5. Describe alguna ocasión en la que Dios le permitió usar discernimiento sobrenatural para detectar un error o peligro espiritual.

«Las mujeres enseñaron en una ocasión, y lo arruinaron todo. Por esto ... no les permitamos enseñar. ...Toda la raza femenina transgredió ... No le permitamos, sin embargo, lamentarse. Dios les ha dado un gran consuelo, esto es, parir».
— JOHN CHRYSOSTOM (ALREDEDOR DEL 400 D.C.), EN *Homilies on Timothy* [HOMILÍAS SOBRE TIMOTEO] [1]

«Mientras la mujer dé a luz y tenga hijos, es diferente al hombre tanto en cuerpo como en alma. Pero si desea servir a Cristo más que al mundo, entonces dejará de ser mujer y será llamada hombre».
—JEROME, UN REVERENCIADO MONGE DEL SIGLO IV EN ROMA [2]

«Las mujeres se avergüenzan de admitir esto, pero las Escrituras y la vida revelan que solo una mujer en miles fue dotada con la actitud dada por Dios de vivir en castidad y virginidad. La mujer no es completamente dueña de sí misma. Dios creó su cuerpo, por lo tanto debe estar con un hombre, tener y criar hijos... Ninguna mujer debe avergonzarse de aquello para lo cual Dios la creó y destinó».
—MARTÍN LUTERO, EN UN CARTA QUE ESCRIBIÓ EN EL 1524 [3]

Mentira #8
La mujer no se sentirá realizada ni será espiritualmente eficaz sin un esposo e hijos.

El futuro de Leilani Corpus era brillante. Estudiaba una concentración en periodismo y ciencias políticas en la Universidad de Hawai en Honolulu, era senadora del consejo de estudiantes y también encontraba tiempo para hacer trabajo voluntario en dos campañas políticas estatales. Era muy franca en relación a su fe, sin embargo su compañeros no cristianos la respetaban por su valentía y obvias destrezas de liderazgo. Todo el mundo sabía que esta joven tenía todo lo necesario para hacer un gran impacto en el mundo.

Luego de su graduación, un grupo de hombres de negocios cristianos se acercaron a Leilani para sugerirle que corriera por una silla de representante estatal. Hawai necesitaba más cristianos evangélicos en el gobierno, y era obvio para estos hombres que una articulada mujer con descendencia polinesia atraería muchos votos. Aun se ofrecieron a financiar completamente su campaña si accedía a mudarse a otro distrito en la isla y establecía allí su residencia.

Leilani oró sobre esta oportunidad y sintió que Dios la estaba llamando para entrar en la arena política. Pero antes de llamar al grupo de hombres de negocios para decir sí, decidió buscar el consejo de la esposa de su pastor quien era una de sus mejores amigas. Entonces le contó toda la historia a la mujer y esperaba que se emocionara. Pero no lo hizo.

La mujer le dijo a Leilani: «A la verdad que te alentaría a desistir de esa idea. Algún día te casarás. Dios tiene el hombre perfecto para ti. Y entonces, ¿cómo se vería eso? Qué incómodo para tu esposo que ustedes se casaran y tu estuvieras en un importante puesto político. Esa no es la forma de Dios. Estás llamada a ser esposa primero. Esa debe ser tu prioridad».

Esto desvastó a Leilani. Ella confiaba en esta mujer como su confidente y madre espiritual. Pero su consejo era totalmente opuesto a lo que estaba sintiendo. Muchas preguntas pasaron por su mente mientras se dirigía esa tarde a su apartamento. *¿Por qué debo dejar esta oportunidad basándome en que puedo casarme pronto? ¡Ni siquiera estoy saliendo con alguien! ¡Ni siquiera sé si me casare de aquí a cinco años! ¿Por qué tengo que ordenar mi vida alrededor de ese nebuloso evento llamado matrimonio?*

Al final, Leilani no pudo descartar el consejo de su mentora. Le dijo a los comerciantes que no podía correr para el puesto, y regresó a su tablero de dibujo para buscar la voluntad de Dios para su vida. Su siguiente idea: quizás debía matricularse en la escuela de leyes.

Otra vez, buscó el consejo de la esposa del pastor. Y una vez más, su reacción fue negativa. En esta ocasión le dijo:

—Leilani, esa es una carrera demasiado activa que demanda que estés mucho tiempo fuera de la casa.

¿Qué harás cuando te cases? ¿Qué pasará si tienes que salir fuera de la ciudad para pelear un caso? Tienes que pensar en tu esposo».

—¡Pero no tengo esposo! —protestó Leilani.

—Lo tendrás. Dios tiene un hombre para ti —dijo la mujer con plena confianza—.Y cuando te cases sabrás que él era el perfecto plan de Dios.

Aparentemente, Leilani supuso, el perfecto plan de Dios era *un hombre*.

A pesar de sus fastidiosas dudas, una vez más Leilani se sometió a los consejos de su amiga. Luchó con sus sentimientos de inutilidad luego de la dura prueba, preguntándose si había algo mal en ella pues no entendía cómo encajar en el molde la «perfecta mujer cristiana» que parecían disfrutar las mujeres más tradicionales. Sencillamente Leilani no encajaba en el estereotipo. Detestaba cocinar y se sentía como un animal enjaulado cuando se quedaba sola en la casa. Prefería socializar con amigos en los restaurantes, invitarlos a ver películas en su apartamento o ayudar a organizar campañas evangelísticas.

Esa noche le gritó sus pensamientos al Señor: *Dios, ¿por qué tengo el deseo de impactar la sociedad cuando mis pastores me dicen que las mujeres no hacen eso? ¿Por qué tengo que poner mi vida en espera hasta que camine al altar?*

Afortunadamente, Leilani no enterró sus sueños. Admite que puso su vida en compás de espera por unos años, pero cuando el Sr. Perfecto no llegó, aceptó un trabajo de periodista y se convirtió en una exitosa escritora independiente. Casi diez años después de su crítica conversación con la esposa del pastor Leilani se casó con Jerome, un compasivo hombre que apoyó completamente su deseo de trabajar fuera de la casa como directora de relaciones públicas para una iglesia en proceso de crecimiento en Missouri. Hoy día,

Leilani se está entrenando para entrar al ministerio pastoral, y tiene una preocupación especial por la mujeres solteras a quienes la iglesia ha puesto en un estante.

El mito de la mujer «incompleta»

El consejo que recibió Leilani a mitad de la década de los ochenta es típico de lo que muchos cristianos imponen hoy día a las mujeres solteras. En las iglesias conservadoras, se les dice a las mujeres que el matrimonio y la maternidad son los «roles dados por Dios» para ellas. Mientras que se exhorta a los hombres a transformar la sociedad a través de un ministerio a tiempo completo o por su testimonio cristiano en el trabajo, se espera que la mujer convierta el hogar en su principal círculo de influencia. Poco importa si aun la realidad económica las obliga a trabajar fuera o si sienten un llamado espiritual para trabajar en una profesión secular en la que puedan destacarse. A las solteras se les dice que la vida comienza en el altar de casamiento. Todo lo que viven hasta ese momento es sencillamente una preparación para «el gran día».

En muchas ocasiones, las mujeres cristianas que tienen éxito en los negocios o en cualquier otra rama profesional no se sienten bienvenidas en la iglesia. Es como si fueran una influencia malsana para las mujeres que tienen inclinaciones domésticas más «puras». Mientras tanto, a los hombres —casados o solteros— se les anima a descatarse en sus negocios, y nunca nadie les dice que su principal rol en la vida es ser esposos o padres aun cuando muchos de ellos son llamados a ambas cosas.

Lynn Scarborough es dueña de una firma de consultoría a los medios de comunicación en Dallas y ha entrenado a varios presentadores de noticias en las más importantes cadenas televisivas de los Estados Unidos. Las compañías de comunicaciones buscan su consejo y ha entrenado a altos ejecutivos sobre cómo mejorar sus destrezas de comunicación. Pero su iglesia conservadora no sabe qué hacer con ella. Igual que Leilani Corpus, Lynn no encaja en el molde.

Lynn me comentó: «Se me permite llevar a alguien en mi automóvil, proveer comida y contribuir con dinero a la iglesia». No está amargada por la forma en que la han tratado, pero ha sido doloroso el percatarse que existe en la iglesia un prejuicio cultural hacia la mujer soltera.

Lynn lo llama un prejuicio oculto que se manifiesta regularmente. Una vez, un hombre en la iglesia se ofreció a patrocinar un seminario para hombres que quisieran mejorar sus destrezas para los negocios. Lynn lo retó al preguntarle porqué excluía a las mujeres de la reunión ya que cada año más mujeres que hombres están comenzando nuevos negocios en los Estados Unidos. Lynn comentó: «Me miró como si nunca hubiera pensado en una mujer al frente de un negocio».

En otra ocasión, un pastor de jóvenes hizo un llamado para reclutar voluntarios que guiaran los autobuses para un servicio especial de asistencia pública para jóvenes de la comunidad. Pero solo pidió ayuda a los hombres de la congregación. Cuando Lynn cuestionó su sexismo, preguntándole porqué las mujeres no podían guiar las guaguas también, él le contestó que los niños menos privilegiados del vecindario necesitaban figuras paternales.

Lynn se sentía como una inepta espiritual. Me dijo: «Estoy cualificada para ser la madre espiritual de niños sedientos de amor. Sin embargo, me dijeron que no estaba cualificada, así que ni siquiera te preocupes. También me dijeron que no podía dirigir un grupo de compañerismo en mi casa porque soy soltera. La mayoría de las iglesias sencillamente no saben cómo ministrarle a una joven profesional soltera como yo o cómo usar nuestros dones espirituales».

En la iglesia de hoy, hay mujeres como Lynn por dondequiera. Son discípulas de Jesús comprometidas, pero los líderes les han dicho que la mejor manera de servir a Dios es casándose, haciendo feliz a sus maridos y trayendo muchos hijos al mundo. Ese es el «más alto deber» de Dios para las mujeres, o por lo menos eso se les dice. La mujer encontrará su destino en su compañero. Estará incompleta para siempre sin él.

Pero, ¿acaso la Biblia dice que todas las mujeres deben casarse? Y si lo está, ¿debe poner toda su vida en espera hasta tirarle en las manos el ramo nupcial a otra novia en prospecto? ¿Por qué debemos alentar a las soltera a gastar los años más productivos de sus vidas esperando por un romance, cuando sus talentos especiales podrían usarse para el propósito divino?

Ningún versículo de la Biblia dice que el máximo propósito de Dios para la mujer es encontrar pareja y reproducirse. Por el contrario, las Escrituras dicen que nuestras vidas solo pueden completarse con una cosa: teniendo una constante y sincera relación con Cristo. Esto aplica tanto a hombres como a mujeres; todos nosotros somos llamados a conocerle. Este es nuestro máximo destino. Jesús lo dijo llanamente:

> Y esta es la vida eterna: *que te conozcan a ti*, el único Dios verdadero, y a Jesucristo, a quien has enviado.
> —JUAN 17.3 (ÉNFASIS AÑADIDO)

Dios nunca tuvo la intención de que una mujer derivara su valor de un hombre o que fundamentara sus méritos en tener hijos. Ni el matrimonio ni la maternidad validan la personalidad, el carácter o la espiritualidad de una mujer. *La identidad de la mujer cristiana debe ser hallada solo en Cristo.* Él la completa, sea que tenga un esposo y doce hijos o se quede soltera toda la vida. Cristo es su vida; está comprometida con Él. Colocar al esposo, los hijos o cualquier otra relación humana por encima de Cristo será idolatría (véase Lucas 14.26).

Por supuesto que el matrimonio es ordenado por Dios, y que debe ser una maravillosa bendición que incluye el romance, la intimidad sexual y la expresión más profunda del amor humano. Por supuesto que Dios quiere que los maridos amen a sus esposas; por supuesto que quiere que las esposas amen a sus esposos; por supuesto que quiere hijos que crezcan en la corriente de ese amor. Pero para muchas personas este ideal de la familia cristiana nunca se materializará.

Cuando nos convertimos en sus discípulos, Jesús no nos promete que nuestras vidas tendrán un final romántico y de cuento de hadas. Nunca le promete a ningún hombre que encontrará una esposa que se responda a los irrazonables estándares de belleza y sensualidad de la sociedad. De la misma manera, tampoco le prometió a ninguna mujer que el príncipe encantador caerá a sus pies algún día. Jesús nos llama a una obediencia radical. Nos invita a «perder nuestras vidas» (Juan 12.25) y a morir a nuestros propios deseos, incluyendo el deseo de una compañía íntima.

Este es el mensaje que debemos darle a las solteras cristianas de hoy. En lugar de tentarlas a servir a los falsos ídolos de la realización, debemos retarlas a entregar a Dios todos los aspectos de sus futuros. Él nos exige dejar en su altar todas nuestras fantasías de romanticismo carnal. Es mucho mejor encontrar nuestra completa satisfacción en Él que vender nuestras almas al mundo. Él quiere que esperemos por Isaac en lugar de transar por un Ismael.

El llanto de corazón de toda mujer soltera cristiana debe ser: «Señor, estoy dispuesta a servirte de cualquier forma. Sin importar que me case este año o me quede soltera por el resto de mi vida, encontraré mi contentamiento en ti». Esta es la actitud de entrega que Dios está buscando en cada corazón.

Casada con Cristo

Por siglos, Dios ha usado a mujeres solteras con esta rara actitud de entrega total. Por supuesto que ellas quisieron casarse, pero el hombre apropiado nunca llegó. Probablemente estas mujeres se sintieron muy solas y quizás sintieron la carga del doloroso estigma de estar solteras. Pero en medio de su angustia Dios se convirtió en el amante de sus almas, y continuaron más allá de su dolor y exploraron un mundo de realización espiritual que está reservado solo para quienes le buscan con total abandono.

Teresa de Ávila, una monja española del siglo XVI, escribió volúmenes sobre su relación amorosa con Cristo, y hoy miles han alcanzado una relación de intimidad más profunda con Dios a través de la lectura de sus oraciones contemplativas. Su mensaje, agudizado por una devoción única, se resume en el verso de uno de sus poemas: «Quienquiera que posea a Dios no le falta nada; Dios solo es suficiente». [4]

Debemos estar llamando a cristianos —hombres y mujeres— a dejar a un lado los deseos y ambiciones carnales y obedecer la voluntad de Dios sin importar el costo. Qué ridículo es esperar este nivel de compromiso en los hombres y luego decirle a las mujeres que deben enfocar su energía espiritual en encontrar a un marido. Las mujeres tienen también el llamado a ser amantes de Dios. ¿Por qué esperar menos de ellas?

También debemos dejar de poner el pesado yugo sobre las mujeres solteras y divorciadas en la iglesia al sugerir que no están completas sin un hombre en sus vidas, o sugiriendo que de alguna manera un hombre da validez a sus ministerios. El matrimonio no cualifica a nadie para servir en la iglesia. Los pastores no tienen que estar casados. Sabemos esto porque la Biblia no establece claramente si algunos líderes claves, como Pablo o Timoteo, estaban o no casados.

Desde el momento en que fue liberada del campo de concentración nazi en el 1944 hasta que murió en el 1983, Corrie Ten Boom le habló al mundo de un Salvador que podía perdonar al más cruel de los nazis. Su testimonio de perdón, relatado en el libro *The Hiding Place* [El escondite], se convirtió en un éxito de librería y en una aclamada película de cine. La historia le abrió las puertas para ir a hablar en sesenta países. Antes de morir, a la edad de noventa y un años, tuvo la oportunidad de establecer varios centros de rehabilitación para víctimas del Holocausto. No obstante, esta evangelista de dulce hablar nunca se casó. ¿El hecho de que nunca tuvo un esposo la hace menos «completa»? ¡No! Corrie encontró su realización en Cristo solamente.

Las mujeres solteras han revolucionado naciones para el Evangelio desde que la iglesia comenzó. Una de las más antiguas que conocemos es Macrina, una monja del siglo IV que decidió dedicar su vida al servicio de Dios cuando su prometido murió. Construyó uno de los primeros monasterios para mujeres (en lo que hoy se conoce como Turquía), y estableció un rústico hospital. [5]

La profetisa alemana Hildegarda (1098-1179) rompió con las tradiciones medievales de su tiempo al ejercer como portavoz de Dios a los líderes europeos, tanto en el gobierno como en la iglesia. Reclamó haber tenido numerosas visiones de Cristo, y registró mensajes de él en su libro más famoso, *Know the Ways of the Lord* [Conozca los caminos del Señor]. También escribió setenta populares himnos de adoración y es la autora de la primera obra de moralidad que se conoce. A los sesenta años comenzó un itinerante ministerio de predicación, viajando a caballo tan lejos como a Francia. No permitió que su soltería le impidiera cumplir con su destino espiritual.[6]

Catalina de Siena (1347-1380) fue una valiente profetisa que se enfrentó al orgullo y la avaricia entre el clero muchos años antes de que Martín Lutero llamara a una reforma en la Iglesia Católica Romana. Predicó abiertamente, en ocasiones ante grupos de más de mil personas, en medio de una sociedad que desaprobaba que una mujer diera cualquier discurso público. En sus escritos, dice que Dios le aseguró que Él la había llamado a predicar. Le dijo: «¿Acaso no soy el Dios que creó la humanidad y formó al hombre y la mujer? Derramo el favor de mi Espíritu sobre quien yo quiera. Vé sin miedo, a pesar del reproche. ...Tengo una misión que debes cumplir».[7]

Luego de que su prometido la dejara plantada, Hannah More (1745-1833) se mudó a Londres y se unió a una comunidad anglicana que estaba activa en la reforma social. Profundamente influenciada por el famoso abolicionista William Wilberforce, More comenzó a preocuparse por el bienestar de los mineros pobres y sus familias. Su creciente compasión la llevó a establecer una red de Escuelas Dominicales que eventualmente alcanzó a veinte mil niños en Inglaterra. Ella no permitió que el fracaso de un romance la atrapara en un pozo de depresión egoísta; en lugar de esto permitió que Dios la llevara a una entrega desinteresada.[8]

Lottie Moon (1840-1915) rompió su compromiso con un adinerado hombre de Virginia porque sabía que él no compartía sus convicciones cristianas. En lugar de casarse, entregó su vida al trabajo misionero en China, donde sirvió a la Convención Bautista del Sur hasta que murió. Aunque en la actualidad se le reconoce por su habilidad para recaudar fondos, sus escritos revelan que fue una mujer que nació antes de tiempo. A Moon le incomodaba el sexismo que veía en el ministerio, y criticó a sus superiores varones por pensar que las misioneras debían limitar su trabajo a la enseñanza de niños.[9]

Algunas personas le dijeron a María Slessor (1848-1915) que no tenía nada que hacer como misionera en África. Pero esta pelirroja escocesa desafió la enfermedad y el peligro para plantar iglesias entre las tribus caníbales de la región de Calibar, en lo que es hoy Nigeria. En varias ocasiones María arriesgó su vida al retar las costumbres caníbales, que incluían golpear, y aun matar, a mujeres que cometían ofensas triviales. Inspirada por el misionero David Livingstone, María fue una de las muchas mujeres europeas del siglo XIX que se aventuró a naciones inalcanzables para plantar prósperas iglesias.[10]

Enriqueta Mears (1890-1963) se enamoró de un nocreyente pero terminó la relación por obediencia al Señor y luego se unió a la Primera Iglesia Presbiteriana en Hollywood, California, donde se convirtió en directora de educación cristiana. La Escuela Dominical aumentó de 450 a 4,000 en menos de tres años y desarrolló vívidas lecciones que más tarde publicó al fundar *Gospel Light*, una de las más respetadas casas publicadoras de literatura de Escuela Dominical en la actualidad. Es mayormente conocida por ser la mentora de tres jóvenes que luego segaron grandes cosechas espirituales: Bill Bright, fundador de Campus Crusades para Cristo; Richard Halverson, un pastor que luego se convirtió en capellán del Senado de los Estados Unidos; y el evangelista Billy Graham.[11]

Los millones de personas que han encontrado a Cristo a través del impacto de un programa televisivo de Billy Graham, o por el alcance de La cruzada estudiantil en la universidad, le deben mucho a un mujer soltera llamada Enriqueta Mears. Su cultura le dijo que necesitaba un hombre —cualquier hombre— para sentirse realizada. Pero ella rechazó esa mentira y escogió encontrar su realización en Cristo. Se lanzó a los propósitos de Dios para su generación y es muy probable que su obediencia haya producido más frutos espirituales que cualquier otro ministro cristiano del siglo XX.

La maldición de Eva

A través de la historia se le ha dicho a la mujer que Dios las creó con el único propósito de casarse y tener hijos. Algunos respetados padres de la iglesia, incluyendo a Martín Lutero y John Knox, creían que las mujeres no tenían uso en el Reino de Dios a menos que tuvieran hijos, pues la procreación era su única misión en la vida.

Esta reducida perspectiva de la mujer como máquinas de hacer bebés no es bíblica, pero se asemeja a las enseñanzas de los mormones, cuyas primeras doctrinas incluían la idea de que el hombre mormón debía tener tanto hijos como fuera posible para alcanzar una mayor gloria en el cielo. (Es por esto que los mormones practicaron la poligamia hasta el 1890. Todavía enseñan que la mujer no puede ser salva hasta que su esposo la «llame» al cielo.)[12]

La habilidad de tener hijos no representa el único llamado de la mujer en la vida, y Dios tampoco tuvo la intención de que se definiera por su capacidad reproductiva. Las mujeres no son vientres. No obstante, desde la caída del hombre en el jardín del Edén, se le ha quitado a la mujer su llamado a gobernar con Adán, y como resultado se ve con frecuencia como un objeto sexual, una sirvienta o para tener hijos. Luego de que

Adán y Eva pecaron, Dios le dijo a la mujer que su habilidad de reproducción se convertiría en una carga
dolorosa de llevar en lugar de una bendición. Él dijo
en Génesis 3.16:

> Multiplicaré en gran manera los dolores en
> tus preñeces; con dolor darás a luz los hijos; y
> tu deseo será para tu marido, y él se en-
> señoreará de ti.

Esta referencia a «dolor en tus preñeces» va más allá
de la angustia del parto. Este pasaje alude a las pruebas
que acompañarían de por vida a la mujer luego de la
caída. Dios estaba diciendo que debido al pecado, el
dolor dominaría la vida de las mujeres.

Su femineidad sería lastimada de muchas maneras.
Ser mujer se convertiría en una carga. Podrían ser mo-
lestadas o violadas. Podrían ser vendidas para la
prostitución, como muchas jóvenes tailandesas en la
actualidad. Sus genitales podrían ser mutilados, una
práctica barbárica que se impone hoy día a cientos de
miles de niñas en África. Podrían sufrir por la violencia
doméstica. Sus esposos podrían llegar a matarlas por
haberlos «deshonrado», como lo hacen los hombres
musulmanes en los países del Oriente Medio.

El «dolor en tus preñeces» resultaría en una tragedia y
dolor increíbles. Muchas mujeres concebirían para luego
perder a sus bebés como consecuencia del aborto.
Tendrían hijos, para luego verlos morir prematuramente
por alguna enfermedad infantil. Tendrían niñitas para
luego ver con horror cómo la sociedad las mata por
considerar que los varones tienen mayor valor (como es
común hoy día en partes de India). Y como muchas mujeres en los Estados Unidos y Latinoamérica, verían a sus
hijos crecer para luego convertirse en adictos a las drogas o criminales.

Y lo peor de todo, matarían a sus propios hijos a

través del aborto. Las repercusiones de muerte causadas por el aborto en el siglo XX (más de 1.3 billones de bebés sin nacer han sido asesinados desde el 1973 al presente) son una clara evidencia del pago inimaginable por el pecado original.

¡Esta fue la maldición de Eva!

Como resultado del pecado, la mujer no sería estimada como un compañera igual al hombre, sino como un ser inferior. El esposo esperaría de ella que lo sirviera y se sometiera a todos sus antojos. No sería definida por su carácter, o por su valor ante los ojos de Dios sino por su belleza física. El hombre la vería como su objeto sexual y no como una hija de Dios. Se le despojaría de su dignidad, se le negarían oportunidades y sería despreciada, ignorada, maltratada, acusada y hostigada.

Esta ha sido la suerte de la mujer desde el Edén. En la antigua Grecia, los filósofos incluyendo a Platón y Aristóteles enseñaban que la mujer era un especie animal más baja. Platón creía que la mujer era una deformación de la perfección del hombre, y que los hombres que no vivieran vidas justas reencarnarían como mujeres.[13]

Aristóteles tenía unas perspectivas muy extrañas sobre la reproducción sexual. Debido a que el hombre produce semen y la mujer no, Aristóteles concluyó que el hombre tenía una cualidad semejante a Dios para crear vida mientras que la «defectuosa» mujer solo podía proveer la «materia» necesaria para que creciera la vida humana.[14] En otras palabras, el hombre provee la preciosa semilla; y la mujer nada más que el terreno fértil. El hombre crea la vida; la mujer sencillamente aporta el lugar para que ese milagro de vida se desarrolle. El hombre es un dios con poder creador; la mujer es solo una incubadora. Hoy día, ya se entiende que la reproducción requiere las células tanto del hombre como de la mujer.

Debido a que en los tiempos antiguos se consideraba a la mujer una propiedad del hombre, el vientre de
la mujer era parte de su dominio. Si él quería quince
hijos, esa era su prerrogativa. La esposa no tenía nada
que decir al respecto. El dar a luz era la razón misma
de su existencia. Si moría en el parto, el esposo podría
encontrar otro vientre para impregnar. El parir era su
destino y si tenía hijas era el destino de estas también.

¡Pero Jesucristo cambió todo esto! Nunca tuvo la intención de que la mujer continuara bajo esta horrible
maldición. Él pago todo el precio por el pecado. La
mujer ya no tenía que llevar la culpa de Adán y Eva.

Cuando las mujeres son libres en Cristo, se restaura
la posición de igualdad y dignidad que le perteneció a
Eva antes de la caída. Pueden caminar en esta tierra en
el favor y las bendiciones de Dios. Pueden ejercer la
autoridad de Cristo. Dejan de ser esclavas del pecado.
Ya no son blanco de la maldición del maltrato y del
abuso por parte de los hombres pecaminosos. Las mujeres redimidas reciben la gracia para funcionar como
iguales, con esposos amorosos que las amen como
Cristo ama a la Iglesia.

Y en Cristo, las mujeres no son máquinas produc-
toras de bebés. No se definen por la biología. Aunque
pueden casarse y tener hijos, su propósito y destino no
se limita al plano natural. Son elevadas, con todos los
santos, a un lugar de comunión con Cristo en un plano
espiritual; un lugar dónde no puede encontrarse la
maldición del pecado.

El triunfo de la encarnación

En las iglesias conservadoras de los Estados Unidos,
algunos cristianos han tergiversado un confuso pasaje
del Nuevo Testamento para sugerir que las mujeres
tienen que tener hijos para poder ser salvas o ser espiritualmente eficaces. Esta es una idea absurda, por

supuesto, ya que contradice el mensaje bíblico de la gracia gratuita en Cristo. Sin embargo, es importante que lo examinemos:

> Porque Adán fue formado primero, después Eva; y Adán no fue engañado, sino que la mujer, siendo engañada, incurrió en transgresión. *Pero se salvará engendrando hijos, si permaneciere en fe, amor y santificación, con modestia.*
> — 1 TIMOTEO 2.13-15 (ÉNFASIS AÑADIDO)

Ciertamente Pablo no estaba dando una garantía de que las mujeres cristiana nunca morirían en el parto. Y por supuesto, sabemos que Pablo no estaba implicando que las mujeres tenían que tener hijos para que Cristo las aceptara. ¿Dónde hubiesen quedado las solteras y las estériles? Pablo dedicó gran parte de sus escritos en el Nuevo Testamento a refutar la idea de que se podía obtener la salvación a través de las obras. Proclamó con denuedo a los legalistas judíos que solo la fe en la expiación de Cristo trae una conversión verdadera. Entonces, ¿qué quiere decir este pasaje?

Los expertos en la Biblia no están de acuerdo sobre este pasaje, y muchos confiesan que no entienden sus complejidades. Richard and Catherine Clark Kroeger sugieren que fue escrito como una oposición a la herejía gnóstica, popular en Éfeso en el primer siglo, que instruía a la mujer a negar su femineidad para alcanzar la salvación. Por lo que Pablo, para contradecir a los falsos maestros, puede estar reafirmando que la mujer no tiene la necesidad de cambiar su identidad sexual o renunciar a su habilidad de tener hijos para conocer a Cristo.[15]

Sin embargo, hay otra posibilidad de traducción para 1 Timoteo 2.15 que hace más sentido. Algunos expertos creen que los textos griegos señalan hacia la venida del Mesías a través de la virgen María. El versículo podría traducirse: «Pero se salvará por dar a luz *al Hijo*...» Otra posibilidad sería: « Pero se salvará por (o a través de) *la maternidad*...» Esta interpretación fue la perspectiva de la misionera y expositora de la Biblia, Katherine Bushnell. En su libro, *God's Word to Women* [Palabra de Dios para la mujer] (1923), establece claramente que lo que Pablo estaba diciendo a Timoteo era:

Las mujeres no se salvarán de morir en el parto, ni son espiritualmente salvas por el proceso animal de dar a luz a sus hijos. Las mujeres son salvas de sus pecados y pueden alcanzar el cielo, precisamente en los mismos términos que los hombres, y sin ningún otro término adicional; porque Dios no hace acepción de personas. Pablo dice aquí, traducido literalmente del griego: «Ella [la mujer] se salvará por la maternidad». Esto es, por el nacimiento en el mundo del Redentor.[16]

En otras palabras, aunque la mujer cayó bajo la maldición de la degradación como resultado del pecado en el jardín del Edén, el Mesías prometido —el Cristo niño— vino a revertir esa maldición y traer a la mujer a un lugar de redención y transformación. La milagrosa encarnación de Cristo, que ocurrió a través de la fe de una joven soltera judía llamada María, liberará por siempre a la mujer de la carga del pecado de Eva.

De hecho, Dios proclamó el milagro de la encarnación de Cristo en el Edén luego de la caída de Adán y Eva. El Señor le dijo a la serpiente:

> Y pondré enemistad entre ti y la mujer, y entre tu simiente y la simiente suya; ésta te herirá en la cabeza, y tú le herirás en el calcañar.
>
> —GÉNESIS 3.15

Esta primera profecía bíblica habla del día cuando *la simiente de la mujer* —Jesucristo, nacido como encarnación de Dios a través de una virgen— derrotará a la serpiente por siempre y traerá restauración al Reino de Dios en la tierra. Mientras una mujer, Eva, fue la primera tentada a escuchar la voz de Satanás; Dios prometió que otra mujer, María, concebiría milagrosamente al «Santo Ser» cuando fuera cubierta por «el poder del Altísimo» (véase Lucas 1.35).

Eva escuchó a la serpiente y se convirtió en esclava. María, al acercársele el ángel, creyó la Palabra de Dios y dio a luz al Libertador, quien al final lanzará a la serpiente al fondo del abismo para siempre. Este Mesías sin pecado, aunque nación de una mujer, no estaba manchado por el pecado de Adán y Eva. Y por esta razón fue capaz de saquear el infierno y asegurar la vida eterna a todos los que creen en Él.

Gracias a la encarnación, la mujer fue liberada del dolor del pecado que la marcó por siglos. Ahora que están en un lugar de dignidad en Cristo, son llamadas, como María, a dar vida, no solo a través de la maternidad natural sino por los frutos del espíritu. Las mujeres que han restaurado su relación con Dios y están llenas de su Espíritu pueden también pisotear la cabeza del enemigo.

Casadas o solteras, con hijos o sin ellos, las mujeres son llamadas ante su presencia donde pueden ser cubiertas por el poder de Dios, tal como fue María. Como compañeras del Señor, pueden también desatar una poderosa liberación. Pueden ganar al perdido, sanar al enfermo y echar fuera demonios. Pueden alcanzar vecindarios o impactar naciones enteras. Pueden servir como pastoras, maestras, evangelistas, profetas, apóstoles y misioneras. Liberadas del legado de esclavitud de Eva, son libres para encontrar su identidad en Aquel que canceló la maldición para siempre.

Preguntas para discusión

1. Discuta cómo la mujer soltera ha sido tratada en su iglesia. ¿Por qué algunos cristianos consideran que las solteras deben hacer del matrimonio su prioridad en lugar de aspirar a una carrera profesional?

2. ¿Por qué es tan importante para la mujer soltera cristiana entregar todos sus deseos relacionados al romance y al matrimonio? ¿Cómo una persona exhibe esta actitud de entrega?

3. Haga una lista de los efectos que la maldición del pecado —mencionados en Génesis 3.16— ha tenido sobre la mujer alrededor del mundo. ¿Cómo la venida de Cristo revertió esta maldición?

4. Discuta las posibles interpretaciones de 1 Timoteo 2.15. ¿Por qué es contrario al corazón del Evangelio sugerir que la mujer tiene que tener hijos para ser salva?

«*Los hombres tienen hombros anchos y caderas estrechas, y conforme a esto poseen inteligencia. Las mujeres tienen hombros estrechos y cadera anchas. Las mujeres deben quedarse en la casa; la manera en que fueron creadas indica esto, porque tienen caderas anchas y un fundamento amplio sobre el cual sentarse, mantengan la casa y paran y críen niños*».

—MARTÍN LUTERO[1]

«*Manténganse en sus casas y pórticos a menos que tengan algo importante que ajustar, tal como hacer compras, asistir en necesidades temporeras, escuchar la Palabra de Dios o recibir los santos sacramentos, etc. Atiende fielmente a tu cargo, tus hijos, casa y familia...*»

—UN MENSAJE A LAS MUJERES DEL LÍDER ANABAUTISTA MENNO SIMMONS (1496-1561) EN *The True Christian Faith* [LA VERDADERA FE CRISTIANA][2]

«*Tantas mujeres estarán tan ocupadas votando y en puestos políticos que el hogar y los hijos no les serán atractivos, y las madres americanas e hijos, como la caridad cristiana, serán una rareza*».

The Lutheran Witness EN UN EDITORIAL DEL 1894 EN OPOSICIÓN AL SUFRAGIO FEMENINO[3]

Mentira #9
La mujer no debe trabajar fuera de la casa.

En el pequeño pueblo de Berryville, al noroeste de Arkansas, los miembros de la junta directiva de la Primera Iglesia Bautista votaron en febrero del 1997 a favor de cerrar el centro de cuidado diurno administrado por la iglesia. No tomaron la abrupta decisión porque el centro fuera muy costoso de operar o porque no tuvieran suficientes niños matriculados. La razón oficial, según lo establece una carta enviada a los padres, fue que los líderes de la iglesia sintieron que el centro estaba alentando a las mujeres a trabajar fuera de la casa.

La carta de la Primera Iglesia decía: «Dios tuvo la intención de que el hogar fuera el centro del mundo de la madre». Luego añadía que las madres trabajadoras «descuidan a sus hijos, afectan sus matrimonios y dan un mal ejemplo». La junta directiva del centro, bajo la dirección del pastor, señalaron también en su carta que las familias debían aprender a vivir con solo el salario del esposo, y que esto quizás implicaría no tener «televisores grandes, un microondas, ropa nueva, comer fuera o unas buenas vacaciones». (Uno se pregunta si los hombres que votaron en relación a esta política alguna vez comieron en restaurantes, compraron una chaqueta nueva o usaron hornos microondas).

El centro de ciudado diurno cerró un mes más tarde mientras que los padres luchaban por conseguir un lugar donde dejar a estos veintisiete niños. De hecho, los oficiales estatales de Arkansas tuvieron que intervenir; la situación se alivió al encontrar otra iglesia en el pueblo que estuvo dispuesta a organizar un programa de ciudado diurno.

La decisión de la Primera Iglesia Bautista no fue bien recibida por toda la comunidad. Una mujer, cuya hija estaba matriculada en el centro de ciudado diurno, le dijo a Prensa Asociada que sentía que la iglesia quería que todo el mundo en Berryville pretendiera que vivían en los años cincuenta. La mujer comentó: «No conozco a mucha gente que pueda sobrevivir con un solo salario, especialmente si es el salario mínimo. Esto es sencillamente algo que no debería ocurrir en esta década». [4]

¿Qué ganó esta iglesia al decirle a las mujeres que debían prescindir de vacaciones y quedarse en la casa con sus hijos para agradar a Dios? Quizás algunas esposas cuyos maridos tenían trabajo consideraron quedarse en la casa como una alternativa viable. Es muy posible que las madres solteras se rieran con incredulidad o lloraran en desesperación al recibir la carta. Quedarse en la casa todo el día para cocinar, limpiar y lavar ropa no era una opción para ellas. Tenían bocas que alimentar y la iglesia no estaba ofreciendo enviarles un cheque de salario todas las semanas. La única cosa que la iglesia le ofreció a estas mujeres fue una dosis adicional de castigo al decirles que estaban descuidando a sus hijos por salir a trabajar.

Entonces, ¿alguien se pregunta porqué tanta gente —en especial cada vez más mujeres— rechazan la iglesia? Decirle que vive en pecado a una mujer que se esfuerza por su carrera profesional ¿será una estrategia razonable para evangelizar la mujer trabajadora del nuevo milenio? No me parece.

Los líderes de la Primera Iglesia Bautista de Berryville estaban completamente desconectados de las necesidades de las mujeres en su comunidad, y agraciadamente no desencadenaron una tendencia a cerrar centros cuando su decisión fue titular en las noticias nacionales. Pero la triste realidad es que la mentalidad que llevó a estos líderes a actuar de forma tan irracional es muy común en la iglesia evangélica actual. Quizás estemos viviendo en el siglo XXI, pero las ideas sobre el rol de la mujer del siglo XVIII todavía están metidas en nuestras mentes y los líderes tuercen y malinterpretan la Biblia para defender esta perspectiva.

El argumento de que «la mujer no debe trabajar» viene en distintas formas. La variedad más moderada —y quizás la que más sentido hace en algunas situaciones— establece que Dios propuso que la mujer cuide de sus hijos mientras son pequeños y que debe permitir que su esposo provea el grueso del ingreso familiar durante esos años. Esta línea de pensamiento trabaja para algunas familias en países occidentales más ricos, y muchas mujeres en los Estados Unidos disfrutan todo el día jugando con sus niños en la casa mientras papá está en la oficina. Algunas mujeres aun deciden enseñar a sus hijos en la casa debido a la preocupación por los valores que promueve la educación pública, o porque los estándares en estas escuelas son muy bajos.

En 1999, se estimó que ocho millones de mujeres norteamericanas eran madres que se quedaban en la casa a tiempo completo. En el libro *And What Do You Do?* [¿Y qué usted hace?], escrito desde una perspectiva secular por Mary A. Quigley y Loretta Kaufmann, se argumenta que en la actualidad muchas mujeres educadas y profesionales están escogiendo ser madres a tiempo completo durante los primeros años de sus hijos. Muchas de estas mujeres siguen este camino no por razones religiosas sino porque les preocupa la calidad del cuidado diurno, la amenaza de violencia en las escuelas o simplemente porque quieren pasar más tiempo con sus hijos.[5]

Ciertamente no hay nada malo con el escenario de esta madre que se queda en su casa. De hecho, muchos expertos en el desarrollo del niño —tanto cristianos como seculares— creen que tener a uno de los padres o a un familiar cercano en la casa todo el día durante los años de mayor formación es importante para producir niños más estables. La Biblia no dice que tener a la mamá en la casa todo el día sea la norma para todas las familias ni tampoco pone toda la carga de la crianza sobre la esposa. Pero es una bendición cuando las finanzas permite que los niños reciban este tipo de cuidado.

Las cosas se complican más cuando la familia no puede sobrevivir con un solo salario. Hay millones de familias con los dos padres en la casa que luchan todos los meses por pagar sus cuentas, en especial si el padre trabaja en una fábrica, un tienda o en la construcción. Con frecuencia la esposa se ve forzada a buscar un trabajo, al menos a tiempo parcial, mientras hace malabares con las responsabilidades del cuido de los hijos. Entonces también hay muchas madres solteras que tienen que trabajar aunque cualifiquen para asistencia parcial del gobierno. Quizás a causa de sus malas decisiones, del abandono o tal vez solo debido a las desventajas sociales, estas mujeres luchan constantemente para balancear las presiones de la casa y el trabajo.

Deberían tener la alternativa de buscar apoyo y recursos espirituales en la iglesia. Pero con frecuencia lo que le ofrecemos es una cachetada. A menudo le citamos Tito 2.4-5:

> Enseñen a las mujeres jóvenes a amar a sus maridos y a sus hijos, a ser prudentes, castas, *cuidadosas de su casa...*

Entonces torcemos el pasaje para decir que Dios exige que todas las mujeres encajen dentro del molde del ama de casa cristiana a tiempo completo. También les decimos a las mujeres en la iglesia que deben modelar la «mujer virtuosa» descrita en Proverbios 31 y entonces malinterpretamos el pasaje para implicar que tiene que quedarse en la casa. Pero eso no es lo que dice la Biblia.

Primero que nada, debemos entender que Proverbios 31 no se escribió para interpretarse como la norma para todas las mujeres cristianas. La poesía hebrea empleada en este pasaje es un acróstico; cada verso comienza con una letra del alfabeto hebreo y describe algunos aspectos de la vida de una mujer devota.

La «mujer» descrita aquí es realmente un compuesto; el pasaje nunca tuvo la intención de describir a una sola mujer. (Si era así, ¡entonces debió haber sido una super mujer del Antiguo Testamento pues parece que nunca duerme o para de trabajar!) La mujer cristiana que defiende Proverbios 31 como el ideal de virtuosidad debe reconocer que Dios no espera que emule el itinerario poco realista de esta, debido a que representa muchos modelos en una sola mujer.

Pero aun si vemos a esta mujer como un individuo, debemos reconocer que su trabajo no se limitaba a las tareas domésticas.

Era una sagaz mujer que estaba involucrada en bienes raíces, agricultura y un negocio textil. Además empleó a otra mujer para que la ayudara. El texto nos dice:

> Busca lana y lino, y con voluntad trabaja con sus manos. Considera la heredad, y la compra, y planta viña del fruto de sus manos.

Aplica su mano al huso, y sus manos a la rueca. Hace telas, y vende, y da cintas al mercader.

—Proverbios 31.13,16,19,24

Los tradicionalistas que defienden este pasaje como el retrato de la feliz ama de casa posiblemente no aprobarían su estilo de vida si la conocieran en la calle. En su antigua sociedad del Oriente Medio, ella era una empresaria. Se mantenía ocupada día y noche con su negocio desde la casa y posiblemente alguien cuidaba sus hijos mientras ella vendía lino en el mercado, lidiaba con los comerciantes, compraba viñas y hacía vino en sus viñedos. Definitivamente no era el típico ejemplo de lo que se considera hoy como una mamá en la casa. Aquellos que utilizan este pasaje para aprisionar a la mujer en su rol doméstico están usando incorrectamente la Biblia para mantener a la mujer en esclavitud religiosa.

¿Le dice Pablo a la mujer que se quede en su casa?

Los fundamentalistas cristianos de los Estados Unidos han sostenido por mucho tiempo que el máximo plan de Dios para la mujer es que se desempeñe como ama de casa: que planche, cocine, cambie pañales, bañe a los niños y quizás domine el fino arte de la costura o el bordado mientras los niños toman la siesta. Esto es así porque hemos visto la Biblia a través de los lentes de una cultura deforme y le hemos impuesto a las Escrituras nuestros valores y prejuicios. Cuando se cuestiona a los cristianos conservadores sobre esta perspectiva, con frecuencia citan a Tito 2.4-5 y 1 Timoteo 5.14:

Quiero, pues, que las viudas jóvenes se casen, críen hijos, gobiernen su casa; que no den al adversario ninguna ocasión de maledicencia.

Si examinamos con cuidado estos dos pasajes, es obvio que el apóstol Pablo no le estaba demandando vida casera a la mujer sino *fidelidad cristiana*. No estaba desalentando a la mujer de trabajar fuera de la casa. ¿Cómo sé esto? *Porque el concepto de ir a trabajar no era una opción para la mujer del primer siglo*. La preocupación de Pablo no tiene nada que ver con la mujer salir de la casa para aspirar a una carrera, *¡las mujeres en la sociedad agraria de Creta en el año 62 d.C. no hacían eso!*

En su libro *Women Caught in Conflict* [Mujeres atrapadas en conflicto] (1994), Rebecca Merrill Groothuis explica que la noción de la familia cristiana ideal que promovemos hoy día —en la que el padre sale a trabajar mientras la madre se queda en casa con los niños— no se desarrolló hasta el siglo XIX. Desde luego que no era una norma en la sociedad de los tiempos bíblicos.[6]

A principios del siglo XIX, antes de la Revolución Industrial, tanto el hombre como la mujer trabajaban en la casa. La mayoría de la gente cultivaba la tierra, pescaba o cazaba; si hacían algún comercio, su lugar de trabajo se encontraba en algún lugar de su propiedad o en su misma casa. Los hombres no se levantaban cada mañana e *iban* a trabajar luego de tomarse un café; sus esposas no le daban un beso en la puerta y esperaban a que regresaran para cenar. En la mayoría de los casos, tanto el hombre como la mujer trabajaban de sol a sol en sus negocios desde la casa: hacían telas, atendían a los animales, derretían metales, trabajaban la piel, recogían los frutos o hacían alfarería mientras los hijos jugaban a sus pies. Esta fue la norma por cientos de años para la mayoría de las familias.

Y Groothuis señala que la mujer en las sociedad agrarias trabajan tanto o más que sus esposos: «Las madres, así como los padres, tenían trabajo que hacer que era económicamente necesario, por lo que las madres no estaban necesariamente preocupadas por el cuido de los niños. Los niños eran cuidados por niños mayores o por miembros de la familia extendida. No existía la definición de maternidad como un trabajo a tiempo completo». [7]

Debemos cuidarnos de no leer *en la* Biblia algo que no está ahí. No podemos usar las instrucciones de Pablo para las mujeres cristianas de Éfeso y Creta fabricar una doctrina sobre los roles de los hombres y las mujeres. Pablo no estaba hablando de roles en ninguno de estos pasajes. Estaba tratando serios asuntos de carácter.

Cuando menciona el punto de «gobiernen su casa» en 1 Timoteo 5.14, Pablo estaba alentando a las casadas a tomar con seriedad sus responsabilidades como esposas y madres.

En Tito 1.12, Pablo menciona que el pueblo de Creta se distinguía por su vagancia. Su cultura pagana se estaba desmoronando porque los hombres y mujeres eran esclavos de la bebida, la glotonería y el libertinaje. Es muy posible que muchos de los hombres cretenses ni siquiera trabajaran, quizás se la pasaban bebiendo en sus chozas. Tal vez las mujeres también estuvieran viviendo en este tipo de estupor. Naturalmente, cuando aceptaron el mensaje de Cristo y se unieron a las iglesias jóvenes que Tito estaba supervisando, una de sus prioridades como apóstol era disciplinarlos en las áreas de conducta personal, vida familiar y autocontrol básico.

Pablo dijo a los hombres de Creta que aprendieran a ser prudentes (véase Tito 2.2). Necesitaban romper los lazos con el pasado y dejar atrás su alcoholismo, promiscuidad y pereza. De la misma manera, le dijo a las mujeres que aprendieran a «gobernar en casa». Es muy probable que estuvieran manejando muy mal las tareas domésticas, y en el proceso, descuidando a los hijos. Para poder agradar a Dios y ser buenas testigos en su cultura, estas mujeres tenían que cambiar la manera en que vivían. Tenían que disciplinar a sus hijos revoltosos. Tenían que amarlos en lugar de descuidarlos. Tenían que traer el orden donde solo había caos doméstico.

Cuando examinamos 1 Timoteo 5.14, debemos notar que Pablo expresó sus preocupaciones por la vagancia entre las mujeres de Éfeso. En el versículo 13 dice que son ociosas y que muchas se han convertido en «chismosas y entremetidas». Por lo que naturalmente su remedio para el problema era instarles a convertirse en mujeres virtuosas e íntegras. Les instruyó a quedarse en la casa —en lugar de perder tiempo en chismes y tonterías— y a mantener el orden en el hogar.

El desorden y la infidelidad en los hogares de los efesios convertidos era una preocupación seria para Pablo. Cuando hizo una lista de los requisitos para el obispo en 1 Timoteo 3.1-7, escribió:

> Pues el que no sabe gobernar su propia casa, ¿cómo cuidará de la iglesia de Dios?

En esencia, lo que estaba diciendo era: «La vida cristiana debe empezar en la casa. Organiza tu vida. Organiza tu matrimonio. Disciplina a tus hijos. Luego de que hayas hecho esto, entonces tendrás algo de valor que dar al mundo».

Esta es una verdad bíblica angular que aplica universalmente en nuestros días. Cuando venimos a Cristo, su poder transformador debe cambiar nuestra conducta en la casa. Debe cambiar a los alcohólicos en personas sobrias y trabajadoras. Debe cambiar a los mujeriegos en esposos fieles que tratan a sus esposas con respeto. Y debe cambiar a las mujeres indisciplinadas e insimismadas en diligentes discípulas de Jesucristo.

Pero no podemos usar esos versículos para implicar que la orden de Pablo de «gobernar en casa» o ser «trabajadoras en la casa» requiere que todas las mujeres en el siglo XXI se queden todo el día en sus cocinas o rehuyan a las carreras que Dios les ha dado. Aquellos que enseñan esto imponen sobre la mujer una carga cruel y legalista que no tiene apoyo en las Escrituras. Necesitamos parar esto y liberar a la mujer para que siga la dirección del Espíritu Santo en relación a su llamado y profesión.

Sí, Dios quiere mujeres que tengan integridad personal y que atiendan sus familias. Sí, el quiere que tomen la maternidad como una seria responsabilidad. Pero esto no impide que se conviertan en doctoras, abogadas, empresarias, artistas, escritoras, políticas, científicas o ministras ordenadas. Dios nunca tuvo la intención de que no tuvieran acceso a esas profesiones.

Por supuesto, un cristiano debe someter sus planes profesionales a la voluntad y dirección del Espíritu Santo. Las mujeres que sienten el llamado a trabajar o que sencillamente tienen que hacerlo por el ingreso, necesitan buscar la dirección del Señor y deben resistir la tentación de ser controladas por la ambición, el materialismo o el egoísmo. Algunas mujeres pueden sentir que Dios les está exigiendo poner su carreras en espera hasta que sus hijos sean mayores. Para otras, el Señor puede proveer una alternativa práctica para el cuido de sus hijos que no los ponga en riesgo. Y en algunos casos, el esposo puede sentir el llamado a quedarse en la casa con los hijos durante esos primeros años. Para las parejas casadas, el asunto no es escoger «roles». Lo importante es que el esposo y la esposa escuchen juntos la voz de Dios y lleguen a un mutuo acuerdo sobre la forma en que deciden tratar del dilema del cuido de los hijos.

¿Puede una mujer demostrar fidelidad como madre y

al mismo tiempo tener un trabajo a tiempo completo? Claro que sí. A la inversa, ¿es posible que una madre que se queda en la casa sea infiel a sus tareas como esposa y madre? Por supuesto. El asunto no es su presencia dentro de la casa. Su obediencia a Dios es la clave.

Romper el molde

¿De dónde sacamos la idea de que la mujer cristiana debe vivir todo el día confinada en su casa para poder agradar a Dios? La Biblia no enseña esto, aunque los musulmanes lo enseñan estrictamente y también insisten en que las mujeres deben usar velos. De hecho, algunos musulmanes creen que es pecado que la mujer sea vista por otra persona que no sea su esposo. Debe mantenerse encerrada como una esclava en un sistema que mantiene hoy día a más de 500 millones de mujeres en cautiverio.

El Dios de la Biblia no exige que la mujer esté encerrada en la casa. Jesús liberó a la gente de la prisión del pecado; su mensaje nunca fue confinar a las personas. El Evangelio nos libera para «ir por todo el mundo»; nos libera a todos —hombres y mujeres— para hacer grandes proezas en el nombre de Jesús. ¡Este mensaje liberador que predicamos los cristianos en el siglo XXI no debe parecerse en nada al mensaje del islam!

Pero durante los últimos cien años, los cristianos han desarrollado una teoría sobre la familia tradicional que exige que la mujer se ajuste a un falso estándar de domesticidad. Pero, ¿de dónde salió este enfoque?

Como se mencionó anteriormente, por cientos de años la familia tradicional siguió el modelo agrario: el padre y la madre trabajaban de sol a sol, en la granja familiar o en el comercio desde la casa. Las esposas caminaban grandes distancias para buscar agua, trabajaban en los campos e hilaban su propia tela para hacer ropa. Los familiares regularmente cuidaban a los hijos, o se quedaban solos y se valían por sí mismos. Los hijos mayores eran puestos a trabajar tan pronto estaban físicamente listos.

Entonces llegó la Revolución Industrial a principios del siglo XIX, la cual llevó a la creación de lo que hoy conocemos como oficinas y zonas de negocios en la Inglaterra victoriana. Los hombres comenzaron a tomar trabajos que les exigían dejar atrás la casa y las familias. Debido al prejuicio por sexo, se desalentaba a mujer a entrar en el mundo de trabajo del hombre. Y en ese momento una nueva perspectiva de la mujer comenzó a aparecer entre la clase media británica: la idea de la mujer como un ser débil y delicado que debía ser «protegido» de la crueldades de la sociedad quedándose en su casa.[8] Era la clase media y bien sexista.

El ideal chauvinista de la mujer no tiene nada que ver con la perspectiva bíblica, pero fue adoptado por los cristianos de ese tiempo y ha infectado la iglesia desde entonces. Se le dijo a las mujeres que no era propio que se aventuraran al mundo profesional (debido a que no eran suficientemente listas o fuertes), sin embargo, se les alentó a ejercer influencia moral en la sociedad a través de métodos tras bastidores: educando a hijos devotos y estimulando sutilmente a los esposos hacia las virtudes cristianas.

Igual que los ajustadísimos corsés que usaban las féminas en esos tiempos, esta restrictiva perspectiva de las mujeres cristianas demandaban que estas se vieran hermosas para sus maridos, aunque lo apretado de su ropa interior restringiera su respiración. Se esperaba que la mujer desarrollara un mundo interior que consistía en leer, coser, cocinar, tareas domésticas y tomar el té con otras damas. Su rol en la vida era tener tantos hijos como fuera posible y criarlos con muy poca participación del esposo. El máximo llamado de la mujer era crear un refugio seguro para su hombre.

Pero debido a que las mujeres cristianas de esa época comenzaron a leer, y la lectura les llevó a estudiar más, eventualmente se percataron de la toda mentalidad victoriana era un engaño cruel. A mediados del siglo XIX las mujeres despertaron repentinamente y se dieron cuenta que el mundo había estado controlado por hombres que las veían como subordinadas. Y entonces brotaron las semillas del feminismo moderno y las mujeres demandaron el derecho a ir a la universidad, votar, recibir salarios justos y oportunidades de empleo.

Hoy día muchos cristianos tienden a pensar que el movimiento feminista es inherentemente malo porque el feminismo secular moderno ha enfocado mucha de su retórica en asuntos como el aborto y el homosexualismo. Pero las primeras líderes del movimiento para el sufragio de la mujer —las cuales aseguraron que el 26 de agosto de 1920 se aprobara la enmienda número diecinueve a la Constitución de los EE.UU. otorgando a la mujer el derecho a votar— eran mujeres cristianas que creían en la Biblia y que vieron su caso como uno de justicia bíblica.

Lucrecia Mott, considerada la madre del sufragio de la mujer, fue una valiente cuáquera que se convirtió en oradora pública al involucrarse en el movimiento para liberar a los esclavos negros. La Sra. Mott albergó en su casa a esclavos fugitivos y pedía a los americanos que apoyaran una abolición total. Pero en el 1840, antes de asistir a una convención internacional contra la esclavitud con cede en Londres, se percató que sus hermanos africanos no eran los únicos esclavos. Se dio cuenta que la mujer también tenía que ser liberada. Ocho años más tarde, ella y cuatro amigas comenzaron el movimiento por los derechos de la mujer durante una reunión de dos días en una iglesia metodista en Seneca Falls, Nueva York.

Mott murió en el 1880, cuarenta años antes que la mujer norteamericana obtuviera su derecho a votar. Pero ella sembró la semillas para un despertar cristiano, y sus discursos en la materia se parecen muy poco al feminismo secular moderno. Sus escritos estaban repletos de referencias a grandes mujeres de la Biblia como Débora, Hulda y Febe. Con frecuencia citaba al profeta Joel y su profecía de que «los hijos *e hijas* profetizarán». Durante un discurso en el 1849 reprendió a quienes intentaban sofocar la discusión sobre los derecho de la mujer y les dijo que «preferían la oscuridad a la luz».

Mott decía: «La libre discusión de este asunto, y de cualquier otro, nunca debe ser temida. Solo aquellos que están equivocados temen la discusión. La luz solo inquieta a aquellos que sienten la necesidad de la oscuridad». Entonces citaba las palabras de Jesús en Juan 3.21: «Mas el que practica la verdad viene a la luz, para que sea manifiesto que sus obras son hechas en Dios».[9]

Es una tragedia que se haya apagado el fuego que ardió en el corazón de Lucrecia Mott y otras sufragistas de esa época. Sus escritos, aunque muy bien preservados, se han olvidado. La mayoría de los cristianos modernos no saben que el feminismo comenzó como un movimiento cristiano. Y la iglesia establecida, la cual se opuso vigorosamente hasta el 1920 a que la mujer votara, todavía hoy se resiste a la liberación total de la mujer. ¿Por qué?

Parte de nuestra vacilación es miedo. Los creyentes modernos ven a las feministas no cristianas marchando en la calles, abogando por los derechos del aborto y por una agenda de lesbianismo radical. Debido a que sabemos que el homosexualismo y el asesinato de bebés son incompatible con el cristianismo, asumimos que todos los esfuerzos del feminismo —pasados y presentes— son impíos. Tristemente concluimos que cualquier esfuerzo por liberar a la mujer del rol cristiano tradicional de la esposa y de la mamá en casa es una patraña maligna.

También somos culpables por admirar ciegamente nuestra estrecha perspectiva del «ideal» de la familia cristiana. Entonces cuando se retan estos enfoques culturales automáticamente asumimos que el diablo está trabajando. Declaramos que Dios quiere que toda madre cristiana se quede en la casa a tiempo completo y luego intepretamos cualquier cosa que no encaje con este estrecho molde como una conspiración del infierno. Sin embargo, la verdadera conspiración es la que Satanás ha tendido para impedir que la mujer alcance su máximo potencial en Dios.

Paremos de preocuparnos por las feministas seculares. Este no es el problema real y quizás muchas de ellas aman a Dios. Lo que necesitamos exponer es la trama inspirada por el diablo para mantener a la mujer cristiana en un lugar de subyugación. Cuando lo hagamos, la mujer podrá liberarse de la esclavitud espiritual y comenzar a influenciar con justicia nuestra sociedad de una forma nunca antes vista.

Jesús quiere a sus testigo en todas partes. Necesitamos mujeres cristianas en los lugares de trabajo. Necesitamos mujeres cristianas en el gobierno. Necesitamos mujeres cristianas en los medios de comunicación, en las artes y en cada profesión. ¿Cómo podemos ser la luz del mundo (véase Mateo 5.14) si tomamos la mitad de la luz y la escondemos debajo del almud?

¿Qué pasaría si todas las mujeres se quedaran en casa?

Creo que he escuchado todos los argumentos tradicionalistas sobre porqué la mujer debe hacer de su hogar su enfoque principal. Durante el movimiento de sufragio a principios del siglo XX, algunas denominaciones cristianas predijeron que la familia norteamericana se rompería si la mujer comenzaba a votar y se involucraba en la política. En tiempos más recientes he escuchado decir a reconocidos líderes cristianos que el deterioro moral en los EE.UU. es el resultado de que las mujeres trabajen fuera. También escuché decir a un cristiano experto en asuntos de familia que si la mujer trabaja, se socava el sentido de masculinidad del hombre (porque no puede ser el único proveedor). De esta manera su frustración crea una innecesaria tensión en el matrimonio.

Así que imaginemos por un momento cómo sería el mundo si ninguna mujer se aventurara fuera de su casa, tuviera una carrera o nunca se atreviera a influenciar a nadie más allá que su propia familia. Estamos hablando de un mundo completamente dominado por hombres. Un mundo sin mujeres en puestos políticos, sin mujeres en profesiones relacionadas a la salud, sin mujeres dirigiendo movimientos reformistas, sin mujeres trabajando para cambiar el mundo, sin mujeres en el púlpito.

¿Quiere vivir en un mundo como ese? Personalmente, creo que sería una pesadilla.

En ese mundo dominado por hombres, la escritora Harriett Beecher (1811-1896) nunca hubiese escrito *La cabaña del tío Tom*, el libro que impulsó el movimiento abolicionista que eventualmente puso fin a la esclavitud en los Estados Unidos. La Sra. Stowe venía de una familia religiosa y posiblemente no le permitían trabajar fuera de la casa. Pero como su familia a duras penas sobrevivía con el salario de maestro de su esposo, decidió hacer un dinero adicional con la publicación por entregas de su libro. Se convirtió así en la primera mujer en los Estados Unidos que se ganó la vida como escritora.[10]

Si las mujeres no se hubieran aventurado fuera de sus casas, la líder reformista Jane Addams (1860-1935) no se hubiese mudado en el 1889 a los barrios bajos de Chicago para comenzar su campaña en favor de un cambio en las leyes del trabajo infantil. No hubiera retado las inseguras condiciones de trabajo en las fábricas ni hubiese trabajado para resolver los problemas de delincuencia juvenil. Y no hubiera ganado el Premio Nobel de la Paz en el 1931.[11]

Si las mujeres nunca se hubiesen atrevido a cambiar el mundo, Clara Barton (1821-1912) nunca hubiera salido de su casa para convertirse en enfermera durante la Guerra Civil. Y por supuesto nunca hubiese establecido la Cruz Roja Americana, una organización que hoy aporta millones de dólares para auxiliar a las víctimas de desastre.[12]

Fue una mujer científica, Alicia Evans (1881-1975) cuya preocupación por los niños americanos la llevó a identificar la bacteria que causa la fiebre ondulante. Como investigadora del Departamento de Agricultura en Washington, Evans sospechaba que la leche dañada era la causa de ciertas enfermedades. Cuando en el 1917 publicó sus hallazgos y pidió al gobierno regulaciones en la pasteurización de la leche, la industria lechera peleó agresivamente en su contra. Pero a principios de la década del treinta se decretaron leyes que requerían la pasteurización.[13]

Fue una mujer, Rachael Carson (1907-1964), quien detuvo el uso del mortal pesticida conocido como DDT. Como una entrenada zoologista, comenzó a preocuparse por el impacto de los pesticidas en los animales cuando algunos pájaros en su vecindario murieron repentinamente. Inició el movimiento de la ecología moderna con su libro, publicado en el 1962, *Silent Spring* [Primavera silenciosa], el cual llamaba a la regulación de los pesticidas. Debido a su novedosa investigación, el uso del DDT se eliminó en los Estados Unidos pocos años después de su muerte.[14]

En años recientes, la lista de descubrimientos científicos hechos por mujeres es impresionante. Gerty Radnitz Cori recibió el Premio Nobel en Ciencia en el 1947 al documentar cómo la glucosa se convierte en glicógeno; un descubrimiento que ayudó en el tratamiento de los pacientes de diabetes. Florence Seibert era una investigadora médica, entrenada en la Universidad de Yale, que sentó las bases para la primera prueba precisa para la tuberculosis. La profesora universitaria Nettie Stevens descubrió que los cromosomas x y y determinan el sexo de los humanos.[15] En el 1988 Gertrude Elian ganó el Premio Nobel por la creación de drogas que combatieran la leucemia en los niños y también creó una droga que ayuda al sistema inmunológico que permite a los doctores practicar el transplante de órganos.

¿Queremos vivir en un mundo donde no se le hubiese permitido a estas mujeres hacer esos descubrimientos? Debemos recordar que la mayoría de las mujeres que hizo descubrimientos importantes en los inicios de la medicina norteamericana se les había negado el derecho de ir a la escuela de medicina debido a su sexo. Una de ellas, Virginia Apgar (1909-1974), convenció a los obstetras que debían enfocarse más en los infantes durante el proceso de parto. Desarrolló lo que hoy día se conoce como la «Escala Apgar», la cual mide la salud de los infantes a través de factores como el color de la piel, el pulso y la respiración.[16] (Uno se pregunta si un hombre hubiese compartido su preocupación por los bebés.)

¿Y qué de los cientos de cristianas que rompieron el molde durante los pasados cien años y se atrevieron a entrar en el ministerio en momentos cuando hacerlo era muy raro? ¿Cómo sería el mundo si las grandes predicadoras del movimiento de la santidad a finales del siglo XIX —mujeres como Febe Palmer o María Woodworth-Etter— no hubieses recorrido el país salvando almas? ¿Y qué si Catherine Booth no se hubiera involucrado en la fundación del Ejército de Salvación? ¿Y qué si las pioneras misioneras bautistas, como Lottie Moon, nunca hubiesen ido al campo misionero porque no era su «lugar» el salir de la casa?

Hay un mundo que ganar para Cristo, y con demasiada frecuencia la iglesia le ha dicho a la mitad de nuestros voluntarios que no pueden enlistarse. Rompamos los moldes y echemos abajo las barreras. Necesitamos mujeres en las primeras filas.

Preguntas para discusión

1. Discuta la decisión hecha por la Primera Iglesia Bautista de Berryville, Arkansas. ¿Cuál es su opinión en relación al voto de 1997 para cerrar su centro de cuidado diurno?
2. Estudie las palabras de Pablo en 1 Timoteo 5.14 y Tito 2.4-5. ¿Qué quiso Pablo decir cuando alentó a la mujer a «gobernar su casa» y a ser «cuidadosas de su casa»?
3. Lea Proverbios 31.10-31. ¿En qué maneras esta «mujer virtuosa» rompe el molde de una madre que se queda en la casa?
4. Discuta su opinión sobre el movimiento feminista moderno. ¿En qué maneras se ha desviado de sus inicios como un movimiento cristiano?
5. En algunas ocasiones las mujeres han llevado el estigma de «estar fuera de la voluntad de Dios» si se involucrean en alguna profesión, especialmente si tienen niños pequeños. Discuta sus sentimientos en relación a esto. ¿Cree que la Biblia le prohibe a las madres trabajar fuera de la casa cuando tienen niños pequeños? ¿Qué consejo le daría a una mujer que esté luchando con esta decisión?

«*Toma un palo y pégale, no con rabia, sino con amor y preocupación por su alma, de modo que la golpiza retorne a ti como mérito y para su bienestar*».

—Fraile Querubino en su *Rules of Marriage* [Reglas del Matrimonio],[1] sobre lo que el esposo medieval debía hacerle a su esposa cuando esta no obedecía a su disciplina verbal.

«*La mujer nunca debe empezar ni terminar nada sin el hombre: Donde él esté, ella debe estar, y postrarse ante él como delante de un amo a quien debe temer y a quien debe estar sometida y obedecer*».

—Martín Lutero [2]

«*Las mujeres con esposos violentos han creído que lo que la Biblia realmente dice es lo que le han enseñado, esto es, que la mujer está en un lugar inferior al hombre y a Dios y que se merecen una vida de dolor*».

—Susan Brooks Thistlethwaite, profesora de teología de la Universidad de Boston [3]

Mentira #10
La mujer tiene que someterse obedientemente a su esposo en todas las
situaciones.

Hace unos años, Marcia Ford, reportera de la revista *Charisma*, se propuso descubrir la razón
por la que ocurría tanto abuso conyugal en las
iglesia evangélicas y carismáticas. Marcia estaba al
tanto de las estadísticas: Se estimaba que cuatro millones de mujeres eran atacadas cada año por sus
actuales o pasados esposos. También tenía razones
para pensar que muchas mujeres cristianas eran víctimas de esta tendencia nacional. Pero luego de hablar
con el director de una reconocida clínica de consejería,
se sorprendió al conocer que muchas de las llamadas
que llegaban a través de la línea de emergencias del
Centro de Tratamiento Rapha en Dallas no eran solo de
mujeres cristianas sino también de esposas de pastores
que decían que sus maridos ministros les pegaban.[4]

Mientras que la iglesia ha tenido éxito justificando
este abuso, o escondiéndolo, Ford descubrió un estudio —mientras hacía su investigación— que revela
que típicamente los pastores no saben cómo ayudar a

las víctimas de abuso a manos de sus maridos cristianos. En una encuesta de mujeres maltratadas que escaparon de sus abusadores, las que buscaron ayuda de los pastores se les decía usualmente: (1) continúe somentiéndose a su esposo y (2) ore porque el hombre detenga su conducta abusiva. No es de extrañar porqué colocaron al clero en el último lugar en su habilidad para proveer guía provechosa.

Sin saberlo, la iglesia ha creado un ambiente que alienta al abuso. Se citan pasajes bíblicos que demandan que las esposas se sometan a sus esposos sin dar ninguna explicación de lo que significa sumisión en su sentido práctico o sin explicar lo que estos mismos pasajes demandan de los esposos. Nuestra consejería ha sido ilógica e irresponsable.

Tome, por ejemplo, la historia de Lisa, una mujer de mediana edad que asistía junto a su esposo Carlos a una iglesia Asambleas de Dios en Nueva Jersey. A pesar de que él era el líder de los diáconos en la iglesia y que tenía el respeto del pastor y la congregación, en privado abusaba de su esposa. Al llegar del trabajo, y sin razón aparente, estallaba en arranques de ira y le pegaba a Lisa en la cara tan a menudo que esta se hizo una experta en el arte de cubrir las marcas con maquillaje.

Lisa vivía en la prisión de una confusión interior. No se atrevía a decirle a nadie en la iglesia sobre la conducta irracional de su esposo. Seguía tratando de apaciguarlo por ella misma. Asumía que algún día descubriría lo que le causaba tanto coraje, y entonces podría ajustar su propia conducta para que él no le pegara más.

Finalmente, luego de unos serios episodio de violencia, le dijo a su pastor. Él realmente no creyó que el abuso fuera tan serio y le dijo que debía someterse.

El pastor le dijo: «Carlos es tu esposo. No lo puedes dejar. Es su casa y tú eres su esposa. Él tiene autoridad sobre ti. Debes estar causando su coraje».

Lisa estaba devastada. El pastor le había confirmado su peor pesadilla. Le dijo que ella era la razón por la que su esposo era abusivo. ¡Era su culpa! En dos ocasiones más Lisa regresó buscando consejería pastoral, con la esperanza de que el pastor cambiara de opinión. En una oportunidad le expresó que temía por su vida.

El pastor le dijo: «No te preocupes. Aun si mueres te irás con el Señor. Por lo que de todas maneras ganas. Manténte orando por él porque no se te permite dejarlo».

Nancy, una amiga mía, finalmente aconsejó a Lisa y se percató de lo seria de la situación. Le pidió que saliera de la casa de inmediato, pero para entonces ya Lisa había decidido que no se iría. Le habían lavado el cerebro y pensaba que no valía nada y que su vida terminaría si dejaba a este hombre que no la amaba.

Nancy le suplicó a Lisa que se mudara a un refugio, o a la casa de alguna amiga. Pero, con mucha cortesía, Lisa se negó y le repitió lo que el pastor le había dicho: «Sé que no tengo el derecho de dejarlo».

Unos meses más tarde Nancy se mudó a la Florida pero trató de mantenerse en contacto con Lisa. Poco tiempo después de su última conversación telefónica, Nancy escuchó las temidas noticias: Carlos había matado a Lisa. Por raro que parezca, una mujer cristiana fue asesinada por su esposo, un diácono de una iglesia pentecostal. Los consejeros de mujeres abusadas dicen que este no es un caso aislado.

El pastor de esta iglesia dudó de la historia de Lisa por lo que le dio la espalda en lugar de tratar adecuadamente con la situación de vida o muerte. No le hizo caso a la información sobre un hombre cristiano que actuaba en una forma dominante, debido a que muchos pastores apoyan la conducta autoritaria en el hogar.

Después de todo, si un hombre estalla en ira en la

casa o es excesivamente exigente, ¿no está demostrando quién está a cargo? ¿No es una virtud divina para el hombre cristiano el actuar fuerte y autoritariamente? ¿No es cierto que si el hombre no se mantiene en absoluto control está en peligro de convertirse en un «debilucho espiritual» y por ende, expone su casa a un ataque espiritual? Muchos hombres cristianos de hoy día podrían estar de acuerdo con esta filosofía, pero la lógica es ridícula. (También debemos destacar que Pablo le dijo a Timoteo que el hombre «pendenciero» no está calificado para servir en el ministerio. Véase 1 Timoteo 3.3)

Unos de los más abarcadores estudios sobre la violencia doméstica en la iglesia fue realizado a mediados de la década de los ochenta por el sicólogo clínico Jim M. Alsdurf, un egresado del Seminario Teológico Fuller. Basándose en un cuestionario enviado a 5,700 pastores protestantes en Estados Unidos y Canadá, el estudio reveló que aunque la mayoría de los pastores confronta el abuso conyugal en sus ministerio, regularmente no se preocupan demasiado por esto ya que ven la situación desde una perspectiva patriarcal. En esencia, esta actitud dice: «De acuerdo con la Biblia, se supone que los hombres estén en control del hogar, así que un poco de gritos y golpes están bien». Considere los hallazgos de Alsdurf:

* El 26% de los pastores encuestados dijo que normalmente le dicen a la mujer víctima de abuso conyugal que debe continuar sometiéndose a su marido y que «confíe que Dios va a honrar su acción parando el abuso o dándole la fuerza para aguantarlo».

* El 25% dijo que lo que desata la violencia en primer lugar es la falta de sumisión de la esposa. En otras palabras, estos pastores creen que el

abuso es en realidad culpa de la mujer. Se le dice a las mujeres que si «aprendieran a someterse» el abuso terminaría.

* La mayoría de los pastores contestó que es mejor para la mujer tolerar algún nivel de violencia en el hogar, a pesar de que no es «la perfecta voluntad de Dios», que buscar una separación que podría terminar en divorcio. (¿Es esto «mejor» aun si la mujer es asesinada, mutilada o violada?)

* El 71% de los ministros dijo que nunca aconsejaría a una esposa maltratada que dejara al esposo o que se separa a causa del abuso, y el 92% señaló que nunca le aconsejaría divorciarse.[5]

A la verdad que los hogares y las iglesias cristianas se encuentran en un triste estado si no han ocurrido cambios significativos desde que se hizo este estudio. La Biblia es clara al señalar que Dios se opone a la violencia (véanse Proverbios 21.7 y Ezequiel 45.9). También Jesucristo advierte sobre los que toman ventaja de los más débiles físicamente (Mateo 18.1-6). Sin embargo, estamos promoviendo una teología que alienta la violencia al decirle a las mujeres que deben aprender a «aguantar» los golpes.

Un pastor debe estar dispuesto a aconsejar a una mujer la separación o el divorcio cuando su matrimonio está en peligro a causa de la violencia doméstica. ¿Por qué no hacemos esto?

Porque nuestra interpretación desbalanceada de la Biblia nos impide ver el divorcio como una alternativa viable para los cristianos. Sin embargo, en medio de un mundo caído, debemos reconocer que a veces es la única opción.

El divorcio es un trágico problema de nuestra sociedad y no podemos minimizar sus efectos negativos, especialmente en los niños. Pero la oposición al divorcio de algunos sectores de la comunidad cristiana tiene que ver más con la preocupación por la imagen de la iglesia que por los individuos involucrados. No estamos orgullosos del hecho que tantos matrimonios cristianos fallen, y por lo tanto no queremos hacer nada para poner peor las estadísticas.

James y Phyllis Alsdurf señalan en su libro *Abuse and Religion* [Abuso y religión] que nosotros los cristianos somos aficionados citando Malaquías 2.16: «Yo aborrezco el divorcio —dice el Señor, Dios de Israel» (NVI). No obstante si leemos la siguiente oración nos dice: «Y al que cubre de violencia sus vestiduras» (NVI). Una nota al calce en la Nueva Versión Internacional dice que el versículo puede traducirse: «Aborrezco al que cubre de violencia a su esposa».[6]

Sí, Dios aborrece el divorcio. Pero en este pasaje de Malaquías vemos también que odia la violencia hacia la esposa y cualquier otra forma de abuso. Las mujeres no tienen que permanecer en situaciones matrimoniales difíciles solo para mantener bajas las estadísticas de divorcio. Dios se preocupa profundamente por la seguridad y el bienestar de las mujeres. Él no está preocupado por lo que un divorcio más pueda hacerle a la imagen de la iglesia. Nosotros, también, debemos comenzar a preocuparnos más por las mujeres vulnerables (y sus hijos) que por cómo se vería un divorcio más en el archivo.

Teología irresponsable

Una aturdida mujer cristiana que había sido golpeada con regularidad por su esposo durante cuatro años finalmente se animó a buscar consejo de su pastor, quien estaba afiliado a una importante denominación evangélica. Le habló de la adición a la pornografía de su esposo, sus ataques de ira y de cómo en una ocasión la había empujado con tal fuerza contra la pared que pudo oír el crujir de los huesos en su cuello.

La respuesta del pastor fue espantosa: «Si tu esposo te mata será para la gloria de Dios». Le dijo que su única opción era someterse y orar porque Dios cambiara el corazón de su esposo.

¡Esto es perverso! ¿Cómo inventamos una teología «cristiana» que aliente a una mujer a sufrir heridas o muerte a manos de su esposo para agradar a Dios? Qué deforme debe ser la perspectiva de Dios de esta mujer si acepta semejante consejo.

La raíz del problema con nuestra teología es que la iglesia le ha enseñado a los hombres que tienen el derecho bíblico para dominar y que las mujeres deben someterse a esta perversa conducta porque es un sufrimiento ordenado por Dios, el cual deben soportar gustosamente. Esta alteración de los textos bíblicos tergiversa el carácter de Dios, quien invirtió mucho de su tiempo enseñando sobre el cuidado de Dios por los oprimidos.

Miremos con cuidado el versículo que más se usa para promover esta errónea perspectiva y aclaremos esto.

Debido a que el apóstol Pablo dijo: «Las casadas estén sujetas a sus propios maridos, como al Señor» (Efesios 5.22), hemos asumido que esto significa que la mujer no tiene injerencia en los asuntos de familia o que su opinión es de segunda categoría. Este versículo se ha tergiversado y sacado de contexto, para que diga que el esposo es el jefe y la mujer debe obedecer todos sus caprichos. Visualizamos el matrimonio como una jerarquía, con los esposos en el trono y las esposas en el taburete.

Pero esto nada tiene que ver con la perspectiva del matrimonio cristiano. La primera regla de la hermenéutica bíblica es que miremos *toda la Biblia* para clarificar el significado de un texto en particular. Por lo tanto, antes de poder entender este versículo, debemos mirar lo que la Biblia dice en términos generales sobre la sumisión y la autoridad.

En más de una ocasión Jesús enseñó que un verdadero líder en el Reino de Dios es un *siervo*. Dijo que los primeros serán los *últimos*. Le dijo a sus discípulos que debían ser como *niños*. En Marcos 10.44 dijo: «y el que de vosotros quiera ser el primero, será siervo de todos».

¿Cómo aplicamos este pasaje al matrimonio? Debe quedar claro que si el hombre es llamado a dirigir a su familia, su liderato debe ser a la manera de Cristo. Debe servir, no imponer. Debe mostrar humildad y no una actitud de sabelotodo. Debe dirigir desde una postura humilde y no desde una superioridad orgullosa o un dominio tiránico.

De hecho, Jesús condena categóricamente el mundano estilo de liderazgo jerárquico al enseñar que su Reino no era como el de los gentiles, cuyos líderes se «enseñorean» de sus subordinados (véase Mateo 20.25-26). ¿Por qué Jesús condenaría por un lado este tipo de conducta, y entonces alentaría a los esposos a actuar en una forma autoritaria en el hogar? No lo hizo, ni tampoco lo hizo el apóstol.

Cuando leemos en Efesios 5 la disertación de Pablo sobre el matrimonio, debemos comenzar por el versículo 21: «Soméntanse unos a otros, por reverencia a Cristo» (NVI). Este versículo ha sido convenientemente ignorado en muchos seminarios cristianos sobre el matrimonio, los cuales por lo regular comienzan con el versículo 22: «Las casadas estén sujetas a sus propios maridos». He escuchado muchas veces lecciones sobre el hombre como cabeza del hogar pero nunca he oído a un pastor alentar a los hombres a someterse a sus esposas como sugiere el versículo 21. En un matrimonio amoroso, el hombre y la mujer tendrán consideración el uno con el otro al tomar decisiones.

Una mirada cuidadosa a este pasaje revela que esta enseñanza comienza en el versículo 21, alentando a todos los creyentes a someterse unos a otros «en el temor de Cristo». Para promover una actitud de sometimiento en toda la iglesia, Pablo le dice a las esposas que se sometan a sus maridos, los esposos a las esposas, los hijos a los padres y los esclavos a los amos. Sumisión, no en el sentido de dominar o gobernar sobre el otro, sino en el sentido de preferirse entre sí y no demandar derechos personales. Así es como debe operar el cuerpo de Cristo para que el amor de Dios pueda revelarse al mundo.

También debemos considerar que la palabra griega para sumisión, *jupotasso,* se escribe en voz intermedia, lo que significa que es algo que un individuo se impone a sí mismo. Significa dar preferencia a otro, en lugar de exigir que se haga a mi manera. La sumisión permanece como un derecho de libre elección del que escoge preferir a otro. *Un individuo no puede demandarla ni imponerla sobre otro.* Cuando esto ocurre, deja de ser *jupotasso* para convertirse en *dominio,* una actitud que Jesús le prohibe a sus discípulos en relación a la forma de operar entre ellos (véase Mateo 23.10). La sumisión no es nada que se pueda exigir o requerir de otra persona.

Los conceptos de *unidad* e *igualdad* son los cubren el tema del matrimonio en la Biblia. Las parejas deben desarrollar un profundo nivel de intimidad y confianza que nace al trabajar con las diferencias, compartir sueños y caminar juntos por las pruebas. En mis dieciséis años de matrimonio, mi esposa y yo hemos tenido muchos desacuerdos: sobre las finanzas, la educación de nuestros hijos y sobre cosas triviales. Pero cuando no estamos de acuerdo, no digo: «Soy la cabeza de esta casa y aquí se hace lo que yo diga». Cuando nos encontramos en un callejón sin salida, decidimos orar por un tiempo o cedemos el uno al otro. Este es el concepto bíblico de sumisión que Pablo trató de transmitir a los efesios. No exigo que se hagan las cosas a mi manera ni Débora exige que se hagan a la de ella. En lugar de esto, ambos buscamos humildemente la dirección de Dios, su voluntad y propósito. Cuando nuestros corazones son en verdad de Él, la sumisión bíblica es fácil.

El punto nunca es quien está bien o mal, o quien manda. El asunto es cómo podemos descubrir la mente de Cristo. Veo a mi esposa como una igual. No estoy «sobre ella». Funcionamos como uno.

Pablo le dijo a los esposos: «Así es como deben amar a sus esposas, entregando sus vida, sus manera y sus derechos, como Cristo entregó los suyos». Recuerde que Cristo era el Señor del universo y dejó su corona para someterse a la muerte. La Biblia dice que tomó forma de siervo. Entregó su vida para salvarnos. Este es el propósito de la sumisión bíblica.

También debemos notar al estudiar Efesios 5 que Pablo no enfoca el texto únicamente en la necesidad de sumisión de la esposa. Sus palabras en este pasaje también hablan de la amorosa actitud que los esposos deben modelar en el hogar. Se ordena a los hombres a amar a sus esposas «como Cristo amó a la iglesia« (v.25) y «como a sí mismos». Estas palabras fueron revolucionarias en la cultura del primer siglo en el que se enseñaba que la esposas eran ¡propiedad de los maridos!

Los matrimonios están condenados al fracaso si el esposo ve a su esposa como inferior, o si asume arrogantemente que Dios quiere que siempre tenga la respuesta atinada y el mejor plan para cada situación. ¡No! La razón por la que Dios le dio a Eva a Adán era porque el hombre no podía hacerlo solo. Necesitaba una compañera igual a él para complementarlo en todos los aspectos.

Entonces, ¿es el esposo el jefe?

Efesios 5.22-23 es el pasaje que con frecuencia se usa incorrectamente para tratar el complejo asunto del hombre como cabeza de la esposa.

Las casadas estén sujetas a sus propios maridos, como al Señor; porque el marido es cabeza de la mujer, así como Cristo es cabeza de la iglesia.

Contrario a la interpretación popular, estos versículos no le dan al hombre una licencia para dominar a sus esposas, ni endorsan la jerarquía en la relación matrimonial.

Una de las principales razones de Pablo para escribir esta disertación sobre las relaciones familiares era destacar la belleza de la unión mística entre el hombre y la mujer, la cual compara con la comunión entre Cristo y la iglesia. Si Pablo hubiera estado tratando de establecer quien estaba a cargo, hubiese dicho: «Esposas, *obedezcan* a sus maridos», en la misma forma que Colosenses 3.20 dice: «Hijos, obedeced a vuestros padres». Pero no usó la palabra *obedecer*.

La palabra *jupotasso* también significa «identificarse con» o «estar atado a». También quiere decir «convertirse en uno con». Otra vez, el asunto aquí es la igualdad y unidad entre compañeros iguales, no quién obedece a quién.

Pero hay otra razón importante por la que Pablo escribió estas palabras, y no podemos entenderla a menos que miremos profundamente en la cultura del periodo neotestamentario. La teóloga Catherine Clark Kroeger señaló que las mujeres del primer siglo no tenían derechos y se consideraban posesiones. En el imperio romano era una costumbre que el padre continuara reclamando la propiedad de sus hijas aún después de haberse casado.

Este inhumano sistema, conocido como *sine manu* o «matrimonio sin manos», era una forma para que la dote de la novia se mantuviera bajo el control del padre aún después que esta se mudara a casa del esposo. Después que fuera traída a casa de su padre por lo menos tres veces al año —a veces contra su voluntad—, este podía reclamar posesión legal de ella y su propiedad. Este sistema, que luego fue prohibido, obviamente causó un caos en muchas familias.[7]

Si entendemos este contexto, entonces se clarifica porqué Pablo le recalcó a la nueva comunidad cristiana en Éfeso que la esposa debía «estar atada», «sometida» o «identificada» con su marido. ¡No tenía que estar atada a su padre! Y por esta razón, Pablo cita Génesis 2.24 algunos versos más adelante: «Por tanto, dejará el hombre a su padre y a su madre, y se unirá a su mujer, y serán una sola carne».

Pero si este pasaje en Efesios no le da permiso al hombre para dominar a sus esposas, entonces ¿por qué Pablo dice que el esposo es *cabeza* (5.23) de su esposa?

La palabra griega para «cabeza» en este pasaje es *kefale*, que se traduce con más frecuencia como «autoridad sobre». Sin embargo, algunos estudiosos de la Biblia señalan que esta palabra se traduce como «fuente» en algunos textos antiguos, de la misma manera en que se referirían a un manantial como la «fuente» de un río. Por lo tanto, es posible que *kefale* se refiera en este caso a que el hombre es la *fuente* de la mujer, una referencia al hecho que Eva fue creada de Adán.

Una vez más, muchos expertos creen que Pablo estaba estableciendo el orden de la verdadera familia corintia, en medio de una cultura romana pagana que trataba a la mujer como propiedad y a la que no le importaba la autonomía de una pareja de recién casados. De acuerdo al plan de Dios, cuando un hombre y una mujer se unen en matrimonio deben romper los lazos con los padres, abuelos o cualquier otra influencia familiar. El hombre debe dejar a su padre y a su madre y unirse a su esposa (véase Génesis 2.24). Ella debe «someterse» o «unirse» a su esposo, en lugar de seguir relacionándose con el padre como su «cabeza».

Si de verdad queremos entender el significado de Efesios 5, debemos considerar estos factores culturales. Las palabras de Pablo para esta naciente iglesia del Nuevo Testamento tenían la intención de liberar a la mujer de la sujeción a un sistema patriarcal que ni siquiera la reconocía como persona. El Evangelio proclamado en este pasaje abrió el camino para revolucionar esa cultura y para transformar la naturaleza del hombre que no sabía cómo amar a su esposa.

¡Qué trágico que hayamos usado las palabras liberadoras de Pablo para esclavizar a la mujer!

El prejuicio por sexo alrededor del mundo

El prejuicio por sexo o género ha sido la médula de la caída de la naturaleza humana desde el jardín del Edén, y vemos su efecto por todas partes. Es la manera de ser del mundo y se ha codificado en todas las religiones del mundo. La perspectiva degradante hacia la mujer ha penetrado en casi todas las culturas, pero en ninguna es más evidente que en el Oriente Medio.

Las historias de abuso hacia la mujer en el mundo musulmán son horribles. Tome por ejemplo el caso de Saana, una joven palestina que a los dieciocho años se casó en un matrimonio arreglado con un hombre musulmán que no amaba. La publicación *Middle East Intelligence Digest* reportó su trágica historia para ilustrar que las mujeres son increíblemente vulnerables en una cultura que las considera como propiedad de sus esposos y de otros familiares masculinos.

Debido a que Saana era tan infeliz huyó de su nueva casa y terminó con unos amigos en otra provincia de la Ribera Occidental. La familia dio con ella en seis horas y la obligó a regresar con su esposo. Al día siguiente, el hermano de Saana la asesinó, la decapitó y arrastró su cabeza por las calles. Su acto de brutalidad, que fue alabado por el concilio musulmán local, se conoce en la región como «asesinato por honor de la familia». Debido a que Saana había «deshonrado» a su esposo al escapar, recibió su merecido de acuerdo con la tradición islámica.[8]

Cada año se reportan al menos cuarenta muertes por esta razón en los territorios palestinos de Israel, aunque es muy probable que el número sea mucho mayor. En 1994, una mujer fue detenida al este de Jerusalén a plena luz del día y apuñalada dieciséis veces en la cabeza y los hombros. Su crimen: insistir en la custodia de sus hijos en un complicado proceso de divorcio.

En un informe dado a conocer en el 2000 por la Amnistía Internacional y las Naciones Unidas, los investigadores dicen que al menos mil «asesinatos por honor» ocurrieron en Pakistán en el 1999. Por lo menos cuatrocientos se documentaron en Yemen en 1997. En la mayoría de los casos, la ONU descubrió que las órdenes de asesinato vinieron de familiares.[9]

La Prensa Asociada reportó en julio del 2000 sobre una mujer paquistaní de 28 años que había «deshonrado» a la familia por tratar de divorciarse de su abusivo esposo. Su padre, un reconocido hombre de negocios en la ciudad de Lahore, contrató un asesino para matarla. Los líderes de la comunidad y los religiosos lo elogiaron por el asesinato.[10]

En Irán, Afganistán, Arabia Saudita y otras naciones musulmanas en las que se resiste la influencia de occidente, los derechos humanos para la mujer son extremadamente limitados debido a las enseñanzas islámicas. A las mujeres en algunas culturas musulmanas se les prohibe recibir cualquier tipo de educación y se consideran en el mismo nivel social que los animales domesticados. A muchas mujeres musulmanas en estas naciones árabes se les ha disparado, decapitado, apedreado o envenenado por cometer «crímenes» como sentarse al lado de un hombre en el autobús, hablar con un hombre por teléfono o aun por haber sido violadas.

Algunas mujeres musulmanas no tienen siquiera el derecho a salir a la calle. Recientemente la revista *Times* le preguntó a Abassi Madani, líder del Frente Islámico de Algeria, cuándo era apropiado para una mujer musulmana salir de la casa. Su respuesta fue: «Cuando nace, cuando se casa y cuando va hacia el cementerio». [11]

El fundamentalismo islámico aprueba el abuso doméstico en su forma más cruel. Examine lo que el Corán y otros textos sagrados musulmanes (como el Hadiz) dicen sobre el matrimonio y la voluntad de Alá para la mujer:

* Los hombres son superiores a las mujeres (C 2.228, C 4.34)
* Las mujeres carecen de inteligencia, gratitud y religión (Hadiz *Sahih al-Bukhari*) y deben considerarse como «juguetes» (Hadiz #919).
* El engaño de la mujer es «asombroso», su maldad contagiosa, su mal carácter y su mente débil son sus características predominantes (Hadiz *Ihy'a>Uloum ed-Din*).
* El testimonio de dos mujeres es igual al testimonio de un hombre (C 2.282).
* Las mujeres deben usar velos o *hijabs* no para proteger su castidad sino la castidad del hombre

que las mira (Hadiz por el Dr. Mohammad Sa'id Ramadan al-Buti).

* Los derechos del marido sobre su esposa son divinos (Hadiz *Mishkat al-Masabih*).

* Es una condescendencia de parte del hombre el pasar su vida con una mujer. Ella no puede devolver el favor, no importa el sacrificio que haga (Hadiz por Suyuti).

* Un esposo que teme la rebeldía de su esposa debe primero amonestarla. Si eso no funciona, tiene el derecho de abandonarla sexualmente. Y si eso no funciona, puede golpearla (C 4.34).

* Una nota al calce en la traducción al español del *Hadiz Mishkat al-Masabih* señala que el esposo puede golpear levemente a su esposa si esta (1) no usa los «adornos» que él pide, (2) se niega a tener relaciones sexuales con una excusa ilegal, (3) se le ordena bañarse para limpiarse de la impurezas para orar y se niega, y (4) sale sin el permiso de su esposo.

* El clérico musulmán Ibn Kaathir, al comentar sobre el pasaje del Corán 4.34, dice que no se le puede preguntar al hombre porqué golpea a la esposa. Este es su incuestionable derecho.

* Los golpes no solo reforman los «desvíos» en la conducta sino que también pueden ser gratificantes para la mujer. Algunas mujeres no «reconocerán el poder del hombre al que aman a menos que el hombre las conquiste físicamente». (Comentario del C 4.34 por Sayib Qotb, *Fi Zilal al-Qur'an*).[12]

El islam no es la única religión en el siglo XXI que todavía promueve el golpear a la esposa y la sumisión. El hinduísmo, que tiene un estimado de 714 millones de adeptos solo en la India, también promueve una degradante perspectiva de la mujer a pesar de que algunas de sus más importantes deidades son poderosas diosas.

Debido al surgimiento de un nacionalismo religioso militante, muchos hindús en India todavía practican ritos barbáricos como el *sati*, una antigua tradición en la que se quema a la mujer en hogueras funerales al morir su esposo. En muchas partes de India, los padres matan a los bebés hembras porque se considera vergonzoso el parir una niña. Las Naciones Unidas informaron recientemente que la población de la India carece de aproximadamente cincuenta millones de niñas como resultado del infanticidio.[13]

¿No debe el cristianismo ser diferente?

En comparación con el abismal récord de abusos a los derechos humanos en las culturas musulmanas e hindús, se esperaría que el nivel de la mujer fuera más alto en las naciones influenciadas por el Evangelio. En muchos casos es así. Por ejemplo, la influencia del cristianismo en los Estados Unidos fue lo que provocó que se le otorgara el derecho al voto a la mujer en el 1920.

Movimientos similares ocurrieron más tarde en Canadá (1918), Suecia (1921), Francia (1944) e Italia (1945). Inglaterra otorgó el sufragio femenino en el 1918 pero requería que esta tuviera treinta años, mientras que los hombres podían votar a los veintiuno. La edad se igualó en el 1928. Irán, por su parte, esperó hasta el 1980 para otorgarle a la mujer el derecho a votar. Las mujeres negras sudafricanas no pudieron votar hasta el 1994.[14]

Finalmente, los gobiernos han reconocido que la mujer merece iguales derechos, sin embargo dentro de la iglesia cristiana la degradación de la mujer a través del abuso doméstico todavía ocurre en forma alarmante. A pesar de que parte de la misión de Jesucristo fue redimir a la mujer de la maldición y elevarla a un lugar seguro y de justa influencia, no siempre los líderes de la iglesia han apoyado esta misión. En muchos casos nos hemos opuesto.

En el tiempo del Nuevo Testamento, se consideraba a las mujeres como una propiedad absoluta de sus padres y esposos. Tenían menos valor que el ganado. Por eso las palabras del apóstol Pablo en Efesios 5.28: «Así también los maridos deben amar a sus mujeres como a sus mismos cuerpos», fueron una salida radical a las tradiciones culturales de la época. El enfoque cristiano de las relaciones esposo-esposa es uno de *igualdad* y *respeto mutuo*, no es de dominio, control o humillación.

No obstante, el prejuicio por sexo se mantuvo arraigado en la iglesia en sus primeros días. A lo largo de la Edad Media la perspectiva que predominaba entre los cristianos era que las mujeres eran inferiores y que debían ser gobernadas por sus tiranos esposos, y golpeadas si era necesario. El clero católico de los tiempos medievales aprobaban que la esposa fuera golpeada si era por motivos disciplinarios, y esto fue una ley durante el siglo XIII en Francia. Una ley establecía que los hombres «podían excusarse por las heridas que le infligían a sus esposas. Si no la mata ni la mutila, es legal que un hombre le pegue a la esposa si esta lo agravia». [15]

Aunque la Reforma Protestante trajo un nuevo entendimiento de la gracia de Dios para la salvación, los líderes reformadores ofrecieron a la mujer muy poca de esa gracia. Juan Calvino, John Knox y Martín Lutero mostraron un evidente chauvinismo en sus escritos. De hecho, Lutero alardeaba de que le pegaba a su esposa para corregirla.[16]

En la Inglaterra protestante, un acta protegía al hombre por golpear a la esposa siempre y cuando el instrumento usado no se considerara «irrazonable».

(Una ley especificaba que el palo usado para golpear a la mujer no podía ser más ancho que el dedo pulgar del hombre). Finalmente, a finales del siglo XIX, los legisladores en los Estados Unidos comenzaron a promulgar leyes que convertían el abuso a la mujer en un crimen castigable.

Aunque en el siglo XX la mujer ganó sus derechos políticos e igualdad en el empleo, todavía el abuso doméstico es un problema general. El Consejo Nacional sobre la Violencia Doméstica dice que en este país se golpea a una mujer cada quince segundos.[17] Trágicamente, este problema también existe en las iglesias evangélicas pero muchas veces se esconde debajo de la alfombra porque los líderes cristianos no saben cómo pararlo o porque no pueden reconciliarlo con su teología. Esto debido a que sus lecciones sobre el matrimonio, particularmente su filosofía sobre las esposas y la «sumisión bíblica», son el motivo subyacente para este horrible problema.

¿No cree que ya es tiempo que la iglesia se pare y resplandezca con la luz realmente bíblica de la verdad en un mundo oscurecido por el prejuicio de sexo?

Preguntas para discusión

1. ¿Cómo aconsejaría a una mujer cuyo esposo cristiano está abusando físicamente de ella?
2. Explique cómo usted interpreta las palabras del apóstol Pablo en Efesios 5.22: «Las casadas estén sujetas a sus propios maridos».
3. Luego de leer las citas de los textos islámicos sagrados, ¿cómo describiría la perspectiva musulmana de la mujer? ¿En qué se diferencia de la cristiana?

4. En su opinión, ¿porqué los cristianos en otros tiempos promovían la práctica del abuso doméstico?

«Ni el profeta Joel ni los apóstoles estaban en contra de que las hijas profeti-zaran... Por lo que ustedes que persiguen las hijas sobre las que el Espíritu Santo ha sido derramado, y no creen en ellas, son los que desprecian la profecía, por lo que han roto la orden de los apóstoles... Por lo que estén avergonzados por siempre, y que sus bocas sean silenciadas por siempre, por despreciar el espíritu de profecía en las hijas, por arrojarlas a la prisión y entorpecer a las mujeres trabajadoras en el Evangelio».

—GEORGE FOX[1] FUNDADOR DEL MOVIMIENTO DE LOS CUÁQUEROS

«Ah, que los ministros de la religión busquen los manuscritos originales de la Palabra de Dios para descubrir si las nociones generales de la sociedad no son erróneas en este asunto, y si realmente Dios tuvo la intención de que la mujer entierre su dones y talentos, como lo hace ahora».

—CATHERINE BOOTH, EN SU LIBRO *Female Ministry: On a Woman's Right to Preach the Gospel* [MINISTERIO FEMENINO: SOBRE EL DERECHO DE LA MUJER A PREDICAR EL EVANGELIO] (1875)

«No es suficiente para las mujeres buscar modesta y calladamente su propia reden-ción; deben proclamarla, aun cuando esa proclamación la exponga al falso cargo de la inmodestia. Es perverso que cualquier ser humano calle la boca de cualquier otro, hombre o mujer, que pronuncie el testimonio de verdad en estos días de apos-tasía».

—KATHERINE BUSHNELL, MISIONERA Y EXPOSITORA DE LA BIBLIA[3] AYUDÓ A DETENER LA PROSTITUCIÓN INFANTIL EN INDIA A FINALES DEL SIGLO XIX.

«Entre cuatro y cinco años después de mi santificación, en cierto momento, un im-presionante silencio calló sobre mí, y me paraba como si alguien estuviera a punto de hablarme pero no tenía ese pensamiento en mi corazón. Pero para mi absoluta sorpresa pareció sonar una voz a la que pensé escuchar claramente, y más aún en-tender, que me dijo: "¡Ve y predica el Evangelio!" De inmediato contesté en voz alta: "Nadie me va a creer". Y escuché otra vez, y de nuevo la misma voz parecía decir: "Predica el Evangelio. Yo pondré palabras en tu boca."»

—JERENA LEE, LA PRIMERA MUJER EVANGELISTA QUE VIAJÓ EXTENSAMENTE [4] EN LA IGLESIA EPISCOPAL METODISTA AFRICANA A PRINCIPIOS DEL SIGLO XIX

Conclusión

Cientos de pastores norteamericanos viajaron a Corea del Sur durante las décadas del setenta y ochenta para observar el extraordinario ministerio del Dr. David Yonggi Cho, fundador de la iglesia más grande del mundo. En este tiempo, su congregación pentecostal en la ciudad de Seúl ya tenía 200,000 miembros, en una nación en la que el cristianismo no había sido aceptado sino más bien tolerado por cerca de un siglo. Los norteamericanos querían conocer el secreto del Dr. Cho para poder duplicar el increíble éxito en crecimiento de esta iglesia.

Cuando regresaron de Corea, anunciaron a la comunidad evangélica que el secreto de Cho tenía dos aspectos: (1) Dependía en gran manera en la oración y motivaba a su congregación a orar por horas cada semana; y (2) Dividió la congregación en «pequeñas células» que se reunían en hogares, dándole a los convertidos el recurso apropiado para un discipulado constante. Por lo que, al estilo típico del norteamericano, las iglesias en los EE.UU. adoptaron los programas de oración y experimentaron con el modelo de célula de Cho. La meta era edificar iglesias tan grandes como la congregación de Cho.

Pero hasta la fecha, las iglesias más grandes de los Estados Unidos han sobrepasado el umbral de los 20,000 miembros, mientras que la congregación de Cho debe alcanzar los 700,000 para finales del 2000. Obviamente algo se nos pasó en la traducción cuando tratamos de copiar la fórmula coreana.

Mientras que la oración era ciertamente un ingrediente clave en la propagación del Evangelio en Seúl, Cho reveló en el 1999 durante un mensaje a pastores y misioneros en Italia que los expertos habían obviado el factor más importante en el crecimiento de su iglesia. Entonces pasó a explicar el rol principal que la mujer ha tenido en su ministerio:

Por cinco mil años las mujeres en Corea no tuvieron ninguna voz. Estaban ahí solo para atender las necesidades de los hombres. Entonces llegó el cristianismo y las liberó. Especialmente en la iglesia, las mujeres son libres en Corea. En el ministerio, son iguales a los hombres. Están licenciadas. Son ordenadas. Y se han convertido en líderes de células. De los 50,000 líderes de células que hay en mi iglesia, 47,000 son mujeres. Tengo alrededor de seiscientos pastores asociados. Cuatrocientos de ellos son mujeres. Son excelentes trabajadoras. Sin las mujeres no creo que hubiera podido edificar esta iglesia tan grande.

Yo no soy el único que usa a las mujeres. Los presbiterianos, los metodistas, las iglesias de santidad y los bautistas también las usan. Pero eso no es lo que se hace en Italia. Aquí no se usa a la mujer. Ellas vienen y calientan los escaños. Si alguna vez las entrenan y le delegan sus ministerios a ellas, se convertirán en tremendas mensajeras para el Señor.

Algunos de ustedes citarán 1 Corintios 14.34: «Vuestras mujeres callen en las congregaciones». Les digo una cosa, hermanos y hermanas. Una vez la mujer es llamada al ministerio, ya no pertenece a la categoría de mujer. Son mensajeras del Señor.

Por lo tanto, no me da miedo tener mujeres trabajadoras. Porque dándole poder a la mujer estamos evangelizando toda Corea. Estoy alentando a las iglesias norteamericanas a usar a la mujer. Los pastores europeos son lentos para entender esto. A la verdad les animo a usar a la mujer». [5]

Cho le contó a los italianos que por poco sufre una depresión nerviosa cuando comenzó su ministerio en el 1964 e intentó hacer todo el trabajo por sí mismo. Durante un periodo de agotamiento, y bajo cuidado médico, se dio cuenta que la iglesia del Nuevo Testamento estuvo dirigida por pastores que abrieron sus casas al compañerismo y la enseñanza. También reconoció, a través del estudio de las Escrituras, que el apóstol Pablo había colocado a mujeres del primer siglo como Priscila y Lidia en roles pastorales para operar iglesias en las casas. Por lo que Cho comenzó a entrenar a un gran grupo de mujeres para ser líderes de células, y en respuesta, muchos de sus líderes varones se enojaron y se fueron de la iglesia.

Cho no pudo regresar físicamente a la iglesia hasta el 1969 debido a los efectos del estrés. Pero durante esos cinco años, cuando estas mujeres dirigieron la congregación en grupos pequeños, la Yoido Full Gospel creció de 3,000 a 18,000 miembros, un índice de crecimiento anual de un cuarenta y tres por ciento.

¿Qué hubiera ocurrido si los americanos que visitaron Seúl hubiesen duplicado la estrategia de Cho dándole el poder a la mujer para servir en todas las facetas de la iglesia? Sin ninguna duda, algunos hombres se hubieran ido disgustados de las iglesias, denunciando lo «no bíblico» que es usar a la mujer para dirigir los servicios en la iglesia o ejercer autoridad espiritual sobre los hombres. Pero tal vez si hubiésemos permitido servir a las mujeres, en lugar de mantenerlas amarradas como burros en un pesebre, las iglesias norteamericanas hubieran crecido en lugar de reducirse como ha ocurrido desde los ochentas. Y quizás hoy tendríamos en los EE.UU. una iglesia con 700,000 miembros.

Mujeres en los campos de cosecha

En otras partes del mundo, los líderes de iglesias han usado el arma secreta de Cho. En lugar de esperar que la mujer se siente pasivamente en las sombras mientras los hombres hacen toda la labor ministerial, las mujeres se están adelantando en los campos misioneros de África, Asia y el Medio Oriente. Están sirviendo como doctoras, pastoras, maestras y trabajadoras de relevo. Algunas han establecido orfanatos para los residentes de los barrios bajos, o han iniciado esfuerzos para sacar a los niños de la esclavitud y la prostitución. Otras son maestras en seminarios y colegios bíblicos. Algunas están arriesgando sus vidas para predicar en países donde es ilegal compartir abiertamente el Evangelio. Unas cuantas están dirigiendo denominaciones enteras.

En un informe dado a conocer en el año 2000 por la organización norteamericana, "Discipling a Whole Nation" o DAWN (por las siglas en inglés), dijo que muchas de las iglesias cristianas existentes en una nación musulmana fueron iniciadas por mujeres.[6] Esto también está ocurriendo en países como Filipinas y Cambodia. Y en China, los misioneros americanos que han visitado las prósperas «iglesias en casas» que no están registradas dicen que la mayoría de las evangelistas itinerantes a tiempo completo son mujeres. Algunos observadores estiman que las mujeres son hasta el ochenta y cinco por ciento del liderazgo de la iglesia china clandestina. Están sirviendo a un movimiento de avivamiento que ha crecido de 1,8 millones de protestantes en el 1949 a 75 millones hoy día.[7]

El arma secreta del Dr. Cho no es un concepto nuevo. El Espíritu Santo ha usado a las mujeres para predicar el Evangelio desde que Jesucristo comisionó a la samaritana para decirle a sus vecinos sobre el Mesías. Pero las mujeres ministros siempre han enfrentado la oposición dentro de la iglesia debido al chauvinismo y el arraigado prejuicio cultural.

Durante el siglo XIX, cuando muchas mujeres navegaron a India, China y África para servir como maestras, traductoras y evangelistas, se convirtieron en amenaza para el liderato masculino en las misiones por sus grandes cantidades. Con frecuencia se les recordaba quien estaba a cargo, pero la mayoría eran mansas y complacientes frente al discrimen. Estaban satisfechas con hacer todo el trabajo y no recibir ningún crédito.

Una misionera que retó a los chauvinistas de su época fue la bautista pionera Lottie Moon. Durante su estadía en China durante la década de los 1870, se quejó a sus superiores insistentemente sobre la forma en que se echaba hacia el lado a la mujer. Decía: «Lo que las mujeres que vienen a China quieren es la libre oportunidad de hacer el mayor trabajo posible. Lo que la mujer tiene el derecho a exigir es una perfecta igualdad».[8]

Sin embargo, más de 120 años desde que Moon escribió estas palabras, la denominación a la que sirvió hasta su muerte todavía le niega a la mujer la oportunidad de servir en todas las facetas ministeriales. La Convención Bautista del Sur reiteró su postura antimujer durante su reunión anual del año 2000 celebrada en Orlando, Florida, indicando que la Biblia prohibe que las mujeres sean pastoras principales.

¿Por cuántos años más arrastraremos los pies y nos conformaremos con resultados pobres mientras Dios está ofreciendo logros sobrenaturales como lo que el Dr. Cho ha visto en Corea? ¿Cuántos millones de personas se irán al infierno porque no le permitimos a la mujer que haga su parte para alcanzarlos?

Por el bien de esta gran cosecha tenemos que liberar a las mujeres para predicar y dirigir. No podemos posponerlo más. No podemos darnos el lujo de elegir más comités para que estudien el asunto de las mujeres en el ministerio. No podemos permitir que el prejuicio cultural y humano nos controle. Los hombres no pueden sentirse amenazados por las mujeres que simplemente quieren obedecer a Dios.

Sugiero que demos diez pasos importantes para capacitar por completo a la mujer para el liderazgo en la iglesia:

1. *Debemos arrepentirnos y pedir perdón por el prejuicio por sexo.*

Nuestra lista de errores es demasiado larga para entrar en detalles. Desde el mismo comienzo de la era cristiana hemos permitido que el prejuicio por sexo contra la mujer prevalezca en la casa de Dios. Los pastores de la Edad Media usaron la Biblia para defender el abuso doméstico. Durante la Inquisición, tanto católicos como protestantes acusaron injustamente a muchas mujeres de hechicería, les negaron juicios justos, y luego las torturaron, las quemaron en la hoguera o las ahogaron. Más tarde, los cristianos resistieron los esfuerzos para garantizar a la mujer el derecho a ser dueña de una propiedad, dejándolas en la calle si eran abandonadas por divorcio o la muerte del esposo.

Durante el siglo XIX, los líderes eclesiásticos se opusieron a que la mujer siguiera estudios superiores. Algunos pastores hasta llegaron a promover la idea de que las mujeres eran inferiores mental y fisiológicamente, por lo que no cualificaban para asistir a la universidad o a las escuelas de medicina. En los

EE.UU., muchos pastores se opusieron vehementemente a otorgar a la mujer el derecho al voto, a pesar de que las primeras líderes del movimiento para el sufragio femenino era cristianas creyentes en la Biblia. Y todavía hoy, muchos líderes denominacionales se oponen a darle a la mujer la oportunidad de pastorear iglesias o servir en otras posiciones ministeriales importantes.

Tenemos mucho por lo que debemos arrepentirnos. El orgullo masculino es la raíz de nuestro pecado. La actitud de dominio patriarcal ha traído el abuso sexual, la violencia doméstica, la pornografía, el adulterio y el divorcio rampante, enviando con mucha frecuencia a la mujer a prisiones de depresión, desórdenes alimentarios, adicción y aun lesbianismo. (Muchas mujeres que luchan con el lesbianismo admiten que algún familiar varón las molestó, y dicen que la vergüenza de la experiencia es la causa de su odio por los hombres.)

Debemos buscar la reconciliación, pero solo puede ocurrir con un arrepentimiento de corazón y unas disculpas sinceras. Los esposos deben disculparse con sus esposas. Los pastores deben disculparse con las mujeres miembros de sus iglesias. Los líderes ministeriales deben perdir perdón a las empleadas a quienes les han negado oportunidades y compesación económica. Y las denominaciones deben hacer declaraciones públicas de arrepentimiento por el prejuicio por sexo.

En 1996, los líderes de la Iglesia Internacional Pentecostal de la Santidad se reunieron en Fayetteville, Carolina del Norte, para una «asamblea solemne» en la que se arrepintieron públicamente de los pecados corporativos que sentían había lastimado a Dios e impedido su progreso como movimiento. Uno de esos pecados fue el dominio masculino. El 23 de agosto de 1996 leyeron una declaración que decía, en parte:

Nosotros, los hombres de la Iglesia Pentecostal de la

Santidad, confesamos que no hemos honrado el precedente expuesto en la Palabra de Dios. A menudo, no hemos tratado a nuestras esposas como compañeras iguales en el matrimonio y ministerio. Hemos distorsionado la doctrina de la santidad al enfocarnos en la apariencia exterior de la mujer. Reconocemos el pecado del dominio masculino y reconocemos que nos hemos negado a concederle a la mujer lugares de honor en la iglesia. No hemos confirmado los ministerios de mujeres calificadas dejándolas servir en posiciones de liderazgo. Hemos mostrado injusticia en relación a sus salarios.

Perdónanos, oh Padre, por el pecado del dominio masculino, el cual ha hecho sentir a nuestras esposas como compañeras desiguales. Nos arrepentimos de tratar a la mujer de una forma no bíblica en relación a sus ministerios y salarios. Nos arrepentimos de hacerlas blanco de nuestras enseñanzas de santidad y por abusar verbalmente de ellas, tanto en público como en privado.

Crea en nosotros una sensibilidad nueva hacia los dones divinos de la mujer en la Iglesia Internacional Pentecostal de la Santidad, para que haya unidad y un mayor poder en nuestro ministerio mundial.[9]

Cada denominación en los Estados Unidos y en el mundo haría bien si sigue el ejemplo de la Santidad Pentecostal.

2. Los hombres cristianos deben defender verbalmente el derecho de la mujer de predicar y dirigir en la iglesia.

Cuando hace algunos años me convertí en un apasionado de la liberación del ministerio de la mujer, alguna gente me preguntó por qué, un hombre, había adoptado esta causa. Algunos me acusaron de ser feminista. Otros se preguntaban calladamente cómo podía estar seguro de mi hombría y al mismo tiempo leer libros de teólogas, como si estudiar sus escritos pudiera debilitar mi masculinidad.

Conclusión

Me apasiona el asunto de la mujer en el ministerio porque es una preocupación en el corazón de Dios. Esto es prioridad en su agenda. ¡El Padre quiere liberar a sus hijas!

A través de la historia, siempre que a las mujeres se les ha concedido autoridad como misioneras, evangelistas o sembradoras de iglesias, siempre ha habido hombres dispuestos a apoyar a Dios en esto, aun cuando la mayoría de los miembros del «club de la vieja guardia» se han mantenido en su chauvinismo. Aquellos de nosotros que favorecemos el darle poder a la mujer tenemos buena compañía:

- George Fox, fundador de la Iglesia de los Amigos (los cuáqueros), liberó a un pequeño y ungido ejército de mujeres predicadoras a principios de la América colonial. Citó la profecía de Joel 2.28: «Vuestras hijas profetizarán», como su defensa bíblica.

- El evangelista Jonathan Edwards alteró los círculos religiosos de su tiempo al animar públicamente a las mujeres a testificar de su fe.

- John Wesley, el fundador del metodismo, al principio se oponía a ministerio de la mujer pero luego cambió su posición y fue criticado porque muchas de sus colegas mujeres predicaban abiertamente y dirigían campañas evangelísticas.

- Charles G. Finney, líder del Segundo Gran Despertar en los Estados Unidos, nunca apoyó el derecho de la mujer a tener alguna posición en la iglesia, pero sí le permitía a las mujeres orar y testificar en sus reuniones. También enseñaba que «la iglesia que silencia a la mujer carece de la mitad de su poder».

- William Booth, quien fundó el Ejército de Salvación junto a su esposa Catherine, compartía con ésta sus tareas de predicación. Durante un periodo en los 1860, él predicaba los domingos al este de Londres mientras Catherine predicaba al oeste. Su ministerio oficialmente prohibió el discrimen contra la mujer en el 1875, y en tres años casi la mitad de los oficiales del Ejército de Salvación eran mujeres. De aquí la razón para la famosa cita de Booth: «Algunos de mis mejores hombres son mujeres».[10]

A mediados del siglo XIX, una ola de misioneras se dirigió a África y Asia desde los Estados Unidos. Los hombres que las enviaron reconocieron que habían sido mobilizadas por la mano de Dios. Aunque el discrimen por sexo era rampante en el campo misionero, y que se les recordaba con frecuencia a las mujeres sobre «su lugar», algunos estadistas misioneros como Hudson Taylor de la «Misión Interior de China» y C.T. Studd de la «Cruzada para la Evangelización Mundial» defendieron vigorosamente los logros espirituales de sus obreras.

Es tiempo que los hombres se coloquen en el lado correcto de este asunto. Si el Señor de la cosecha está enviando a nuestras hermanas, ¿quiénes somos nosotros para entorpecerles el camino?

3. La iglesia debe dejar de usar inapropiadamente las Escrituras para limitar el ministerio de la mujer.

El Evangelio es una buena noticia para la mujer. Sin embargo, la Iglesia ha insistido por siglos que la maldición de sujeción y degradación puesta sobre Eva debe permanecer por siempre sobre todas las mujeres, aunque ya Cristo las haya redimido. Aun hay iglesias en el siglo XXI que enseñan que la voluntad de Dios para la mujer es que permanezcan por siempre en un nivel de segunda categoría. Mientras que Jesús predicó libertad para los cautivos, nosotros hemos predicado esclavitud.

Los hombres caídos le han impuesto a la Biblia sus propios prejuicios por sexo, resultando esto en malas traducciones y notorias malas interpretaciones. Los hombres han leído sus prejuicios en las Escrituras y luego los han codificado como preceptos religiosos sagrados, cuando en realidad van en una dirección totalmente opuesta al corazón del Evangelio. Decimos que las mujeres no pueden predican, cuando en realidad la Biblia les ordena ser valientes testigos de Cristo. Decimos que no pueden profetizar, cuando el profeta Joel declaró que lo harían y el apóstol Pablo da instrucciones específicas de cómo hacerlo. Decimos que no pueden dirigir la iglesia, cuando, de hecho, la Biblia presenta numerosos ejemplos de mujeres devotas líderes.

Somos como los fariseos; presumimos de nuestro brillante entendimiento de las Escrituras. Ellos eran quienes mantenían la ley, pero se atrincheraron tanto en sus propias interpretaciones de la Biblia que no reconocieron la encarnada Palabra de Dios cuando estuvo en medio de ellos.

Cuando Jesús visitó el templo el día de descanso y sanó a una mujer que había estado encorvada por dieciocho años (véase Lucas 13.10-17), los fariseos pasaron por alto el milagro y acusaron indignamente a Jesús de violar el día de descanso. Estos hombres estaban tan encerrados en sus tradiciones religiosas que no eran capaces de reconocer la mano de Dios en acción justo al frente de sus ojos. Y citaban la Biblia para defender su oposición a él.

Necesitamos con desesperación ser liberados del espíritu de los fariseos. Innumerables mujeres hoy día, como la de Lucas 13, han sido sanadas por el Salvador y están ávidas de hablarle a las multitudes de su amor y poder. Jesús no le dijo a la mujer encorvada que se callara, no obstante nosotros insistimos en silenciar a las mujeres que tienen el llamado a predicar y estamos prestos a citar pasajes fuera de contexto para justificar nuestra oposición.

4. Las iglesias que creen en la Biblia deben descartar la idea de la que ordenación de la mujer es una posición «liberal».

En años recientes, las denominaciones conservadoras han demonizado el feminismo y han culpado a este movimiento de todos los males sociales. De hecho, algunos cristianos creen que la destrucción de la familia y la erosión de los valores morales es culpa de las mujeres que han exigido iguales derechos en el trabajo.

Pero debemos hacer una distinción entre el feminismo secular y el *feminismo bíblico*, el cual tiene sus raíces en las Escrituras. En su excelente libro *Equal to Serve* [Iguales para servir], la escritora Gretchen Gaebelein Hull aclara este punto:

El feminismo secular dice: «Exijo mis derechos. Quiero ser capaz de competir con el hombre sobre las mismas bases». El feminismo bíblico dice: «Quiero ser libre para ser la persona que Dios quiere que sea y tener el privilegio de seguir a Cristo cuando me llame a hacerlo».

El feminismo (o cualquier otros ismo) sin Cristo es solo otra lucha de poder. Pero al añadir la palabra bíblico *al feminismo indica que estas feministas quieren explorar sus convicciones sobre la igualdad de la mujer en una forma bíblica e implementar sus hallazgos de acuerdo a las guías bíblicas.*[11]

No debemos temer al feminismo bíblico. Si la Biblia aboga por la idea de que la mujer es igual al hombre ante los ojos de Dios y que debe ser tratada con consideración y respeto, entonces esto debe convertirse en parte del Evangelio que predicamos.

Durante las décadas de los cincuenta y sesenta, muchas denominaciones influyentes, incluyendo la Iglesia Episcopal, la Iglesia Metodista Unida y los Discípulos de Cristo, comenzaron a caer en una trágica crisis teológica. Los obispos dirigentes y los seminaristas cuestionaron los preceptos cristianos básicos como el nacimiento virginal y la inspiración divina de las Escrituras. Al mismo tiempo, estos grupos comenzaron a discutir si las posturas morales y cristianas sobre el aborto y el homosexualismo debían ser reexaminadas. Mientras se comprometía la Palabra de Dios por el bien de la corrección política, estas iglesias también le daban al movimiento feminista secular un lugar para crecer.

En respuesta, muchas otras iglesias, incluyendo algunas evangélicas conservadoras, se declararon enemigas de estas influyentes denominaciones. Se establecieron las líneas de batalla y la lucha se convirtió en una de «nosotros contra ellos». Los conservadores se oponían al matrimonio entre homosexuales; los liberales lo apoyaban. Los conservadores se oponían al aborto; los liberales lo apoyaban. Y cuando estas denominaciones comenzaron a ordenar mujeres, los conservadores lo vieron como una evidencia adicional de apostasía.

Pero la ordenación de la mujer no es una posición liberal. No podemos llamar malo lo que Dios dice que es bueno. Muchos de los grandes evangelistas de la historia del cristianismo creen que Dios llama a mujeres llenas del poder del Espíritu para predicar y servir a la iglesia en posiciones de liderazgo. Y en cada momento histórico de avivamiento, las mujeres siempre han asumido un lugar prominente como portadoras del fuego santo de Dios. Estas predicadoras de periodos de avivamiento anteriores no eran teólogas liberales y hubieran alzado sus voces para denunciar el adulterio espiritual que ha ocurrido en muchas iglesias influyentes de hoy día.

5. La iglesia debe dejar de ignorar el horrible pecado del abuso doméstico.

Por demasiado tiempo se le ha dicho a las mujeres desde el púlpito y en las salas de consejería que Dios requiere que se sometan a la crueldad emocional, y aun la física, para mostrar su obediencia a Efesios 5.22: «Las casadas estén sujetas a sus propios maridos». Muchas mujeres cristianas viven en prisiones de dolor porque sus esposos cristianos abusan físicamente de ellas. Algunas de estas mujeres han soportado un terrible daño físico. Y algunas, han muerto.

La iglesia debe detener esta locura. Debemos ofrecerle a la mujer sanidad y transformación en lugar de rechazo y culpa. Al torcer Efesios 5 para sugerir que Dios quiere que la mujer se someta a los golpes y la violación, hemos creado un ambiente donde el abuso tiene permiso para florecer. En lugar de alentar a la mujer a tolerar la violencia doméstica, debemos exigir el arrepentimiento de los hombres que abusan de ellas.

Esto significa que necesitamos un nuevo paradigma para el ministerio de los hombres. En lugar de enseñarle al hombre cristiano cómo estar «en control», o como ejercer su papel como «cabeza masculina», debemos enseñarles cómo tratar a sus esposas como iguales. Los maridos deben aprender a imitar el modelo de Cristo de liderazgo servil, el cual otorga poder a otros en lugar de buscar el control y el dominio.

6. Las mujeres cristianas deben responder a la injusticia con perdón, no con venganza.

El movimiento feminista secular se ha alimentado con la ira. A principios de los 1970, las feministas militantes que hacían campaña por la Enmienda de Igualdad de Derechos quemaban sus sostenedores en público y gritaban en sus demostraciones: ¡Todos los hombres son cerdos! En muchas ocasiones, su ira era justificada porque nuestra sociedad patriarcal era culpable de una terrible discriminación por sexo. Pero la gritería no produjo el fruto de la justicia. La venganza nunca es la respuesta.

¡Sí! La iglesia ha tratado a la mujer con una crueldad increíble. Pero las mujeres que desean vencer la fortaleza del orgullo patriarcal deben hacerlo confiando en el poder del Espíritu Santo y exhibiendo una actitud cristiana de humildad y amor sincero. Esto no significa que deben mantener sus bocas cerradas, pero no deben permitir que las raíces de amargura envenenen el mensaje que profetizan a los líderes de la iglesia.

Además, mientras comienzan a abrirse las puertas del ministerio para la mujer, necesitamos recordar que solo aquellas que tengan el llamado y el entrenamiento pueden ocupar posiciones de gobierno en la iglesia. Las mujeres que asuman posiciones de autoridad deben demostrar el carácter de Jesús, quien no se aferró al poder «sino que tomó forma de siervo» (véase Filipenses 2.7). Los individuos que la iglesia ordene deben ser llamados y estar cualificados, sin importar el sexo. La mujer que exija una posición de liderato en la iglesia porque es «su derecho» no ha entendido. Es tan culpable de rebelión como los hombres que se resisten a ordenar mujeres preparadas y ungidas para colaborar con ellos.

7. La iglesia debe rechazar el control humano, sea de hombre o mujer, y no aceptar otra cosa que no sea la dirección del Espíritu Santo.

Muchas iglesias conservadoras se oponen con vehemencia a que una mujer sirva en posiciones de liderato porque piensa que Dios solo bendice a la iglesia bajo el liderato del hombre. ¡Qué ridículo! *Dios no quiere que su iglesia esté controlada por hombres o mujeres.* Quiere que sea controlada por el Espíritu Santo.

Gálatas 3.28 dice que en Cristo «no hay judío ni griego; no hay esclavo ni libre; no hay varón ni mujer». En otras palabras, cuando estamos «en Cristo» y cuando el Espíritu opera a través de vasijas humanas, las distinciones de sexo son irrelevantes. Dios obra a través de agentes humanos, sea hombre o mujer, para cumplir sus propósitos. Él no mira la apariencia exterior; mira el corazón buscando la evidencia de la imagen de su hijo.

Cuando la profetisa Débora derrotó a los enemigos de Israel en Jueces 4, declaró que la mujer sería un instrumento para ganar la batalla final. Esto ocurrió cuando Jael atravesó con una estaca la cabeza de Sísara, poniendo fin a la guerra y asegurándole al pueblo de Dios cuarenta años de paz. Dios trabajó por medio de Débora y Jael no porque fueran mujeres sino porque estaban sometidas a su Espíritu y entendieron su propósito. La profecía de Débora de que una mujer obtendría la victoria no tuvo la intención de glorificar a la mujer o crear una competencia entre sexos, sino demostrar que Dios había hecho un milagro que ningún otro humano podía realizar sin su ayuda.

En esta hora, la iglesia necesita hombres y mujeres llenos del poder del Espíritu que reconozcan que son simplemente vasijas para el uso del Maestro. Deben carecer de toda ambición egoísta. Deben reducirse para que Él pueda crecer. Si es Dios trabajando a través de un débil ser humano, sea hombre o mujer, entonces la gloria será solo de Él y no de humanos.

8. Debemos ofrecer reconciliación y sanidad a las mujeres que la iglesia ha ofendido.

Las mujeres han sido la columna vertebral de la iglesia a pesar de que se les ha negado la oportunidad de dirigirla. También han provisto gran parte del sostén financiero en la mayoría de las iglesias. En algunas denominaciones, como la Iglesia Episcopal Metodista Africana, hasta el ochenta por ciento de los miembros de la congregación es femenino.

Sin embargo, un informe reciente del investigador George Barna indica que una cantidad creciente de mujeres se está alejando de la iglesia porque ésta las ha marginado. Algunas de ellas están acogiendo el movimiento de la Nueva Era. Otras están explorando la religión neopagana «wicca», que ofrece a la mujer un sentido de poder a través de una comunión mística con una diosa de la naturaleza. Otras simplemente le han dado la espalda a la iglesia institucional para seguir el materialismo.

La evangelista Diane Shreve, quien vive en Arkansas, viaja en motocicleta miles de millas cada año para alcanzar a las endurecidas mujeres motociclistas que han formado su propia subcultura. Son mujeres rudas, a veces como resultado de situaciones de abuso, y muchas de ellas asumen que la iglesia no tiene nada que ofrecerles. Pero se sorprenden cuando Diane se les acerca con un tratado evangelístico o comienza a hablarles de Jesús.

En el 1999 Diane le dijo a la revista *Charisma* que su meta era convencer a estas mujeres de que Dios las ama. Diane nos dijo: «Estoy convencida de que muchas de ellas están como están porque no saben lo que es un buen padre. Por lo tanto confío en el Espíritu Santo para que en manera sobrenatural le revele a estas "niñitas" el corazón del Padre».[12]

Necesitamos miles de Diane Shreve hoy. Necesitamos que vayan a las prostitutas y las mujeres explotadas que trabajan en barras nudistas y clubes para adultos. Las necesitamos para que compartan a Cristo con los intelectuales de nuestras universidades que se ríen de la iglesia porque todavía predicamos ideas medievales sobre los roles de la mujer. Necesitamos que les ministren a las sacerdotisas «wiccanas» que creen que el Dios de la Biblia es una deida furiosa y patriarcal que odia a las mujeres. ¿Creemos honestamente que los hombres solos pueden alcanzar a toda esta gente herida?

9. En este siglo XXI, necesitamos millones de mujeres en el campo misionero.

Hoy día Dios está usando a mujeres ordinarias para hacer cosas extraordinarias. Una de ellas es Heidi Baker, una norteamericana con educación de seminario que en el 1995 se fue con su esposo Rolando a Mozambique, una nación africana, para administrar un desvencijado orfanato subsidiado por el gobierno.

Heidi asumió que podía pasarse algunos años trabajando con huérfanos y quizás plantar una iglesia. Pero luego de una dramática experiencia de avivamiento durante una visita a Toronto en el 1996, su ministerio se expandió. A principios del año 2000, los Bakers estaban supervisando doscientas iglesias y ofreciendo vivienda, ropa y alimentos a más de seiscientos huérfanos en Maputo, la capital de Mozambique. Luego de que un desastrozo ciclón azotara el país, llamaron a Heidi para proveer ayuda de emergencia a las doce mil víctimas de la inundación. Cerca de dos mil de éstos aceptaron a Cristo durante el programa de asistencia pública que organizó.

Heidi no esperaba que Dios la usara de una forma tan extraordinaria. Pero durante su visita a una conferencia en Toronto, antes de los logros en Maputo, oraron para que recibiera la unción del Espíritu Santo. Heidi sintió el poder de Dios de una manera tan intensa que todo lo que pudo hacer durante la reunión fue permanecer en el suelo. Se quedó en esta posición por siete días durante su visita. Entonces, luego de oír que el Señor le decía: «No puedes hacer nada sin mí», vio una visión de Jesús caminando en un basurero de Mozambique. Le estaba entregando ropas reales a los niños pobres e invitándolos a su banquete de bodas.

En ese momento, Heidi supo que Jesús la estaba llamando para dar su vida para alcanzar a estos huérfanos desamparados. El sentir un increíble amor por ellos hizo que se rindiera más fácilmente al llamado.

Los hombres no pueden cumplir la Gran Comisión solos. Esta no fue la intención de Cristo. De hecho, cuando describió la forma en la que el mundo sería evangelizado, Jesús comparó el proceso con una mujer que puso levadura en tres medidas de harina «hasta que todo fue leudado» (Mateo 13.33).

Es interesante que Jesús haya usado una parábola que incluía a una mujer para describir cómo se esparciría globalmente el Evangelio desde una insignificante ciudad de Israel. No puedo evitar creer que estaba pensando en el vasto ejército de mujeres que serían mobilizadas en los últimos días para llevar su mensaje a las naciones. Cuando la tarea de predicar el Evangelio al mundo termine, ¡descubriremos que la mujer jugó un papel principal en el proceso!

10. En esta hora crucial la mujer no puede permanecer pasiva.

Cuando Ester fue proclamada reina del reino babilonio del rey Asuero, su primo Mardoqueo le contó del siniestro plan de Amán para destruir a todos los judíos. Como sabía que Ester era la única que podía salvar al pueblo del genocidio, le dijo:

> Porque si callas absolutamente en este tiempo, respiro y liberación vendrá de alguna otra parte para los judíos; mas tú y la casa de tu padre pereceréis. ¿Y quién sabe si para esta hora has llegado al reino?
>
> —ESTER 4.14

Mardoqueo le ordenó a su prima que hablara. Sin embargo hoy, ¡muchos hombres en la iglesia mandan a callar a las mujeres! El mundo perece y muchos morirán si no escuchan el Evangelio de Jesús. No obstante estamos andando con las sutilezas de si es apropiado que la mujer rompa con su reclusión cultural y haga algo valiente y desafiante para salvar estas vidas.

Mujer de Dios: Ha llegado al Reino para una hora como esta. Debe intervenir. Debe interceder. Debe hablar. Debe obedecer el llamado del Espíritu Santo. No escuche a los religiosos que le dicen que una mujer virtuosa pasa todo el tiempo atendiendo los asuntos del hogar. No escuche a quienes persuaden a las cristianas a enfocar toda su atención en cómo ser «sumisa».

¡Estamos en guerra! ¡La gente perece! El llamado de Dios descansa en usted y cuando se pare frente a Él en el día final el Señor no aceptará excusas como: «Era una mujer y me dijeron que me callara» o «me dijeron que los hombres debían hacer eso».

Estoy seguro que Ester estuvo tentada a echarse atrás en la hora de la liberación. Probablemente tenía una larga lista de buenas excusas. Su cultura le decía que era inapropiado para una mujer acercarse al trono con tanta valentía. Pudo haber sido ejecutada por atreverse a hablar. Pero Dios no la excusó de su tarea.

En esta hora Dios está reclutando a un ejército de Esteres que estén dispuestas a arriesgar sus vidas, romper con las tradiciones patriarcales y contradecir la sociedad para rescatar a una generación marcada para morir. Al igual que Ester, deberá ayunar y orar por la valentía para obedecer. No importa lo inadecuada que se sienta o cuán asustada esté, puede ser llamada para hablarle a las autoridades terrenales más altas.

Tendrá que confiar en Dios y su prueba de fe puede no ser fácil. Aunque pueda sentirse miserablemente

Conclusión

desamparada, se le requerirá aferrarse a la valentía y la fe que está disponible a través del Espíritu Santo. Él se mostrará todopoderoso en nombre de aquellas conocidas como el «sexo débil».

Son su grandioso poder obrando en usted, al igual que la valiente Jael en la historia de Débora, traspasará la estaca en la cabeza del enemigo.

Preguntas para discusión

1. ¿Cree que su iglesia usa a la mujer de la misma manera que el Dr. David Yonggi Cho las ha usado para el crecimiento de su iglesia en Corea? Si no es así, ¿cuáles son las actitudes que impiden que su iglesia autorice a la mujer de esta manera?
2. Lea la declaración de arrepentimiento que la Iglesia Pentecostal de la Santidad presentó en el 1996 (en la página 233-234). ¿Qué emociones produce este documento en usted?
3. ¿Cómo cree que su iglesia ha malinterpretado la Biblia para limitar el ministerio de la mujer?
4. Explique la diferencia entre el feminismo secular y el «feminismo bíblico.
5. ¿Puede pensar en alguna mujer que conozca a quien la iglesia haya ofendido? ¿Cómo piensa que puede ganarla para Cristo?

[1] Uno de los programas de entrevistas con mayor audiencia en la televisión nacional de los Estados Unidos. [Nota del traductor]

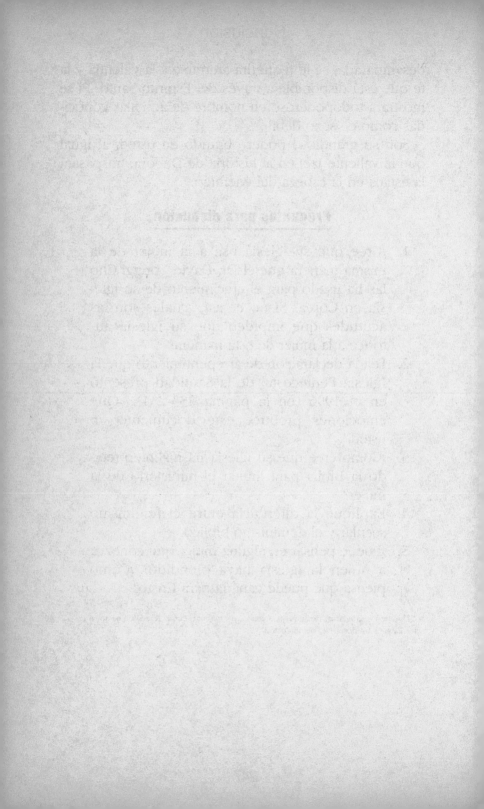

Notas

INTRODUCCIÓN

1. Seth Cook Rees, *The Ideal Pentecostal Church* [La iglesia pentecostal ideal], Knapp, Cincinatti, 1897, p. 41, citado en Ruth Tucker y Walter Liefeld, *Daughters of the Church: Women and Ministry from New Testament Times to the Present* [Hijas de la Iglesia: La mujer y el ministerio desde el tiempo del Nuevo Testamento hasta el presente], Grand Rapids, Michigan, Zondervan, 1987, p.368.

2. Katherine Bushnell, *God's Word to Women* [Palabra de Dios para la mujer], Mossville, Illinois, God's Word to Women Publishers, p. 316.

3. Frances Willard, *Woman in the Pulpit* [La mujer en el púlpito], Boston, Lothrop, 1888, p.62, citado en Tucker y Liefeld, p. 274.

4. Christian polygamists cite support in Bible» [Poligamistas cristianos citan apoyo en la Biblia], Prensa Asociada, *The Orlando Sentinel*, 22 de enero del 2000, E-5.

5. La Iglesia Holandesa Reformada de Sudáfrica apoyó la política del *apartheid* (separación) del gobierno sudafricano, o la total segregación de las razas, y sus teólogos desarro-llaron un elaborado marco doctrinal para apoyar la idea de que Dios favorecía la raza blanca. Debido a su postura racista, la denominación fue excluida en el 1982 de la Alianza Mundial de Iglesias Reformadas, y la idea de Reforma Holandesa fue condenada como una herejía. Finalmente, en el 1989, la iglesia condenó el *apartheid* como pecado.

6. Adrienne S. Gaines, "Escape from the KKK" [Escape del KKK], *Charisma*, abril 1999, p.72.

7. Leigh DeVore, "New Gay Pentecostal Denomination Says Homosexuality Isn't Sinful" [Una nueva denominación pentecostal gay dice que el homosexualismo no es pecaminoso], *Charisma*, enero 2000, p.20. En la página web de la Alianza Nacional Pentecostal de Homosexuales (NGPA, por sus siglas en inglés), la organización ofrece un tratado, «A Biblical Perspective on Same-Sex Marriage» [La perspectiva bíblica sobre el matrimonio entre el mismo sexo] en el que reclama que el rey David era homosexual, y que estaba «casado» con Jonatán, el hijo de Saúl. La NGPA también tuerce las Escrituras para implicar que Daniel, el profeta del Antiguo Testamento estuvo involucrado en una larga relación sexual con Askenaz, un eunuco de Babilonia.

8. Grant L. Martin, *Counseling for Family Violence and Abuse* [Consejería para el abuso y la violencia familiar], Waco, Texas, Word Books, p.23.

9. Tucker y Liefeld, *Daughters of the Church* [Hijas de la Iglesia], p.284.

10. Rabino Eliezar, citado en Mishnah Sotah 3.4; B. Sotah 20a, citando en Tucker y Liefeld, *Daughters of the Church* [Hijas de la Iglesia], p.60.

11. Warren C. Trenchard, *Ben Sira's View of Women: A Literary Analysis* [La perspectiva de la mujer de Ben Sirach: Un análisis literario], Chico, California, Scholars, 1982, 19ff., en Tucker y Liefeld, *Daughters of the Church* [Hijas de la Iglesia], p.42.

Capítulo uno

1. *Oerves de Galen* [Obras de Galen], editado y traducido, Daremberg; Paris, Bailliere, 1856, 2.99, citado en Gerald C. Tiffin, «The Problem of Credulity in Women» [El problema de credulidad en la mujer], en Carrol D. Osburn (Ed.), *Essays on Women in Earliest Christianity, Vol. 2* [Ensayos sobre la mujer a principios del cristianismo], Joplin, Missouri, College Press Publishing, 1995, p.409.

Notas

2. Augustine, *Literal Commentary on Genesis* [Comentario literal de Génesis], IX.5, citado en Tucker y Liefeld, *Daughters of the Church* [Hijas de la Iglesia], p.123.

3. John Knox, *The First Blast of the Trumpet Against the Monstrous Regiment of Women* [El Primer Toque de la Trompeta contra el Monstruoso Regimiento de la Mujer], 1558, citado en Tucker y Liefeld, *Daughters of the Church* [Hijas de la Iglesia], p.177.

4. Tomás de Aquino, *Suma Teológica*, Matriti, Biblioteca de Autores Cristianos, 1955, 1.680-85 (del original en ingles) citado en Osburn, *Essays on Women in Earliest Christianity, Vol. 2* [Ensayos sobre la mujer a principios del cristianismo], p.416.

5. M. Burrows, «Female Education» [Educación femenina], *Quarterly Review,* 126 (1869), pp.144-145, citado en Osburn, *Essays on Women in Earliest Christianity, Vol. 2* [Ensayos sobre la mujer a principios del cristianismo], p.431.

6. Phyllis Thompson, *A Transparent Woman: The Compelling Story of Gladys Aylward* [Una mujer transparente: La irresistible historia de Gladys Aylward], Grand Rapids, Michigan, Zondervan, 1971, p.183, citado en Tucker y Liefeld, *Daughters of the Church* [Hijas de la Iglesia], p.327.

7. Helen Kooiman Kaiser, *Kathryn Kuhlman,* Old Tappan, New Jersey, Revell, 1971, p.99, citado en Tucker y Liefeld, *Daughters of the Church* [Hijas de la Iglesia], p.393.

8. Earl Lavender, «Tertullian—Against Women?» [Tertulio: ¿contra la mujer?], en *On the Apparel of Women*, 1.1.1-2, citado en Osburn, *Essays on Women in Earliest Christianity, Vol. 2* [Ensayos sobre la mujer a principios del cristianismo], pp.332-333.

9. Martín Lutero, citado en Will Durant, *The Reformation: A History of European Civilization from Wycliffe to Calvin, 1300-1564* [La Reforma: La historia de la civilización europea desde Wycliffe hasta Calvino, 1300-1564], New York, Simon and Shuster, 1957, p. 416, citado en Tucker y Liefeld, *Daughters of the Church* [Hijas de la Iglesia], p.173.

10. Gerald C. Tiffin, «The Problem of Credulity in Women» [El problema de credulidad en la mujer] en Osburn, *Essays on Women in Earliest Christianity, Vol. 2* [Ensayos sobre la mujer a principios del cristianismo], p.431. En la Inglaterra victoriana, se le negaba a la mujer el acceso a recibir educación universitaria porque la cultura le decía que no tenía la capacidad de un hombre para aprender. Un escritor, M. Burrows, dijo en 1869 que las mentes femeninas estaban «poco preparadas para el estudio arduo y regular».

11. Catherine Booth, *Female Ministry, or, Women's Right to Preach the Gospel* [Ministerio de la mujer o El derecho de la mujer de predicar el Evangelio], Londres, Salvation Army Printing and Publishing Offices, 1859, p.22.

12. En Génesis 2:18 Eva es llamada *azar*, la palabra hebrea para *ayuda*. Esta es la misma palabra usada para describir a Dios como nuestro Ayudante divino en Deuteronomio 33:7, 26, 29 y Salmos 33:20; 70:5; 115:9-11; 146:5. Ya que la misma palabra es usada para describir a Dios, esta no puede implicar que Eva es inferior a Adán.

CAPÍTULO DOS

1. John Chrysostom, *The Kind of Women Who Ought to Be Taken as Wives* [El tipo de mujer que debe tomarse por esposa], citado en Elizabeth A. Clark, *Women in the Early Church* [Mujeres en la primera iglesia], Wilmington, Delaware, Michael Glazier, 1983, p.37, en Tucker y Liefeld, *Daughters of the Church* [Hijas de la Iglesia], p.124.

2. Francois de Salignac de la Mothe-Fenelon, *Education des Filles* [Educación de las hijas], París, E. Flammarion, reimpreso del 1937, en Osburn (Ed.), *Essays on Women in Earliest Christianity, Vol. 2* 427.

3. John Milton Williams, "Women's Suffrage," *Bsac 50* (April 1893), 343, in Osburn (Ed.), *Essays on Women in Earliest Christianity, Vol. 2*, [Ensayos sobre la mujer a principios del cristianismo], p.461.

4. John MacArthur, página web del ministerio «Grace to You» [Gracia para ti]. Una respuesta a la pregunta,

«¿Pueden las mujeres servir como ancianas en la iglesia?»
On-line. Disponible: http://www.gty.org/Curiosity_
Shop/womenelders.html.

5. Osburn (Ed.), *Essays on Women in Earliest Christianity,
Vol. 2*, [Ensayos sobre la mujer a principios del cristianis-
mo], p.460.

6. De un sermón de Billy Sunday, citado en «The Fighting
Saint» [El santo guerrero], *The Trenton (N.J.) Evening
Times*, 6 de enero de 1916), en Osburn (Ed.), *Essays on
Women in Earliest Christianity, Vol. 2* [Ensayos sobre la
mujer a principios del cristianismo], p.464.

7. Mark L. Pinsky, «Women Pastors May Lose Pulpit» [Las
pastoras pueden perder el púlpito], *The Orlando
Sentinel*, 9 de mayo del 2000, A1, p.12.

8. Craig Keener, *The IVP Bible Background Commentary:
New Testament* (Madison, WI: Intervarsity Press, 1993),
pp. 447-448.

9. Dr. Kenneth E. Bailey, "Women Leaders," de la serie de
videos *Women in the New Testament*, (Wichita, KS:
Harvest Communications, Inc.)

10. Ibid.

11. Booth, *Female Ministry*, p. 5

Capítulo tres

1. Mishna Sotah 3.4; B. Sotah 20a. Debe resaltarse que el
Talmud judío es una colección de comentarios de rabinos
que no están de acuerdo y la cita sobre la «obscenidad»
de enseñar a la mujer la ley de Dios es retada. Sin embargo, muchos estudiosos del primer judaísmo creen que la
cita representa una opinión que prevalecía entre los rabinos del primer siglo. No se le permitía a la mujer estudiar
el Torá o convertirse en discípulas de los rabinos.

2. Orígenes, *Fragments on I Corinthians* [Fragmentos de 1
Corintios], citado en Tucker y Liefeld, *Daughters of the
Church* [Hijas de la Iglesia], p.106.

3. Anónimo, "Have Women Inmortal Souls? The Popular
Belief Disputed" (London: Frederich Farah, n.d.), p. 5,
en Osburn (ed.), *Essays on Women in Earliest*

Christianity, vol. 2, p. 483.

4. Jamie Buckingham, *Daughter of Destiny: Kathryn Kuhlman, Her Story* [Hija del destino: Kathryn Kuhlman, su historia], Old Tappan, N.J, Fleming H. Revell, 1976, pp.125-126, en Tucker y Liefeld, *Daughters of the Church* [Hijas de la Iglesia], pp.392-393.

5. «Women in the Church: Scriptural Principles and Ecclesiastical Practice» [Mujeres en la Iglesia: Principios bíblicos y práctica eclesiástica] en J. Gordon Melton (ed.), *The Churches Speak on Women's Ordination: Offical Statements from Religious Bodies and Ecumenical Organizations* [La Iglesia habla sobre la ordenación de la mujer: Declaraciones oficiales de los organismos religiosos y las organizaciones ecuménicas], Detroit, Gale Research Inc., 1991, p.134, en Susan Hill Lindley, *You Have Stept Out of Your Place: A History of Women and Religion in America* [Te saliste de tu lugar: La historia de la mujer y la religion en América], p.368.

6. David Van Biema, «The Preacher's Daughter» [La hija del predicador], *Time,* 1 de mayo del 2000, pp.56-57.

7. Richard y Catherine Clark Kroeger, *I Suffer Not a Woman* [No hago sufrir a la mujer], pp.87-98.

8. Si bien Richard y Catherine Clark Kroeger ofrecen varios posibles significados para la palabra griega *authenteo,* la cual en 1 Tim. 2.12 es traducida usualmente como «ejercer dominio» o «ejercer autoridad», ellos creen que podría traducirse «declararse uno mismo el autor de». Debido a que algunas sacerdotisa gnósticas creían que la mujer fue creada antes que el hombre, es posible que estuvieran enseñando a la iglesia de Éfeso que el hombre se originó de la mujer y que por lo tanto era superior a este. Esto explicaría porqué el apóstol Pablo intervino para detener particularmente a estas mujeres de tener cualquier influencia en la joven iglesia. Véase Kroger, *I Suffer Not a Woman* [No hago sufrir a la mujer], pp.103-104.

9. Walter C. Kaiser, Jr., "Shared Leadership," *Christianity Today,* 3 de oct. 1986, p. 124; Joseph H. Thayer, *Thayer's Greek-English Lexicon of the New Testament*

(Nashville, TN: Baker Book House Co., Broadman Press, 1977), p. 275.

10. Thayer, *Thayer's Greek-English Lexicon of the New Testament*, p. 17.

11. Kenneth S. Kantzer, "Proceed With Care," *Christianity Today*, 3 de oct. 1986.

Capítulo cuatro

1. Tomás de Aquino, citado en Will Durant, *The Age of Faith* [La era de la fe], Nueva York, Simon and Shuster, 1950, p.826, en Tucker y Liefeld, *Daughters of the Church* [Hijas de la Iglesia], p.164.

2. John R. Rice, *Bobbed Hair, Bossy Wives and Women Preachers: Significant Questions for honest Christian Women Settled by the Word of God* [Cabello reverente, esposas dominantes y mujeres predicadoras: Preguntas importantes para cristianas sinceras clarificadas por la Palabra de Dios], Wheaton, Illinois, Sword of the Lord Publishers, 1941, p.15, en Susan Hill Lindley, *You Have Stept Out of Your Place: A History of Women and Religion in America* [Te saliste de tu lugar: La historia de la mujer y la religión en América], Louisville, Kentucky, Westminster John Knox Press, 1996, p. 347.

3. Letha Scanzoni, citada en Tucker y Liefeld, *Daughters of the Church* [Hijas de la Iglesia], p.411.

4. *Ibid.*, p.76.

5. *Ibid.*

6. *Ibid.*, p.54.

7. Rebecca Merrill Groothuis, *Good News for Women* [Buenas noticias para la mujer], Grand Rapids, Michigan, Baker Books, 1997, pp.156-157.

8. Eusebio, *Ecclesiastical History* [Historia eclesiástica] en Tucker y Liefeld, *Daughters of the Church* [Hijas de la Iglesia], p.113.

9. *Ibid.*, p.114.

10. Ibid.

11. Para más información sobre mártires femeninas en la historia de la Iglesia, véase *Foxe's Book of Martyrs* [El

libro de los mártires de Foxe], Grand Rapids, Michigan, Fleming H Revell, 1999.

12. Tucker y Liefeld, *Daughters of the Church* [Hijas de la Iglesia], pp.214-215.

Capítulo cinco

1. Argula von Grumback, citado en Rolad H. Bainton, *Women of the Reformation in German and Italy* [Mujeres de la Reforma en Alemania e Italia], Austin, Texas, Augsburg, n.d., p.105, en Tucker y Liefeld, *Daughters of the Church* [Hijas de la Iglesia], p.185.

2. Richard Mather, *Church Government and Church Covenant Discussed* [El gobierno de la Iglesia y el pacto de la Iglesia discutidos], London, 1643, p.60, en Tucker y Liefeld, *Daughters of the Church* [Hijas de la Iglesia], p.220.

3. Citado en Frances Willard, *Woman in the Pulpit* [La mujer en el púlpito], en Tucker y Liefeld, *Daughters of the Church* [Hijas de la Iglesia], p.220.

4. Estos conceptos aparecen en el manual «Bill Gothard's Institute in Basic Youth Conflicts seminar» [Seminario sobre los conflictos básicos de la juventud del Instituto Bill Gothard], 1969. Véase sección titulada, «Principles of God's Chain of Command» [Principios de la cadena de comando de Dios].

5. Katherine Bushnell, *God's Word to Women* [Palabra de Dios para la mujer], pp.110-113.

6. Judy Brown, *Women Ministers According to Scripture* [Ministerios de la mujer de acuerdo a las Escrituras], Kearney, Nebraska, Morris Publishing, 1996, p.250.

7. Kantzer, "Proceed With Care."

Capítulo seis

1. Jane Hunter, *The Gospel of Gentility: American Women Missionaries in Turn-of-the-Century China* [El Evangelio de la gentileza: Mujeres americanas misioneras en la China del cambio de siglo], New Haven, Connecticut,

Yale University Press, 1984, pp.13-14, en Tucker y Liefeld, *Daughters of the Church* [Hijas de la Iglesia], p.302.

2. Fred Smith, citado en Gaile Bederman, «"The Women Have Had Charge of the Church Work Long Enough": The Men and Religion Foreward Movement of 1911-1912 and the Masculinization of Middle Class Protestantism» [La mujer ha estado a cargo del trabajo en la iglesia el tiempo suficiente: Los hombres y el Movimiento Religión hacia Adelante del 1911-1912 y la masculinización del protestantismo de la clase media], *American Quarterly* 41, 1989, en Osburn (Ed.), *Essays on Women in Earliest Christianity, Vol. 2* [Ensayos sobre la mujer a principios del cristianismo], p.464.

3. David Cloud, «Women Preachers» [Mujeres predicadoras], Servicio de información de los bautistas fundamentalistas, 30 de enero de 1998. On-line. Disponible: http://www.whidbey.net/~dcloud/fbns/womenpreachers.html.

4. Jane Wilson James, *Women in American Religion* [Mujeres en la religión americana], Filadelfia, University of Pennsylvania Press, 1980, p.20, en Tucker y Liefeld, *Daughters of the Church* [Hijas de la Iglesia], p.387.

5. Para las biografías de estas misioneras pioneras, véase Lewis y Betty Drummond, *Women of Awakenings: The Historic Contribution of Women to Revival Movements* [Mujeres del despertar: Contribución histórica de la mujer a los movimientos de avivamiento], Grand Rapids, Michigan, Kregel Publications, 1997.

6. Susan Lill Lindley, *You Have Stept Out of Your Place* [Te saliste tu lugar], pp.336-337.

7. "Ministering Women: A forum with Jill Poriscoe, Mary Kassian, Jean Thompson & Miriam Adeney," moderado por Wendy Murray Zoba y Helen Lee, *Christianity Today*, 8 de abril, 1996, p. 14.

8. Tucker y Liefeld, *Daughters of the Church* [Hijas de la Iglesia], p.177.

Capítulo siete

1. Tertulio, «On the Apparel of Women» [La vestimenta de la mujer], 1.1, citado en Osburn (Ed.), *Essays on Women in Earliest Christianity, Vol. 2* [Ensayos sobre la mujer a principios del cristianismo], p.411.

2. Salimbene, citado en G.G. Coulton, *From St. Francis to Dante: A Translation of All that Is of Primary Interest in the Chronicle of the Franciscan Salimbene* [Desde San Francisco hasta Dante: Traducción de todo lo que es de principal importancia en la crónica del franciscano Salimbene], London, D. Nutt, 1906, pp.91-92, en Osburn (Ed.), *Essays on Women in Earliest Christianity, Vol. 2* [Ensayos sobre la mujer a principios del cristianismo], p.419.

3. Heinrich Kramer and James Sprenger, *Malleus Maleficarum (The Witch's Hammer)* [El martillo de la hechicera], New York, Dover, 1971, pp.41-44, en Osburn (Ed.), *Essays on Women in Earliest Christianity, Vol. 2*, [Ensayos sobre la mujer a principios del cristianismo], pp. 425-426.

4. Susan Hill Lindley, *You have Stept Out of Your Place* [Te saliste de tu lugar], pp.3-7.

5. Tucker y Liefeld, *Daughters of the Church* [Hijas de la Iglesia], pp.220-224.

6. Ibid., p.222.

7. Andy Butcher, «The Truth About the Salem Witch Trials» [La verdad sobre los juicios a las brujas de Salem], *Charisma,* octubre 1999, pp.50-51.

8. David Cloud, «Women Preachers» [Mujeres predicadoras], Servicio de información de los bautistas fundamentalistas], 30 de enero de 1998. On-line. Disponible:http://www.whidbey.net/~dcloud/fbns/ womenpreachers.html.

9. Tucker y Liefeld, *Daughters of the Church* [Hijas de la Iglesia], p.61. Tucker y Liefeld señalan que esta oración de agradecimiento por ser hombre aparecía en las más antiguas tradiciones judías, incluyendo el Talmud de Babilonia, la Tosefta y el Talmud de Jerusalén.

10. Del Talmud, B. Pesahim 62b, citado en Tucker y Liefeld,

Daughters of the Church [Hijas de la Iglesia], p.61.

11. Richard y Cathering Clark Kroeger, *I Suffer Not a Woman* [No hago sufrir a la mujer], pp.143-144.
12. Osburn (Ed.), *Essays on Women in Earliest Christianity, Vol. 2* [Ensayos sobre la mujer a principios del cristianismo], p.417.
13. Tucker y Liefeld, *Daughters of the Church* [Hijas de la Iglesia], p.166.
14. Helen Ellerbe, *The Dark Side of Christian History* [El lado oscuro de la historia cristiana], Morningstar Books, 1995, Capítulo 8, On-line. Disponible: http://www.warmcove.com/morningstar/chapter8.html.
15. Ibid.
16. Hoy día existe una gran disputa sobre cuántas mujeres murieron realmente en Europa durante el periodo de la cacería de brujas. En un momento dado algunos historiadores especularon que el número de mujeres ejecutadas podía ser tan alto como los nueve millones. Durante los años 1970, los norteamericanos involucrados en la secta *wicca* y otras religiones neopaganas comenzaron a estudiar el asunto extensamente, y algunos fueron culpables de exagerar los relatos o de usar información falsa. Pero hoy día, aun los seguidores de esta secta están reevaluando el asunto. La historiadora del periodo medieval, Jenny Gibbons, quien es una neopagana declarada, dice que menos de 15,000 ejecuciones por brujería han sido descubiertas en toda Europa y Norteamérica. Brian Levack, autor de *The Witch Hunt in Early Modern Europe* [La cacería de brujas al comienzo de la Europa moderna], calcula que hubo aproximadamente 110,000 juicios por hechicería durante ese periodo, pero sugiere que solo el 48% de estos juicios terminó en ejecución. Eso pondría el total de muertes entre las 60,000 personas. Gibbons y otros también señalan que no todos los acusados eran mujeres. Propone que en la mayoría de los casos cerca del 75% al 80% eran mujeres; pero en algunos países, incluyendo a Islandia, la mayoría de los acusados eran hombres.
17. Véase Allan Kardec, *Spirits' Book* [El libro de los espíri-

tus], Kila, Montana, Kessinger Publishing, reimpreso del 1898.

18. Walter Martin, *The Kingdom of the Cults* [El reino de los cultos], Minneapolis, Bethany House Publishers, 1965, pp.187-189.

19. «Introduction to Crowley Studies» [Introducción a los estudios de Crowley], On-line. Disponible: http://www.maroney.org/CrowleyIntro/Christianity.html.

20. Véase Gerald Gardner, Gardner Witchcraft Series, Hendersonville, NC, Mercury Publishing, 1999.

21. «About Edgar Cayce» [Sobre Edgar Cayce], Association for Research and Enlightenment. On-line. Disponible: http://www.are-cayce.com/

22. Martin, *The Kingdom of the Cults* [El reino de los cultos], pp.345-350.

23. Ibid, 126-129. Martin señala que Mary Baker Eddy realmente plagió los manuscritos del Dr. P.P. Quimby para escribir su libro, *Science and Health with Key to the Scriptures* [La ciencia y la salud fueron claves para las Escrituras].

24. Richard y Catherine Clark Kroeger, *I Suffer Not a Woman* [No hago sufrir a la mujer], pp.161-170.

Capítulo ocho

1. John Chrysostom, *Homilies on Timothy* [Homilías sobre Timoteo], en Gerald C. Tiffin, «The Problem of Credulity in Women» [El problema de la credulidad en la mujer] citado en Osburn, *Essays on Women in Earliest Christianity, Vol. 2* [Ensayos sobre la mujer a principios del cristianismo], p.413.

2. Vern Bullough, "Medieval Medical and Scientific Views of Women," Viator 4 (1973), p. 499 en Osburn (ed.) *Essays on Women in Earliest Christianity,* Vol. 2, p. 414.

3. Martín Lutero, citado en Gerald C. Tiffin, «The Problem of Credulity in Women» [El problema de la credulidad en la mujer] citado en Osburn, *Essays on Women in Earliest Christianity, Vol. 2* [Ensayos sobre la mujer a principios del cristianismo], p.423.

4. Teresa de Ávila, en Hannah Ward y Jennifer Wild (eds.), *The Doubleday Christian Quotation Collection* [Colección de citas cristianas de Doubleday], New York, Doubleday, 1997, p.104.

5. Mary Ann Jeffreys, «Macrina: Monastic Pioneer» [Macrina: Monja pionera], On-line. Disponible: http://women. crosswalk.com/columns/history.

6. Mary Ann Jeffreys, «Hildegarde: A Light in the Dark Ages» [Hildegarda: Luz en los tiempos oscuros], On-line. Disponible: http://women.crosswalk.com/columns/history.

7. Mary Ann Jeffreys, «Catherine of Siena: Radical Lover of God» [Catalina de Siena: Amante radical de Dios], On-line. Disponible: http://women.crosswalk.com/columns/history.

8. Mary Ann Jeffreys, «Holy Hannah and Her Circle of Friends» [Santa Ana y su círculo de amigos], On-line. Disponible:http://women.crosswalk.com/columns/history.

9. «Lottie Moon», Southern Baptist Historical Library and Archives, 1998.

10. Janet y George Benge, *Mary Slessor*, Seattle, YWAM Publishing, 1999, pp.141-150.

11. Mary Ann Jeffreys, «Henrietta Mears: Coach of a Dream Team» [Enriqueta Mears: Entrenadora del Equipo de Ensueño] On-line. Disponible: http://women.crosswalk. com/columns/history.

12. Jessica Longaker, «The Role of Women in Mormonism» [El rol de la mujer en el mormonismo], 1995, On-line. Disponible: http://exmormon.org. Para más información sobre las falsas enseñanzas del mormonismo, véase Walter Martin, *The Kingdom of the Cults* [El reino de los cultos], Minneapolis, Minnesota, Bethany House Publishers, 1965, pp.166-226.

13. Anne Dickason, «Anatomy and Destiny: The Role of Biology in Plato's Views of Women» [Anatomía y destino: El rol de la biología en las perspectivas de Platón sobre la mujer], en Carol C. Gould y Marx W. Wartofsky (eds.), *Women and Philosophy: Toward a Theory of Liberation* [Mujeres y filosofía hacia la Teoría de la Liberación],

Nueva York, Putnam, 1976.

14. Caroline Whitbeck, «Theories of Sex Difference» [Teorías sobre la diferencia de los sexos], en Gould y Marx W. Wartofsky (eds.), *Women and Philosophy: Toward a Theory of Liberation* [Mujeres y filosofía hacia la Teoría de la Liberación], Nueva York, n.p., 1976.

15. Richard y Catherine Clark Kroeger, *I Suffer Not a Woman* [No hago sufrir a la mujer], Grand Rapids, Michigan, Baker Book House, 1992, pp.176-177.

16. Katherine Bushnell, *God's Word to Women* [Palabra de Dios para la mujer], p.160.

Capítulo nueve

1. Martín Lutero, citado en Julia O'Faolain y Lauro Martines (eds.), *Not in God's Image* [No a la imagen de Dios], New York, Harper y Row, 1973, p.180, en Tucker y Liefeld, *Daughters of the Church* [Hijas de la Iglesia], p.173.

2. Menno Simons, *The True Christian Faith* [La verdadera fe cristiana], de John C. Wenger, ed., *The Complete Writings of Menno Simons* [Obras completas de Menno Simmons], Scottsdale, Pa., Herald, 1956, pp.376-83, citado en Tucker y Liefeld, *Daughters of the Church* [Hijas de la Iglesia], p.178.

3. Del *The Lutheran Witness* [El testigo luterano], citado en Janet James, *Women in American Religion* [La mujer en la religion Americana], Filadelfia, Universidad de Pensilvania, 1980, p.231, en Tucker y Liefeld, *Daughters of the Church* [Hijas de la Iglesia], p.284.

4. Paisley Dodds, «Church closes Day Care to Get Moms Home» [Iglesia cierra Centro de Cuidado Diurno para devolver a mamá a la casa], *The Seattle Times,* 4 de abril 1997.

5. Mary A. Quigley y Loretta Kaufman, *And What Do You Do?: When Women Choose to Stay at Home* [¿Y ahora qué haces?: Cuando la mujer decide quedarse en la casa], Wildcat Canyon Press, 2000.

6. Rebecca Merrill Groothuis, *Women Caught in the*

Conflict: The Culture War Between Traditionalism and Feminism [Mujeres atrapadas en el conflicto: La guerra cultural entre el tradicionalismo y el feminismo], Eugene, Oregon, WIPF & Stock Publishers, 1994, p.3.

7. Ibid, 4.

8. Ronald Fletcher, *The Family and Marriage in Britain* [La familia y el matrimonio en Inglaterra], New York, Pelican, 1980, p.13, citado en Osburn, *Essays on Women in Earliest Christianity, Vol. 2* [Ensayos sobre la mujer a principios del cristianismo], p.435. Fletcher señala que en la Inglaterra victoriana se esperaba que la mujer se quedara en la casa para protegerla del mundo exterior. La idea de que la mujer es delicada e inferior «le da derecho al esposo a buscar placer sexual en otro lugar», escribe Fletcher. Este enfoque «incapacita a la mujer sicológica y físicamente. También la incapacita legalmente; fuera de la casa, la mujer tenía el mismo nivel legal de los lunáticos y los niños».

9. Lucretia Mott, «Discourse on Women» [Disertación sobre la mujer], 17 de diciembre de 1849. On-line. Gifts of Speech. Disponible: http://gos.sbc.edu/mott/html.

10. Para leer más sobre Harriett Beecher Stowe, véase Forrest Wilson, *Crusader in Crinoline: The Life of Harriet Beecher Stowe* [Cruzado en crinolina: La vida de Harriett Beecher Stowe], Filadelfia, Lippincott, 1941.

11. Para leer más sobre Jane Addams, véase Allen F. Davis, *American Heroine: The Life and Legend of Jane Addams* [Heroína Americana: La vida y leyenda de Jane Addams], Nueva York, Oxford Univ. Press, 1973.

12. Para leer más sobre Clara Barton, véase David H. Burton, *Clara Barton: In the Service of Humanity* [Clara Barton: Al servicio de la humanidad], Westport, Connecticut, Greenwood Press.

13. «Alice Evans», National Women's Hall of Fame. On-line. Disponible: http://www.greatwomen.org/evans.htm

14. Para leer más sobre Rachael Carson, véase Terry Tempest Williams, «The Spirit of Rachel Carson» [El espíritu de Rachel Carson], *Audubon Magazine*, julio-agosto 1992.

15. For más información sobre los logros de la mujer en la medicina y ciencia, visite el Salón de la Fama Nacional de la Mujer http://www.greatwomen.org/evans.html.

16. Para ver copia de la primera página de la propuesta de Virginia Apgar sobre la salud de los infantes escrita en el 1953, visite: http://www.apgarfamily.com/virginia.html.

Capítulo diez

1. Fraile Querubino, citado en Grant L. Martin, *Counseling for Family Violence and Abuse* [Consejería para la violencia familiar y el abuso] p.23.

2. Martín Lutero, citado en Tucker y Liefield, *Daughters of the Church,* p. 174.

3. Susan Brooks Thistlethwaite, citado en Phyllis y James M. Alsdurf, «Wife Abuse and Scripture» [Abuso de la esposa y las Escrituras] en Anne L. Horton y Judith A. Williamson (eds.), *Abuse and Religion* [Abuso y religión], Lexington, Massachusetts, Lexington Books, p.222.

4. Marcia Ford, «The Silent Shame» [La vergüenza silenciosa], *Charisma,* marzo 1995, p.46.

5. James M. y Phyllis Alsdurf, «A Pastoral Response» [Una respuesta pastoral] en Horton y Williamson (eds.), *Abuse and Religion* [Abuso y religión], pp.165-18.

6. *Ibid.,* pp.225-226.

7. Catherine Clark Kroeger, «The Classical Concept of "Head" as "Source"» [El concepto clásico de la «cabeza» como «fuente»], Apéndice III, en Gretchen Gaebelein Hull, *Equal to Serve* [Iguales para Servir], Grand Rapids, Michigan, Baker Books, pp.279-281.

8. «Blood and Honor» [Sangre y honor], *Middle East Intelligence Digest,* febrero 1995, p.4.

9. «Honor Crimes: Facts from Amnesty International /UNICEF» [Crímenes de Honor: Hechos de la Amnistía Internacional/UNICEF], Prensa Asociada, *The Orlando Sentinel,* 2 de julio del 2000, A-15.

10. «Family Pride Drives Even Mothers to Kill» [El orgullo familiar lleva aun a las madres a matar], Prensa Asociada, *The Orlando Sentinel,* 2 de julio del 2000, A-15.

Notas

11. *Time,* 9 de enero de 1995, citado en *Middle East Intelligence Digest,* febrero 1995, p.5.
12. Elisabeth Farrell, «What the Qur'an Says About Women» [Qué dice el Corán sobre la mujer], *Charisma,* junio 2000, pp.90-91.
13. «Women in Hinduism» [Las mujeres en el hinduismo], On-line. Disponible: http://www.geocities.com/~abdul-wahid /muslimarticles/hindu_women.html.
14. Un recuento completo sobre el movimiento para el sufragio femenino está disponible on-line en: http://womens history.about.com/homework/women-shistory/library/weekly/aa031600a.html.
15. Martin, *Counseling for Family Violence and Abuse* [Consejería para la violencia familiar y el abuso], p. 23.
16. *Ibid,* 24.
17. Marcia Ford, «The Silent Shame» [La vergüenza silenciosa], *Charisma,* marzo 1995, p.45.

Conclusión

1. George Fox, *The Works of George Fox* [Obras de George Fox], Nueva York, Isaac T. Hopper, 1831, reimpreso ed. Nueva York, AMS, 1975, Vol. 4:106,9, en Tucker y Liefeld, *Daughters of the Church* [Hijas de la Iglesia], p.227.
2. Catherine Booth, *Female Ministry* [Ministerio de la mujer], en Tucker y Liefeld, *Daughters of the Church* [Hijas de la Iglesia], p.264.
3. Katherine Bushnell, *God's Word to Women* [Palabra de Dios para la mujer], p.324.
4. Jerena Lee, *Religious Experiences and Journal* [Experiencia religiosas y diario], Filadelfia, Jerena Lee, 1849), en Tucker and Liefeld, *Daughters of the Church* [Hijas de la Iglesia], pp.259-260.
5. David Yonggi Cho, «Don't Be Afraid to Empower Women» [No tema darle poder a la mujer], de la transcripción de un sermón predicado en febrero de 1999 en la Conferencia Coronas de Belleza en Italia. On-line. Disponible: http://www.dawnministries.org/reports/re-

port_41.html.

6. Sheryl Wingerd, «Women Are God's Secret Weapon» [Las mujeres son el arma secreta de Dios], On-line. Disponible: http://www.dawnministries.org/reports/report_41.html.

7. De una entrevista telefónica con «hermano Michael» misionero en China, 14 de julio del 2000.

8. Lottie Moon, citada en Tucker y Liefeld, *Daughters of the Church* [Hijas de la Iglesia], p.303.

9. «Solemn Assembly of the International Pentecostal Holiness Church» [Asamblea Solemne de la Iglesia Internacional Pentecostal de la Santidad], Oklahoma City, Oklahoma, IPHC Resource Center, 23 y 24 de agosto de 1996), sin derechos del autor.

10. William Booth, citado en Flora Larson, *My Best Men Are Women* [Mis mejores hombres son mujeres], Londres, Hodder and Stoughton, 1974, p.22, en Tucker y Liefeld, *Daughters of the Church,* [Hijas de la Iglesia], p.266.

11. Gretchen Gaebelein Hull, *Equal to Serve* [Igual para servir], p.56.

12. Billy Bruce, «Jesus and the Hot Mamas» *Charisma,* Agosto 1999, p.52.

13. Hope Flinchbaugh, «Floods of Love in Mozambique» [Inundaciones de amor en Mozambique], *Charisma,* junio 2000, pp.73-84.

*Cássia
Lopes*

Casa Creación

Presenta

libros que edifican,
inspiran y fortalecen

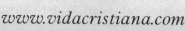

¡210,000 *personas leen* **Vida Cristiana!**

¿Es usted uno de ellos?

Vida Cristiana es la revista que le trae las noticias sobre la obra de Dios en el pueblo hispano.

Permita que **Vida Cristiana** le ayude a:

- ✧ **Experimentar el gozo** de tener una relación íntima con Dios.
- ✧ **Ser partícipe** del avivamiento que Dios está derramando mundialmente.
- ✧ **Ser transformado** por el poder de Su Espíritu.

¡Ahorre 35%!

CARISMA Y
Vida Cristiana

"Vida Cristiana es un verdadero instrumento de unidad en el cuerpo de Cristo. Es una revista que yo recomiendo personalmente. Los animo a suscribirse hoy."
—Marcos Witt

¡Suscríbase a Vida Cristiana hoy y recibirá un regalo GRATIS con su suscripción pagada!

- ❑ **¡Sí! Quiero SUSCRIBIRME a Vida Cristiana por un año por sólo $11.00**
- ❑ **¡Sí! Quiero SUSCRIBIRME a Vida Cristiana por dos años por sólo $20.00**

NOMBRE *(letra de molde, por favor)*

DIRECCIÓN

CIUDAD/ESTADO/CÓDIGO POSTAL/PAÍS

TELÉFONO   FAX   DIRECCIÓN ELECTRÓNICA (E-MAIL)

❑ Pago incluido (recibirá un regalo gratis) ❑ Cárgelo a mi tarjeta de crédito # _____
❑ Envíenme factura (solamente en E.E.U.U) Fecha de vencimiento: _____

Fuera de los Estados Unidos, por favor añada $5 (m.EE.UU.) de cargo a las suscripciones de un año y $10 a las de 2 años.

www.vidacristiana.com

Vida Cristiana 600 Rinehart Rd., Lake Mary, Florida 32746
Para servicio inmediato llame al 1-800 -987-VIDA • (407) 333-7117

A1ALGB   089